TOURISM, HEALTH, WELLBEING AND PROTECTED AREAS

国家公园与自然保护地丛书

旅游、健康、福祉与自然保护地

[英]伊里德·艾萨拉　　[英]埃莱尼·米乔波洛
[意]费德里科·尼科利尼　　[美]B.德里克·塔夫　　[匈]艾伦·克拉克
编著

南宫梅芳　李祎　裴佳旖　胡跃茹
———
译

张玉钧
———
审校

中国·武汉

图书在版编目(CIP)数据

旅游、健康、福祉与自然保护地/(英)伊里德·艾萨拉等编著;南宫梅芳等译.—武汉:华中科技大学出版社,2022.1
(国家公园与自然保护地丛书)
ISBN 978-7-5680-7834-4

Ⅰ.①旅… Ⅱ.①伊… ②南… Ⅲ.①自然保护区-生态旅游-研究 Ⅳ.①F590 ②S759.9

中国版本图书馆 CIP 数据核字(2022)第 009720 号

First published by CAB International 2018. Edited by Iride Azara, Eleni Michopoulou, Federico Niccolini, B Derrick Taff, Alan Clarke.

湖北省版权局著作权合同登记　图字:17-2021-247 号

旅游、健康、福祉与自然保护地
Lüyou、Jiankang、Fuzhi yu Ziran Baohudi

[英]伊里德·艾萨拉　[英]埃莱尼·米乔波洛
[意]费德里科·尼科利尼　[美]B.德里克·塔夫　编著
[匈]艾伦·克拉克

南宫梅芳　李祎　裴佳旖　胡跃茹　译

策划编辑:	李　欢
责任编辑:	陈　然
封面设计:	廖亚萍
责任校对:	王亚钦
责任监印:	周治超

出版发行:华中科技大学出版社(中国·武汉)　　电话:(027)81321913
　　　　　武汉市东湖新技术开发区华工科技园　　邮编:430223

录　　排:华中科技大学惠友文印中心
印　　刷:湖北金港彩印有限公司
开　　本:787mm×1092mm　1/16
印　　张:16.75
字　　数:367 千字
版　　次:2022 年 1 月第 1 版第 1 次印刷
定　　价:158.00 元

本书若有印装质量问题,请向出版社营销中心调换
全国免费服务热线:400-6679-118　竭诚为您服务
版权所有　侵权必究

供 稿 人

海伦娜·阿尔伯克基,波图卡兰兹大学,旅游、遗产与文化系,鲁阿·安东尼奥·贝尔纳迪诺·德阿尔梅达博士,5414200-072,葡萄牙波尔图。电子邮件:helenaa@upt.pt

伊里德·艾萨拉,英国,SK176RY,巴克斯顿,德文郡路1号,德比大学,酒店、旅游度假及水疗管理系。电子邮件:i.e.azara@derby.ac.uk

雅各布·A.本菲尔德,美国宾夕法尼亚州,PA19001,阿宾顿,伍德兰路1600号,宾夕法尼亚州立大学,心理与社会科学系。电子邮件:jab908@psu.edu

乔万娜·贝特拉,挪威特罗瑟斯,9019,挪威特罗姆瑟大学,商业与经济学院。电子邮件:giovanna.bertella@uit.no

亚科波·卡瓦利尼,意大利比萨,10-56124,比萨大学,经济管理系。电子邮件:iacopo.cavallini@unipi.it

阿莱西奥·卡维奇,意大利马切拉塔市,62100,贝尔泰利1号,马切拉塔大学,教育、文化遗产和旅游系。电子邮件:alessio.cavicchi@unimc.it

本杰明·切里安,美国宾夕法尼亚州19454-3937,北威尔士,伊顿博士107号。电子邮件:benjicherian@gmail.com

艾伦·克拉克,匈牙利,8200,维斯普雷姆,潘诺尼亚大学。电子邮件:alanhungary@hotmail.com

米歇尔·康斯蒂,意大利比萨,33-56127,自由广场,意大利比萨圣安娜高等学校。电子邮件:michele.contini@santannapisa.it

卡洛斯·科斯塔,葡萄牙阿威罗,3810-193,阿威罗大学,经济、管理、工业工程和旅游系。电子邮件:ccosta@ua.pt

黛博拉·克莱克内尔,英国德文郡普利茅斯PL4 0LF,国家海洋水族馆。电子邮件:deborah.cracknell@plymouth.ac.uk

芭芭拉·丘尔戈,匈牙利布达佩斯,匈牙利科学院,社会融合和社会政策社会学研究所B栋(1楼22室)。电子邮件:csurgo.bernadett@tk.mta.hu

迈克尔·H.德普利奇,英国,TR1 3HD,康沃尔,特鲁罗,皇家康沃尔医院,知识水疗中心,埃克塞特大学医学院,欧洲环境与人类健康中心。电子邮件:M.Depledge@exeter.ac.uk

蒂莫·德里克斯,荷兰弗利辛恩,爱迪生路44382,沿海旅游研究中心。电子邮件:t.derriks@hz.nl

索尼娅·法拉利,意大利雷恩德,87036,卡拉布里亚大学。电子邮件:sonia.ferrari@unical.it

安娜·玛格丽达·费雷拉·达席尔瓦,葡萄牙阿威罗,3810-193,阿威罗大学,经济、管理、工业工程和旅游系。电子邮件:a. silva@ua. pt

伊曼纽·弗龙托尼,意大利安科纳,60131,马尔凯理工大学,信息工程系(DII)。电子邮件:e. frontoni@univpm. it

马可·贾安尼尼,意大利比萨,10-56124,比萨大学,经济与管理系。电子邮件:marco. giannini@unipi. it

莫妮卡·吉利,意大利都灵,10134,Corso Unione Sovietica 218/bis,社会科学和数学统计,ESOMAS-经济系。电子邮件:monica. gilli@unito. it

阿努尔夫·哈特尔,奥地利萨尔茨堡5020,帕拉塞尔苏斯医科私立大学,斯特鲁博加斯生态医学研究所21号。电子邮件:Arnulf. hartl@pmu. ac. at

琳达·A. 海恩,美国纽约,14850,伊萨卡丹比路953号,希尔中心G46,伊萨卡学院,游憩与休闲研究系。电子邮件:lheyne@ithaca. edu

玛格丽特·凯尼曼,美国田纳西州37996-0470,诺克斯维尔,志愿者大道1151号,麦格龙大厦701室。电子邮件:mkeneman@utk. edu

邓肯·马森,英国,SK176RY,巴克斯顿德,文郡路1号,德比大学,酒店、旅游度假及水疗管理系。电子邮件:d. w. marson@derby. ac. uk

菲洛梅娜·马丁斯,葡萄牙阿威罗,3810-193,阿威罗大学,环境与规划系。电子邮件:filomena@ua. pt

埃莱尼·米乔波洛,英国,SK176RY,巴克斯顿,德文郡路1号,德比大学,酒店、旅游度假及水疗管理系。电子邮件:e. michopoulou@derby. ac. uk

彼得·纽曼,美国宾夕法尼亚州,16803,宾夕法尼亚州立大学帕克校区,游憩、公园和旅游管理系,福特大楼801G。电子邮件:pbn3@psu. edu

费德里科·尼科利尼,比萨大学经济与管理系,意大利比萨,10-56124,比萨大学,经济管理系。电子邮件:federico. niccolini@unipi. it

萨宾·帕尔,英国德文郡,PL4 8AA,普利茅斯大学B219。电子邮件:Sabine. pahl@plymouth. ac. uk

克里斯蒂娜·皮克勒,奥地利萨尔茨堡,5020,帕拉塞尔苏斯医科私立大学,斯特鲁博加斯生态医学研究所21号。电子邮件:Christina. pichler@pmu. ac. at

罗伯特·皮尔迪卡,意大利安科纳,60131,马尔凯理工大学,土木工程与建筑系。电子邮件:r. pierdicca @ staff. univpm. it

艾玛·波普,英国巴克斯顿,SK176RY,德文郡路1号,德比大学,酒店、旅游度假及水疗管理系。电子邮件:d. w. marson@derby. ac. uk

基亚拉·里纳尔迪,瑞典哥德堡,40530,瓦萨大道1号,哥德堡大学,商业、经济和法学院。电子邮件:chiara. rinaldi@gu. se

安德烈亚斯·斯克里弗·汉森,瑞典哥德堡,40530,哥德堡大学。电子邮件:andreas. hansen@geography. gu. se

克里斯蒂娜·桑蒂尼,意大利罗马,00166,圣拉斐尔大学农学院。电子邮件:cristina. santini@unisanraffaele. gov. it

梅兰妮·史密斯，匈牙利布达佩斯，1148，布达佩斯城市大学，旅游、休闲和酒店管理学院。电子邮件：msmith@metropolitan.hu

乔治·史蒂根鲍尔，德国普法耳基辛，D-84347，马克斯·布赖尔大街32号，德根多夫工业大学，Rottal-Inn欧洲校区。电子邮件：Georg.astenbauer@th-deg.de

B.德里克·塔夫，美国宾夕法尼亚州，16803，宾夕法尼亚州立大学帕克校区，娱乐、公园和旅游管理，福特大楼701H。电子邮件：bdt3@psu.edu

斯蒂芬妮·蒂施勒，奥地利克莱姆斯，3500，克莱姆斯高等专业学院。电子邮件：Stephanie.tischler@fh-krems.ac.at

珍妮弗·汤姆森，美国蒙大拿州，59812，蒙大拿大学，社会与自然保护学系。电子邮件：Jennifer.thomsen@umontana.edu

伦内克·瓦德拉格，荷兰瓦格宁根，6706 KN，瓦格宁根大学与研究中心，社会科学系。电子邮件：lenneke.vaandrager@wur.nl

何塞·巴尔加斯·卡马乔，哥斯达黎加阿拉胡埃拉省，20110，坦博尔，圣伊格纳西奥诺斯山别墅酒店400。电子邮件：jrovargas@racsa.co.cr

玛丽莲·瓦格纳尔，荷兰瓦格宁根，6706 KN，瓦格宁根大学与研究中心，社会科学系。电子邮件：marlijnwagenaar@gmail.com

大卫·温齐默，美国加利福尼亚州，81201，萨利达市Sunnyside Cir10689。电子邮件：david.weinzimmer@gmail.com

马修·怀特，英国，TR1 3HD，康沃尔，特鲁罗，皇家康沃尔医院，知识水疗中心，埃克塞特大学医学院，欧洲环境与人类健康中心。电子邮件：Mathew.White@exeter.ac.uk

图

图 2-1　欧盟生态旅游和良好实践 …………………………………………… (24)
图 2-2　解释欧洲生态旅游有效性的可能战略模式 ……………………… (25)
图 5-1　概念框架 …………………………………………………………… (68)
图 6-1　循证健康旅游产品开发流程 ……………………………………… (85)
图 7-1　学生竞赛使用的通信服务结构 …………………………………… (104)
图 7-2　每个单一类型数据的影响(整体影响的数据总量是 873920,见表 7-2)
　　　　………………………………………………………………………… (106)
图 8-1　医疗志愿旅游和其他旅游类型关系图 …………………………… (112)
图 9-1　石坦崖 ……………………………………………………………… (132)
图 9-2　重要记忆与自愿购买贴纸之间的关系 …………………………… (133)
图 9-3　自愿购买贴纸与照片选择之间的关系 …………………………… (134)
图 10-1　在开阔水域进行皮划艇运动 ……………………………………… (149)
图 10-2　在林间锻炼 ………………………………………………………… (149)
图 10-3　在水上行走 ………………………………………………………… (150)
图 10-4　海获 ………………………………………………………………… (151)
图 10-5　新鲜捕获的虾 ……………………………………………………… (151)
图 10-6　在岩石上烤鲭鱼 …………………………………………………… (151)
图 10-7　皮肤表面被盐覆盖 ………………………………………………… (153)
图 10-8　清澈的水 …………………………………………………………… (153)
图 10-9　浮潜自拍 …………………………………………………………… (154)
图 10-10　和谐的景色 ……………………………………………………… (154)
图 10-11　成为自然的信徒 ………………………………………………… (154)
图 10-12　一起享受沙滩 …………………………………………………… (154)
图 10-13　从崖上一跃而下 ………………………………………………… (155)
图 12-1　哥斯达黎加地图(局部) …………………………………………… (173)
图 12-2　哥斯达黎加"可持续旅游认证"标志 …………………………… (179)
图 12-3　梅林·奥维耶多·桑切斯——丹塔·科尔科瓦多旅舍的所有者和经营者
　　　　　……………………………………………………………………… (182)
图 12-4　奥维耶多·桑切斯用找到的木材在丹塔·科尔科瓦多旅舍搭建的简易别墅
　　　　　……………………………………………………………………… (183)
图 12-5　绿色自然之旅的联合创始人兼创业顾问何塞·瓦尔加斯·卡马乔(右)
　　　　　……………………………………………………………………… (183)

图 12-6 阿苏普罗合作社社长耶恩德里·苏亚雷斯·查孔向留学生讲解咖啡生产 ……………………………………………………………………………… (185)

图 12-7 社区成员伊夫林·梅娜·菲格罗亚在比奥利手工冰激凌店销售冰激凌 ……………………………………………………………………………… (186)

图 12-8 阿苏普罗合作社入口处的凹室 ………………………………………… (187)

图 12-9 卡米诺斯·德·奥萨为游客提供了三条连接奥萨半岛家族企业的游玩路线：黄金之路、丛林之路和水上之路 ……………………………… (188)

图 12-10 苏珊娜·马塔莫罗斯·门多萨——"领导者之路"路线的当地协调员和创业顾问 ………………………………………………………… (189)

表

表 2-1	多种良好实践分析的主要结果执行摘要	(23)
表 3-1	奥尔赛格国家公园文化生态系统服务框架总结	(39)
表 4-1	当地利益相关者受访人数	(50)
表 4-2	2015年某绿色旅游目的地旅游可持续发展水平的宏观变量	(52)
表 4-3	调查结果	(53)
表 5-1	方法框架	(68)
表 5-2	养生旅游的组成部分、产品和实践	(70)
表 5-3	2012年和2013年各地区养生旅游情况	(71)
表 5-4	2013年二十大养生旅游市场	(72)
表 6-1	可持续性案例分析结果	(90)
表 7-1	国际学生竞赛活动	(102)
表 7-2	社交媒体活动的特点和数量	(105)
表 14-1	参观水族馆获得感知和体验益处的研究发展概况	(209)
表 15-1	平均值(标准偏差)、百分比减少差异以及正性负性情绪量表1和正性负性情绪量表2之间的配对比较	(227)
表 15-2	平均值(标准偏差)、百分比减少差异以及正性负性情绪量表2和正性负性情绪量表3之间的配对比较	(227)
表 15-3	基线测试和不同声景中所得生理数据汇总	(228)
表 15-4	基线测试和组合声景中皮肤电反应和心率的配对比较	(229)
表 15-5	心率和正性负性情绪量表之间的显著关系	(230)
表 15-6	皮肤电反应和正性负性情绪量表之间的显著关系	(230)
表 16-1	不同声景中受访者情感评分平均值对比	(244)
表 16-2	受访者在T1阶段(实验初始阶段)、T2阶段(观看令人恶心的视频后)及T3阶段(声音播放结束后)的积极情绪评分	(245)

目 录

1. 引言：旅游、健康、福祉与受保护的环境
伊里德·艾萨拉、费德里科·尼科利尼、B.德里克·塔夫、埃莱尼·米乔波洛、艾伦·克拉克 ·· (1)

第一部分　旅游业、自然保护地、健康与福祉

2. 欧洲自然保护地生态旅游组织方法：对标准自然保护地的研究
费德里科·尼科利尼、亚科波·卡瓦利尼、马可·贾安尼尼、米歇尔·康斯蒂
··· (13)

3. 旅游、福祉和文化生态系统服务：匈牙利奥尔塞格国家公园案例研究
梅兰妮·史密斯、芭芭拉·丘尔戈 ··································· (30)

4. 自然保护地中的可持续旅游：当地居民和游客对西拉国家公园的看法
索尼娅·法拉利、莫妮卡·吉利 ······································ (46)

5. 养生旅游：盐场再生的补充活动
海伦娜·阿尔伯克基、安娜·玛格丽达·费雷拉·达席尔瓦、菲洛梅娜·马丁斯和卡洛斯·科斯塔 ··· (67)

6. 循证健康旅游模式：以"奥地利萨尔茨堡高山旅游度假区"为例
格奥尔格·克里斯蒂安·史迪肯鲍尔，斯蒂芬妮·蒂施勒，阿努尔夫·哈特尔及克里斯蒂娜·皮施勒 ·· (82)

7. 案例研究：参与性学习和通信技术是提高乡村健康旅游目的地国际声誉的法宝
阿莱西奥·卡维奇、伊曼纽·弗龙托尼、罗伯托·皮尔迪卡、基亚拉·里纳尔迪、乔万娜·贝特拉和克里斯蒂娜·桑蒂尼 ······································· (97)

8. 探索医疗志愿旅游如何促进海地的健康和福祉
珍妮弗·汤姆森、玛格丽特·肯尼曼 ································ (111)

1

9. 地点象征、记忆和志愿收入计划之间的关系:石坦崖贴纸活动

　　邓肯·马森、艾玛·波普 ………………………………………………………… (126)

第二部分　健康和福祉,自然保护地和旅游

10. 游客:将健康、福祉和自然环境联系起来

　　安德烈亚斯·斯克里弗·汉森 …………………………………………………… (145)

11. 生活体育重塑沿海健康旅游:风筝冲浪在实践当中的复杂性

　　蒂莫·德里克斯 …………………………………………………………………… (160)

12. 通过可持续旅游重振哥斯达黎加乡村社区

　　琳达·A.海恩、何塞·瓦尔加斯·卡马乔 ……………………………………… (172)

13. 将水上运动旅游纳入康复训练:揭示有益健康模型

　　马林·瓦赫纳尔、伦内克·瓦德拉格 …………………………………………… (195)

14. 公共水族馆对人类健康和福祉的潜在作用

　　黛博拉·L.克拉克内尔、萨宾·帕尔、马修·P.怀特和迈克尔·H.德普利奇 ……

　　…………………………………………………………………………………… (207)

15. 休闲交通工具噪声对健康的影响:关于情绪和心率的相关实验结果

　　雅各布·A.本菲尔德、大卫·温齐默、B.德里克·塔夫、皮特·纽曼 ……… (222)

16. 游客的动态评价:他人的存在对游客娱乐体验和恢复性自然体验的影响

　　本杰明·切里安、雅各布·A.本菲尔德 ………………………………………… (238)

17. 重新思考旅游、健康、福祉和自然保护地之间的关系

　　艾伦·克拉克、伊里德·艾萨拉、埃莱尼、米乔波洛、费德里科·尼科利尼、B.德里克·塔夫 …………………………………………………………………………… (250)

1. 引言：旅游、健康、福祉与受保护的环境

伊里德·艾萨拉、费德里科·尼科利尼、B.德里克·塔夫、埃莱尼·米乔波洛、艾伦·克拉克

本书构思于2016年10月在意大利举行的"旅游与自然保护地"（官方名为"自然旅游"）国际大会期间。与会者包括来自28个国家的150多名学者和业界人士。本书以国际化、集体化的视角，全新汇编了世界范围内跨学科领域的多篇论文，展现了旅游、健康、福祉与自然保护地四者关系的基本特征，指出了部分有待研究的特征。无论是在学术界还是在业界，有关旅游、健康、福祉与自然保护地这四者联系的讨论都不是什么新鲜事。许多作者都曾研究过四者的关系，也有许多专家提出过在自然保护地内开展可持续且可靠的旅游活动很有必要（例如，Eagles等，2002；Jamal和Stronza，2009；Buckley，2012）。但是，很少有学者关注旅游、健康、福祉与自然保护地在多大程度上可以共生，以及在维持、管理、发展这四者关系的同时产生积极的长期协同作用有多困难（Jamal，2014）。针对旅游业与自然保护地之间的潜在关系，本书旨在为其提供深刻而清晰的研究资料。基于这一目的，本书创作的核心理念是公园、自然保护地和自然环境能够并且应该在提高个人福祉、社会福祉、环境福祉及推动可持续发展方面发挥关键作用（例如，Louv，2005、2011；Bowler等，2010）；除了提高人们的健康及福祉水平，旅游业（可细分为地质、美食、自然、生态、健康、医疗、健康导向等内容）更应该成为解决环境问题、社会文化问题的积极动力，成为推动可持续发展的重要力量。

近年来，大众密切关注健康问题，而"健康"（及其相关的"福祉"一词）在2006年被世界卫生组织定义为"除疾病或体弱外，生理、心理、社交方面整体良好的一种状态"。这一概念既难以把握（例如，2008年Hawks等、2011年Huber等、2012年Dodge等提出的批评），又体现了对社会和环境的不公（例如，2014年Jamal等人提出的有趣讨论）。资源日益稀缺、世界财富分配不公、环境不断恶化、重要生态系统的破坏以及新疾病的出现，让人不得不怀疑：无论是现在还是将来，我们是否有能力在全球范围内实现完全意义上的福祉。在此严峻形势下，许多学者呼吁用健康的新方法、新模式更好地应对全球可持续发展问题及福祉问题（Griggs等，2013；Buse和Hawkes，2015）。

几个世纪以来，旅游业一直影响着人类和生态系统的健康（Bushell，2009、2017；Smith和Puczko，2014）。尽管负面影响严重，但旅游业在影响、推动人类可持续发展

方面发挥着关键作用,改善了环境,提高了人类和动物的生存质量。可持续旅游的定义概括了这种精神,即"充分考虑到其对当前和未来经济、社会和环境的影响,满足游客、行业、环境和旅游接待地区的需求"(世界旅游组织,2010、2016)。然而,这一定义也存在争议(例如,2003 年 Holden 和 2015 年 Butler 提出的新定义),因为涉及旅游地、游客、当地社区和自然环境时,难以定义和衡量福祉、幸福和生活质量这些更主观、更复杂的观念(Crouch,2009)。目前越来越多的研究正在关注这些方面与旅游业之间的关系(例如,Nawijin,2011;Puczkó 和 Smith,2011;Ward Thomson 和 Aspinall,2011;Dolnicar 等,2012;Uysal 等,2012、2016、2017;Chenand Petrick,2013;McCabe 和 Johnson,2013;Theofilou,2013;Bell 和 Ward Thomson,2014;Filep,2014)。然而,有学者认为,要真正将可持续旅游定位为一种健康的生态系统发展方式,还需要做更多的研究。本书响应这一需求,帮助读者更好地理解自然保护地内旅游、健康与福祉之间的相互作用。鉴于这些主题之间的复杂关系,跨学科研究和理解十分切题,也十分必要。因此,本书涵盖多个学科,根据理论和实证数据来检验理解旅游、健康、福祉与自然保护地之间的关系。本书运用定量方法和定性方法。如果说定量方法更适合用来研究确定某些旅游动态(例如,旅游数量、频率、可衡量的影响),那么定性方法也许能更有效、更有创新性地研究不同的旅游现象所涉及的思想观念(例如,地方象征主义和场所依恋)。

旅游业和自然保护地的可持续性

在过去的 100 年里,与自然保护地有关的旅游业逐步发展壮大。众所周知,该行业已经发展成熟,成为世界上较大的产业(世界旅游组织,2016)。同样,世界上陆地和海洋自然保护地的数量正在逐年增加,在每个大洲都占有很大比重(世界自然保护地数据库,2018)。在全球范围内,自然保护地已成为保护自然资源(包括自然旅游景点)最有效的方式;建立自然保护地是一个团结人民,克服社会、经济、文化甚至宗教障碍的过程。

从业人员和学者都认为,自然保护地内不断扩展的旅游活动给旅游经营者带来了经济利益。然而,对于旅游业能否同时促进自然资源保护,改善在这些地方居住及附近工作的人的社会条件,我们知之甚少。或者说,由于某些消耗性的活动,旅游业是否造成了自然资源的贬值,甚至在某些情况下贬值是否达到了违背这些地区原有内在价值的程度?在自然保护地的背景下,这些讨论并不少见(例如,Wagar,1966;Hardin,1968),但这些讨论至今依然没有答案。旅游业是全球经济的一部分,近几十年来,各组织都承诺考虑并有策略地规划可持续性发展。从 20 世纪 90 年代到 21 世纪初,可持续性成为旅游业许多重要年度会议的焦点(如 1995 年《可持续旅游发展宪章》、1996 年《21 世纪议程》、2002 年《魁北克生态旅游宣言》、2003 年《杰尔巴旅游与气候变化宣言》)。因此,从理论和案例研究的角度来看,本书(特别是,但不限于关于旅游和自然保护地福祉的部分)从可持续性的视角来探讨这些问题,为了最终实现生态福祉和人类福祉,我们需要促进可持续性发展。在这方面,本书强调可持续旅游在自然保护地内及自然保护地其他方面所展现出的多面性。例如，除旅游服务质量达标外，我们还需要保护或改善当地的自然和文化遗产；尊重当地的传统、习俗和生活方式；不仅在全球范围内提升人们的健康体验和福祉体验、改善环境，还要改善周围的社会经济系统（Micheli 和 Niccolini，2013）。生态旅游是一种独特的旅游种类和旅游理念，它几乎是随着自然保护地一同发展起来的。H. 谢贝洛斯·拉斯喀瑞（Hector Ceballos-Lascuráin）在20世纪80年代首次正式提出了生态旅游的定义（Sharpley，2006）。该定义（作者于1993年进行修改，随后世界自然保护联盟（IUCN）于1996年采用其修正版）指出，生态旅游是指"在相对未受干扰的自然区域旅行和游览时对环境负责，其目的是在降低游客对生态环境的不利影响的同时，让游客欣赏和享受自然（以及自然区域过去和现在所有的文化习俗），促进环境保护，并让当地居民积极参与社会经济活动"（Ceballos-Lascuráin，1996）。因此，本书中的许多章节专门探讨了生态旅游为自然保护地可持续发展带来的挑战和可能性。除生态旅游外，本书还介绍了自然保护地内及周围的其他新兴旅游形式，以及在脆弱的自然环境中开展的新兴旅游形式。养生旅游、健康旅游（包括其所有分支）、地理旅游、医疗志愿旅游和以自然为基础的旅游各不相同，但它们都有一个共同的理念，那就是如果旅游系统完全由市场主导，那么我们就无法自动实现可持续发展目标。事实上，在没有任何监管的情况下，市场倾向于过度消耗资源，游客和旅游经营者为了眼前利益造成资源退化（世界旅游组织，2010），使后代无法、无权享受同等质量水平的旅游景点。为了实现可持续经营，必须对旅游系统进行适应性监管，保护后代的利益（如社会和生态系统的健康和福祉）。在这种情况下，自然保护地是旅游业有效保障后代利益（如健康和福祉）的主要"空间"。

自然保护地的健康和福祉

众所周知，世界自然保护联盟划分了六种不同类型的自然保护地，即严格自然保护区（Ⅰa）和荒野保护区（Ⅰb）；国家公园（Ⅱ）；天然纪念物（Ⅲ）；栖息地/物种管理区（Ⅳ）；景观/海景保护区（Ⅴ）；受管理的资源保护区（Ⅵ）。建立这些自然保护地的核心目的各不相同，如保护荒野（Ⅰa 和 Ⅰb），保护和恢复生态系统（Ⅱ）或景观（Ⅴ），保护特定的自然特征（Ⅲ），栖息地和物种（Ⅳ），可持续利用自然资源（Ⅵ）（Day 等，2012；世界自然保护联盟，n.d.）。然而，自然保护地的首要或核心目的是在为游客提供益处的同时保护生态系统。自然保护地提供的生态系统服务为人类带来了以下这些益处。正如千年生态系统评估（2005）中提到的，生态系统服务可分为供给服务、调节服务、文化服务和支持服务。例如，供给服务包括干净的水和空气，文化服务包括为游客提供娱乐，促使游客恢复健康（千年生态系统评估，2005）。在一系列世界自然保护联盟指定的自然保护地中，尤其是在许多自然或人造的有利于健康恢复和提供娱乐的环境中，更好地管理这些益处是大多数自然保护地的发展前提。不仅越来越多的土地管理者、旅游经营者和卫生保健服务人员认识到，而且更重要的是越来越多的游客也开始认识到，自然保护地的生态系统服务与我们的生计息息相关（Aronson，等，2016）。在保持这些地方生态资源完整性的同时，为了发展可持续性旅游，我们必须对这些地方进行管理(Eagles 和 McCool,2002;Hammitt 等,2015;Manning 等,2017)。健康的自然环境包括具有弹性和生物多样性的自然生态系统服务,也会给人带来许多心理和生理上的益处(Summers 等,2012;Sandifer 等,2015)。大体上看,自然保护地为游客提供了体验相对原始的自然环境和接触自然资源的机会,让人们变得更快乐、更健康(Russell 等,2013)。因此,环境健康、人类健康与为促进整体的可持续发展所做出的努力密不可分,越来越多的研究已经开始量化这些益处。例如,哈蒂格及其同事(2014)在对这一主题的全面回顾中发现,近 20 年内,关注"绿色空间和健康"的同行评审期刊数量大幅增加。迄今为止,人们通过研究发现,接触自然与对人产生的心理影响和生理影响都有关系。从早期将自然美学特征与心理康复健康联系起来的研究(Hartig 等,1991;Ulrich 等,1991;Kaplan,1995),到最近区分环境特征和健康影响的文献综述(Hartig 等,2014),我们从中逐渐了解了它们的关系。然而,这些因果关系尚不明确,与自然保护地的联系仍需进一步探索。虽然人们的研究兴趣越来越浓,相关研究也越来越多,但人们对旅游、健康、福祉和自然保护地之间的整体关系仍缺乏了解。

　　由于荒野区越来越稀缺,少于划定范围,自然保护地及其相关旅游业的未来发展将很少以荒野区(即 IUCN Ib)为基础,自然保护地将取而代之。因为自然特征来自自然与人类社会长时间活动的(如IV类和V类)接近或共存,所以自然保护地将成为发展重点(Hartig 等,2014)。因此,从理论基础到具体的案例研究,本书所选案例的地理分布和类型并不是随机的。我们集中且广泛关注与这些主题的当前和未来发展趋势相关的案例研究。许多案例研究都在欧洲进行,欧洲的自然资源一直与社会、经济和文化有着深刻而古老的联系,因此相比人口密度较低的地区(如澳大利亚或新西兰),欧洲自然资源的使用面临着诸多压力。此外,我们还重点介绍了作为重要的娱乐和健康恢复地,专门为改善健康和福祉而设计的自然保护地旅游,也介绍了为提升自然福祉体验或人造福祉体验而设计的自然保护地旅游,探讨人类的存在如何影响福祉体验。本书强调了人类如何通过所获的众多益处(Driver,2008),与这些自然保护地建立终身的情感联系(Russell 等,2013),提高对这些自然保护地的长期保护能力,促进自然保护地的恢复(Aronson 等,2016)。我们探讨了人与人之间的重要关系(这些人可能是参观者、游客或当地居民),以及新方法是如何产生的,是如何使这些复杂的关系得以展开的。

▆ 章节构成和背景

　　基于上述考虑,本书分为两部分。第一部分主题为"旅游、自然保护地、健康和福祉",重点探讨通过旅游来实现人类和自然生态系统可持续发展面临的挑战和机遇。根据这一主题,第二章强调生态旅游是一项基于合作方法和多个利益相关者观点的长期战略,是在自然保护地的自然保护措施和目的地旅游发展目标之间建立适当有效关系的一种"必要条件"。第三章强调了保护较好的自然保护地生态系统的大量服务所产生的多功能价值。第四章重点关注在自然保护地内发展旅游业的可行性和可持续性，旅游活动主要行为者（当地从事旅游业的居民和游客）的二分视角丰富了本节内容。第五章重点关注旅游规划协同提供的特定"遗产"要素是如何改善人们和地方的整体福祉的，以与地质相关的要素（如果进行相应管理）。第六章和第七章重点关注将健康和养生旅游作为振兴、重振整个旅游目的地的关键战略。第八章讨论了促进海地健康和福祉的多种医疗志愿旅游方式，旨在提醒我们，对世界上的很多人来说，基本健康需求仍排在首位。本部分的最后一章，即第九章探讨了地点象征、记忆和志愿收入计划之间的相互关系。本书的第二部分主题为"健康和福祉、自然保护地和旅游"，讨论了游客、参观者和自然保护地之间的内在、外在关系，以及这些环境和其他基于自然恢复性和娱乐性的环境给个人健康和福祉带来的益处。第十章和第十一章重点研究了游客和自然保护地之间的情感关系，以及它们之间内在的紧张关系和冲突，论证了理解游客在自然保护地的体验是如何对环境管理产生积极影响的。第十二章关注的重点是生态旅游实践的国际范例之一，即哥斯达黎加的可持续旅游，阐述了该国优先发展自然保护地和相关旅游带来的好处。第十三章对关于残疾人士参加自然度假的益处的现有文献进行了补充，论述了这些益处是如何扩展到日常生活中的。本书第二部分的最后三章（第十四章至第十六章）论述了自然旅游活动、动物（特别是海洋动物和鱼类），以及声音是如何影响游客的心理和生理健康的。这些研究对于提高生活在城市化环境中、无法接触自然的人们的福祉具有重要意义。第十七章是结语，为相关领域的进一步研究提出了建议。

参考文献

[1] Aronson, J., Blatt, C. and Aronson, T. (2016) Restoring ecosystem health to improve human health and well-being: physicians and restoration ecologists unite in a common cause. *Ecology and Society* 21(4), 39-46. Bell, S. and Ward Thompson, C. (2014) Human engagement with forest environments: Implications for physical and mental health and wellbeing. In: *Challenges and Opportunities for the World's Forests in the 21st Century*. Springer, Dordrecht, Netherlands, pp. 71-92.

[2] Bowler, D. E., Buyung-Ali, L. M., Knight, T. M. and Pullin, A. S. (2010) A systematic review of evidence for the added benefits to health of exposure to natural environments. *BMC Public Health* 10(1), 456.

[3] Buckley, R. (2012) Sustainable tourism: Research and reality. *Annals of Tourism Research* 39(2), 528-546. Buse, K. and Hawkes, S. (2015) Health in the sustainable development goals: ready for a paradigm shift? *Globalization and Health* 11(1), 13.

[4] Bushell, R. (2009) Quality of life, tourism, and wellness. In: Bushell, R. and Sheldon, P. J. (eds) *Wellness and Tourism: Mind, Body, Spirit, Place*. Cognizant, New York, USA, pp. 19-36.

[5] Bushell, R. (2017) Healthy tourism. In: Smith, M. K. and Puczkó, L. (eds) *The Routledge Handbook of Health Tourism*. Routledge, Abingdon, UK, pp. 91-102.

[6] Butler, R. (2015) Sustainable tourism: Paradoxes, inconsistencies and a way forward. In: Hughes, M., Weaver, D. and Pforr, C. (eds) *The Practice of Sustainable Tourism: Resolving the Paradox*, pp. 66-81.

[7] Ceballos-Lascuráin, H. (1996) *Tourism, Ecotourism, and Protected Areas: The State of Nature-based Tourism Around the World and Guidelines for its Development*. IUCN, Gland, Switzerland.

[8] Chen, C. C. and Petrick, J. F. (2013) Health and wellness benefits of travel experiences: A literature review. *Journal of Travel Research* 52(6), 709-719.

[9] Crouch, D. (2009) Constructing feelings of wellness in tourist performance. In: Bushell, R. and Sheldon, P. J. (eds) *Wellness and Tourism: Mind, Body, Spirit, Place*. Cognizant, New York, USA, pp. 114-124.

[10] Day, J., Dudley, N., Hockings, M., Holmes, G., Laffoley, D., et al. (2012) *Guidelines for Applying the IUCN Protected Area Management Categories to Marine Protected Areas*. IUCN, Gland, Switzerland, pp. 1-36.

[11] Dodge, R., Daly, A. P., Huyton, J. and Sanders, L. D. (2012) The challenge of defining wellbeing. *International Journal of Wellbeing* 2(3), 222-235.

[12] Dolnicar, S., Yanamandram, V. and Cliff, K. (2012) The contribution of vacations to quality of life. *Annals of Tourism Research* 39(1), 59-83.

[13] Driver, B. (2008) *Managing to Optimize the Beneficial Outcomes of Recreation*. Venture Publishing, State College, USA.

[14] Eagles, P. F. and McCool, S. F. (2002) *Tourism in National Parks and Protected Areas: Planning and Management*. CABI, Oxford, UK.

[15] Eagles, P. F., McCool, S. F. and Haynes, C. (2002) *Sustainable Tourism in Protected Areas: Guidelines for Planning and Management, Best Practice Protected Area Guidelines*. IUCN, Gland, Switzerland.

[16] Filep, S. (2014) Moving beyond subjective well-being: A tourism critique. *Journal of Hospitality and Tourism Research* 38(2), 266-274.

[17] Griggs, D., Stafford-Smith, M., Gaffney, O., Rockström, J., Öhman, M. C., Shyamsundar, P., Steffen, W., Glaser, G., Kanie, N. and Noble, I. (2013) Policy: Sustainable development goals for people and planet. *Nature* 495 (7441), 305-307.

[18] Hammitt, W. E., Cole, D. N. and Monz, C. A. (2015) *Wild and Recreation: Ecology and Management*. John Wiley and Sons, Chichester, UK.

[19] Hardin, G. (1968) The Tragedy of the Commons. *Science* 162, 1243-1248.

[20] Hartig, T., Mang, M. and Evans, G. W. (1991) Restorative effects of natural

environment experiences. *Environment and Behavior* 23,3-26. Hartig,T., Mitchell,R.,De Vries,S. and Frumkin,H. (2014) Nature and health. *Annual Review of Public Health*,35,207-228.

[21] Hawks,S. R.,Smith,T.,Thomas,H. G.,Christley,H. S.,Meinzer,N. and Pyne,A. (2008) The forgotten dimensions in health education research. *Health Education Research* 23(2),319-324.

[22] Holden,A. (2003) In need of new environmental ethics for tourism? *Annals of Tourism Research* 30(1),94-108.

[23] Huber,M.,Knottnerus,J. A.,Green,L.,van der Horst,H.,Jadad,A. R., Kromhout,D.,Leonard,B.,Lorig,K.,Loureiro,M. I.,van der Meer,J. W., Schnabel,P.,Smith,R. and van der Weel,C. (2011) How should we define health? *British Medical Journal* 343,1-3.

[24] International Union for Conservation of Nature (n. d.). Protected areas categories. Available at: https://www. iucn. org/theme/protected-areas/about/protected-areas-categories (accessed 30 June 2017).

[25] Kaplan,S. (1995) The restorative benefits of nature: toward an integrative framework. *Journal of Environmental Psychology* 15,169-182.

[26] Jamal,T. and Stronza,A. (2009) Collaboration theory and tourism practice in protected areas: stakeholders, structuring and sustainability. *Journal of Sustainable Tourism* 17(2),169-189.

[27] Jamal, T., Budke, C. M. and Barradas-Bribiesca, I. (2014) Health and sustainable development: New directions forward. In: Clausen, H. B., Andersson, V. and Gyimóthy, S. (eds) *Global Mobilities and Tourism Development: A Community Perspective*. Aalborg University Press,Aalborg, Denmark,pp. 169-193.

[28] Louv,R. (2005) *Last Child in the Woods: Saving our Children from Nature Deficit Disorder*. Algonquin Books,Chapel Hill,USA.

[29] Louv,R. (2011) Reconnecting to nature in the age of technology. *The Futurist* 45(6),41.

[30] McCabe, S. and Johnson, S. (2013) The happiness factor in tourism: Subjective well-being and social tourism. *Annals of Tourism Research* 41, 42-65.

[31] Manning,R. E.,Anderson,L. E. and Pettengill,P. (2017) *Managing Outdoor Recreation: Case Studies in the National Parks*. CABI,Oxford,UK.

[32] Micheli,F. and Niccolini,F. (2013) Achieving success under pressure in the conservation of intensely used coastal areas. *Ecology and Society* 18,4.

[33] Millennium Ecosystem Assessment (2005) *Ecosystems and Human Well-being: Synthesis*. Island Press,Washington,USA.

[34] Nawijn,J. (2011) Happiness through vacationing: Just a temporary boost or long-term benefits? *Journal of Happiness Studies* 12(4),651-665.

[35] Puczkó,L. and Smith,M. (2011) Tourism-specific quality-of-life index: The Budapest model. In: *Qualityof-Life Community Indicators for Parks, Recreation and Tourism Management*. Springer,Dordrecht,Netherlands,pp. 163-183.

[36] Russell,R. ,Guerry,A. D. ,Balvanera,P. ,Gould,R. K. ,Basurto,X. ,Chan, K. M. A. ,Klain,S. ,Levine,J. and Tam,J. (2013) Humans and nature: How knowing and experiencing nature affect well-being. *Annual Review of Environment and Resources* 38,473-502.

[37] Sandifer,P. A. ,Sutton-Grier,A. E. and Ward,B. P. (2015) Exploring connections among nature,biodiversity,ecosystem services,and human health and well-being: Opportunities to enhance health and biodiversity conservation. *Ecosystem Services* 12,1-15.

[38] Sharpley,R. (2006) Ecotourism: A consumption perspective. *Journal of Ecotourism* 5(1-2),7-22.

[39] Smith,M. and Puczkó,L. (2014) *Health, Tourism and Hospitality: Spas, Wellness and Medical Travel*. Rout-ledge,Abingdon,UK. Summers,J. K. , Smith,L. M. ,Case,J. L. and Linthurst,R. A. (2012) A review of the elements of human well-being with an emphasis on the contribution of ecosystem services. *AMBIO: A Journal of the Human Environment* 41(4),327-340.

[40] Theofilou,P. (2013) Quality of life: Definition and measurement. *Europe's Journal of Psychology* 9(1),150-162.

[41] Ulrich,R. S. ,Simons,R. F. ,Losito,B. D. ,Fiorito,E. ,Miles,M. A. and Zelson,M. (1991) Stress recovery during exposure to natural and urban environments. *Journal of Environmental Psychology* 11,201-230.

[42] United Nations World Tourism Organization (2010) *Tourism and Biodiversity. Achieving Common GoalsTowards Sustainability*. United Nations World Tourism Organization,Madrid,Spain.

[43] United Nations World Tourism Organization (2016) *Tourism Highlights 2016 Edition*. United Nations World Tourism Organization,Madrid,Spain.

[44] Uysal,M. ,Perdue,R. and Sirgy,M. J. (eds)(2012)*Handbook of Tourism and Quality-of-Life Research: Enhancing the Lives of Tourists and Residents of Host Communities*. Springer Science and Business Media,Berlin,Germany.

[45] Uysal,M. ,Sirgy,M. J. ,Woo,E. and Kim,H. L. (2016) Quality of life (QOL) and well-being research in tourism. *Tourism Management* 53,244-261.

[46] Uysal,M. ,Sirgy,M. J. ,Woo,E. and Kim,H. L. (2017) The impact of tourist activities on tourists' subjective wellbeing. *The Routledge Handbook of*

Health Tourism. Routledge, London, UK. pp. 65-78.

[47] Wagar, J. A. (1966) Quality in outdoor recreation. *Trends in Parks and Recreation* 3(3),9-12.

[48] Ward Thompson, C. and Aspinall, P. A. (2011) Natural environments and their impact on activity, health, and quality of life. *Applied Psychology: Health and Well-Being* 3(3),230-260.

[49] World Database on Protected Areas (2018) World Database on Protected Areas. Available at: https://www.iucn.org/theme/protected-areas/our-work/world-database-protected-areas (accessed 5 March 2018).

[50] World Health Organization (2006) Constitution of the World Health Organization. Available at: www.who.int/governance/eb/who_constitution_en.pdf (accessed 15 February 2018).

第一部分

旅游业、自然保护地、健康与福祉

2. 欧洲自然保护地生态旅游组织方法：对标准自然保护地的研究

费德里科·尼科利尼、亚科波·卡瓦利尼、马可·贾安尼尼、米歇尔·康斯蒂

■ 引言

世界旅游组织（UNWTO）将可持续旅游定义为"充分考虑其对当前和未来经济、社会和环境的影响，满足游客、产业、环境和旅游接待地区需求的旅游"（世界旅游组织和联合国环境规划署，2005，p.12）。根据这一广义的概念，生态旅游也属于可持续旅游的一种，它重点关注加强自然资源保护，提高环境教育水平。

一些有影响力的组织认识到，从社会经济角度来看，生态旅游也能产生效益。联合国（2012）指出，生态旅游对创收和增加就业岗位具有潜在的积极影响，同时也能"促使旅游资源所在国家居民及外来游客保护和尊重自然遗产、文化遗产"（Das 和 Chatterjee, 2015, p.2）。为此，有效的生态旅游战略需要多个利益相关者的共同参与，如资源管理者、政策制定者、旅游区居民和游客。

自然保护地（PAs）为发展生态旅游提供了合适条件，自然保护地被认为是全世界最有效的自然保护机制，因此对于向往自然旅游地的游客来说，它也是一个关键市场（Surendran 和 Sekhar, 2011）。事实上，在一些发展生态旅游的地区，自然保护地发挥着核心作用。同时，在涉及自然保护地给当地社区及周边地区带来的社会经济影响和福祉影响方面，自然保护地的作用更加突出。

1992 年通过的《21 世纪议程》（联合国，1992）也促使部分机构组织履行宣传生态旅游理念，践行生态旅游实践的承诺。特别是 1995 年，欧洲自然与国家公园联合会（the EUROPARC Federation）——一个支持欧洲自然保护地管理的协会——制定了《欧洲自然保护地可持续旅游宪章》（以下简称 ECST 或《宪章》）。这样的创新之举似乎提供了一个有效的管理工具，通过一套总体原则和行动，以三重底线（即生态、社会和环境）的方式，将竞争力、福祉和可持续性结合起来（Elkington, 1997）。为了实现这样一个宏伟目标，《宪章》将战略方法和参与方法定为核心内容。目前，《宪章》在实行的 20 多年中，覆盖欧洲多个生态旅游区域，并持续发挥着作用（欧洲自然与国家公园联合会，2015）。

在此研究框架下，我们进行了验证性多案例研究分析（Eisenhardt, 1989; Yin,

2013),以自然保护地为适宜的研究背景,以此来证实战略方法和参与方法对生态旅游发展的作用。考虑到每个自然保护地及其周围地域的多面性,不同的具体实践中采用了不同的战略方法和参与方法。因此,可以通过自然保护地内各种不同的实践来提高方法的有效性。本研究旨在解决两个关键问题:战略方法和参与方法是否真的是有效开发生态旅游的核心?在发展生态旅游的过程中,战略方法和参与方法如何才能有效发挥作用?本章首先讨论本研究的理论基础,然后介绍所用方法,并说明研究结果。最后,进行论述,得出结论,指出研究的局限性,并为进一步研究提出建议。

生态旅游的定义和范围

"生态旅游"一词提出于 40 年前,目前该概念还在不断修改和更新中(Wood,2002;Stronza,2007)。如今,生态旅游被定义为"在相对未受干扰的自然区域进行环境责任型旅行和参观,其目的是享受和欣赏自然(以及任何伴随自然存在的过去和现在的文化特征),促进环境保护,降低游客对环境的影响,并让当地居民积极有效地参与社会经济"(Ceballos-Lascuráin,1996)。值得注意的是,定义强调了当地居民参与的重要性。世界旅游组织根据以下几个标准给出了生态旅游的定义(世界旅游组织,2002,pp.4—5):

第一,生态旅游包括"所有以自然为基础的旅游形式,其中旅游者的主要动机是观察和欣赏自然,以及在自然地区流行的传统文化"。

第二,生态旅游"含有教育和解说功能"。

第三,生态旅游"一般,但不完全是由专门的旅游经营者组织的小型旅游团,而为旅游地提供服务的合作伙伴往往是当地的小型企业"。

第四,生态旅游能"最大限度地减少对自然和社会经济环境的负面影响"。

第五,生态旅游"支持通过以下方式维持作为生态旅游景点的自然区域:
① 为接待游客的地区、以保护为目的的自然区域管理组织和当局创造经济利益和福祉;
② 为当地社区提供其他就业和收入机会;
③ 提高当地人和游客保护自然和文化资产的意识"。

显然,世界旅游组织对生态旅游特征的描述包括谢贝洛斯·拉斯喀瑞(Ceballos-Lascuráin,1996)在定义中已经描述过的大部分特征。世界旅游组织关注的重点是自然资源和周围地区,强调它们作为生态旅游景区的作用和保护它们的必要性。由于当地居民期望他们能从相关部门对周围环境负责任的管理中受益,因此世界旅游组织的生态旅游观点完全包括了当地社区。与以往的定义不同,世界旅游组织的定义强调教育功能。根据世界旅游组织的定义,为充分促进环境效益和社会经济效益,生态旅游需要培养当地社区和生态旅游者的环境意识、环境观念和环境文化。

最近,国际生态旅游协会将生态旅游的定义更加简明扼要地表述为"负责任地前往自然区域旅游,保护环境,维持当地人民的福祉,这包括进行解说和教育活动。教育的目的是让工作人员和游客都能参与进来"(国际生态旅游协会,2015)。自然资源保护仍是生态旅游定义的核心部分,而生态旅游的其他特征则被概括为以下几个词语。

第一,责任和意识,即最大限度地减少对社会、经济和环境的影响,游客应该负责任地旅行;换句话说,游客需要意识到并尊重所游览地域的典型特征。

第二,当地人民的福祉,即生态旅游需要为自然区域及其周边社区带来客观收益。福祉涉及广泛,其中当地社区的发展福祉包括社会经济、环境、政治和心理等方面(Das 和 Chatterjee,2015)。

第三,文化,即生态旅游要涉及解说和教育,要提高游客和当地居民的知识、意识和环境观念。从这个角度来看,教育应具有包容性,这是利益相关者参与必要总体过程的基础(Ceballos-Lascurain,1996)。从概念上讲,我们可以用前文提到的三重底线(Elkington,1997)来总结前文提到的作者和机构针对生态旅游特征所提出的不同观点。事实上,达斯(Das)和查特吉(Chatterjee)(2015)的研究框架也采用了类似的观点。

文化和社会经济方面

通过创造更多就业机会,生态旅游发展可以提高当地社区的生活水平和商业发展水平(Ashley,2002;Goodwin,2002)。这些工作机会包括旅游服务和与这些服务相关的生产系统。

生态旅游的发展还可以增强社会赋权。舍文斯(Scheyvens,2000,p.241)将其描述为"……一个社区的凝聚力和完整性通过生态旅游等活动得到确认或加强的情况"。生态旅游给个人带来了直接利益。当社区共享这些个人利益时,社区的凝聚力和整体感就得到了加强。从这一角度来看,无论是当地居民还是游客,他们的受教育程度和环境意识是保护和尊重社区传统和文化遗产的基础(世界旅游组织,2013)。在这一过程中,个人和社区会更加尊重自身的文化;反过来,他们也能够更积极、更有能力参与生态旅游景区的决策。

环境方面

直接经济利益在当地社区产生了广泛影响,激励个人参与自然资源保护(Stronza,2007;Surendran 和 Sekhar,2011)。在这一过程中,生态旅游可以"通过为社区提供经济利益来促进生物多样性保护"(Das 和 Chatterjee,2015,p.5)。

生态旅游的发展依赖于"在旅游业内实施以可持续利用非可再生自然资源为目标的绿色增长战略"(Das 和 Chatterjee,2015,p.8)。因此,生态旅游成为环境资源开发利用的可靠替代形式(Wood,2002;Li,2004;Nyuapane 和 Poudel,2011)。在此意义上,利博萨达(Libosada,2009)将生态旅游描述为保护环境的有形方面,而霍尔顿(Holden,2003)则强调生态旅游的道德层面。他认为,考虑到环境保护伦理和所有利益相关者的经济利益,生态旅游强调资源保护的必要性(Holden,2003)。

用于分析生态旅游的框架强调了"生态旅游的经济和社会文化方面与自然资源保

护之间相互依存的关系"(Das 和 Chatterjee,2015,p.14)。然而,也有一些生态旅游地由于管理不当、游客环保意识不强,没有成功实现经济社会赋权和环境保护的目标。事实上,对生态旅游景区的"适当"管理是生态旅游地成功的关键因素之一。三大利益相关者(资源管理者、社区、游客)的动态关系有助于生态旅游景区取得成功。因此,必须对三者进行适当管理(Das 和 Chatterjee,2015)。为了避免或解决利益相关者之间的冲突,确保所有的利益相关者都参与生态旅游发展,政策、管理工具和战略方法必不可少。为了系统全面地考虑三重底线的所有方面,和谐地管理利益相关者的特殊需求,生态旅游必须建立在坚实的战略方法之上。

生态旅游、自然保护地和参与活动

在推动生态旅游市场增长的决定性因素中,我们发现了这样一个事实,即游客变得更加"绿色",追求"环境适宜的旅游体验"(Sharpley,2006,p.8)。显然,游客只代表了生态旅游市场的需求方。在供给方面,因其组织宗旨,自然保护地被看作是合适的(甚至是优秀的)旅游地。事实上,全世界公认自然保护地是"定义明确的地理空间,通过法律或其他有效手段进行认可、专用和管理,以实现对自然的长期保护,并具有相关生态系统服务和文化价值"(Day 等,2012,p.9)。自然保护地的这一定义明确指出了生态旅游与自然保护地之间深刻而强烈的概念联系。

事实上,自然保护地在其概念和功能上包含了生态旅游的一些基本特征,例如:

(1) 自然保护地必须得到法律的正式认可,并致力于特定的保护目的;

(2) 为实现其保护目标,人们必须适当管理自然保护地,即无论是对自然的保护,还是对资源的可持续利用,所有活动都影响自然系统和人类活动(Dudley 和 Stolton,2008)。

与生态旅游景区一样,在维持当地生物多样性、保护文化和传统特色、促进人类福祉和财富,以及加强教育、科研、娱乐和社会经济发展活动等方面,人们希望自然保护地也能带来多维利益(Morandi 等,2013;Kati 等,2014;Scolozzi 等,2014)。尽管有这些利益加持,"自然保护地的选定和管理仍存在冲突。公众支持,特别是当地利益相关者的批准和参与,是自然保护地管理取得成功的关键"(Kati 等,2014,p.2)。

华纳(Warner,1997)最先认识到机构和民众的共同参与对追求可持续导向至关重要。为了在建立共识的基础上提出一个通用的参与模式,防止或解决可能受到可持续性导向决策影响的利益相关者之间的冲突,机构和民众的合作十分有必要。从这个角度来看,托米切维奇(Tomicevic)等人(2010,p.1)强调,实施参与方法是促进自然资源可持续利用的手段,而瑞德(Reed,2008)发现有证据表明,"由于信息更加全面",利益相关者的参与可以"提高环境决策的质量"。

欧洲有一些关于参与自然保护地和生态旅游景区管理的重要案例研究。利用判别分析法对斯洛文尼亚阿尔卑斯山地区的区域公园进行的一项调查表明,越是重视影响当地居民观念的因素,在创建、规划和管理自然保护地时,当地居民的参与就越重要(Nastran 和 Istenic,2015)。

布安姆兰(Bouamrane)等人(2016)强调了法国和非洲关于生物圈保护区的一些案例,这些案例证明了社会与环境之间持续互动的可能性,也证明了这一过程需要不同的利益相关者积极参与,进行互动,统一提出建议或达成共同目标(包括愿景、目标和行动)。最后,卡斯特罗(de Castr)和乌里奥斯(Urios)(2016)在研究西班牙巴伦西亚的阿尔比费拉自然公园后,提出了一种可以从制度角度改善自然保护地治理的管理模式。

这些研究都注意到了十分趋同的核心目的,我们认为保护地与生态旅游之间存在着深刻的协同关系。一方面,自然保护地代表着发展生态旅游的适当场所,其目的是通过参与方法,保护和适当管理生态旅游的主要景区(自然环境);另一方面,生态旅游以自然和文化资源为中心(每个自然保护地的资源都是独一无二的),通过利益相关者参与的战略方法获得发展。因此,通过战略方法和参与方法,生态旅游的发展可以在自然保护地中找到一个关键的吸引者和行为者。

欧洲生态旅游情况和《欧洲自然保护地可持续旅游宪章》

欧盟国家是全球主要的旅游目的地(世界旅游组织,2016),在这种情况下,生态旅游可以在制定长期旅游战略中发挥重要作用,该战略旨在保证旅游行业的质量、可持续性和竞争力。尽管欧洲主要以文化、历史、艺术和考古旅游景区而闻名,但欧洲也拥有种类丰富的自然资源。此外,西欧地区(本研究的重点)的大多数自然保护地在地理位置上都靠近重要的文化、历史、考古或艺术景点(Dudley 和 Stolton,2008)。出于这个原因,许多欧洲地区将生态旅游战略嵌入某种"马赛克旅游愿景",这一行为具有很大的潜力,这种"马赛克旅游愿景"同时包括欧洲旅游产品的不同精髓或侧面:历史、文化(包括农业和美食)、考古和更普遍的遗产。同时,自然保护地和自然环境通常非常接近城市人口密集区,这造成了几种类型的社会经济压力(Micheli 和 Niccolini,2013),需要进行战略协作管理。

2010 年 6 月,欧盟委员会发表了一份重要的通讯稿《欧洲——世界第一旅游目的地》,它是欧洲旅游业的新政治框架,旨在制定新的战略和行动计划,以保持欧盟旅游业的领先地位(欧盟委员会,2010)。

尽管文件并未明确提及生态旅游,但显然生态旅游在实现欧盟确定的优先事项方面可以发挥重要作用。这些优先事项如下:

(1)刺激欧洲旅游部门竞争;
(2)促进可持续、负责任、高质量的旅游业的发展;
(3)巩固欧洲作为可持续、高质量旅游目的地的形象;
(4)最大程度发挥欧盟金融政策在发展旅游业上的潜力(欧盟委员会,2016)。

第二个优先事项中特别提到了可持续旅游,这也突出了旅游业负责任、高质量的特点。

在这一框架内,可以说,《欧洲自然保护地可持续旅游宪章》(以下简称《宪章》)是实施上述行动方针的有效方法、有效工具、有效实践。《欧洲自然保护地可持续旅游宪章》是由欧洲自然与国家公园联合会发起的倡议,该联合会成立于1973年,是一个非营利性组织,它主要承担支持欧洲自然保护地履行其作为欧洲自然美保护者的职责。《欧洲自然保护地可持续旅游宪章》要求签署方承诺与所有利益相关者合作"制定一个共同的可持续战略和行动计划"(EUROPARC,2015,p.2)。因此,《宪章》是一个系统的、实用的管理工具,它使自然保护地能够从社会经济和生态的角度可持续地发展旅游业。"所有《宪章》项目和活动的目的都是为了保护自然和文化遗产,并从环境、当地居民、企业及游客的角度出发,不断改善自然保护地的旅游业"(EUROPARC,2015,p.2)。虽然《欧洲自然保护地可持续旅游宪章》实施于1995年,但首批7个自然保护地在2001年才被纳入《宪章》。20多年来,《欧洲自然保护地可持续旅游宪章》持续发挥着作用,如今已有157个自然保护地受益于《欧洲自然保护地可持续旅游宪章》,并且以这些保护地为中心,《宪章》先后创建了许多混合的组织网络。这些网络遍布于20个不同国家,涉及许多私人组织(主要是地方旅游企业)、公共组织(主要是地方或当局)和非营利组织(EUROPARC等)。

《欧洲自然保护地可持续旅游宪章》由三个相互联系的部分和一个框架组成,包括愿景、任务和主要原则。三个部分针对不同的关键行为者(自然保护地主管机构、地方旅游企业和旅游经营者),其框架涉及《欧洲自然保护地可持续旅游宪章》的基本原则,如保护自然和文化价值,保障当地生计和生活质量,让利益相关者参与其中,提高民众认识,不断进步。

第一部分是《欧洲自然保护地可持续旅游宪章》的核心。它涉及所有类型的自然保护地,规定了想要成为《宪章》正式承认的签署方或成员,自然保护地主管部门必须达到的要求。成为正式成员有五个步骤(EUROPARC,2015)。

> **知识链接**
>
> 获得《欧洲自然保护地可持续旅游宪章》成员资格的五个步骤:
>
> 1. 举办可持续旅游论坛
>
> 为了能够进行有效讨论和决策,必须举办一个可持续旅游论坛,参与者包括自然保护地主管机构、地方或当局、旅游企业和其他代表等。
>
> 2. 战略行动计划
>
> 可持续旅游业的战略行动计划需要保证"旅游业在自然、文化、经济和社会环境中的最佳整合及其在时间和空间上的协调发展"(EUROPARC,2011,p.7)。
>
> (1) 该战略行动计划包括三个要素:评估现状、确定战略方向和实际行动计划;
>
> (2) 该战略行动计划确保与所有利益相关者进行包容性磋商,所有利益相关者必须理解并批准战略行动计划;
>
> (3) 该战略行动计划为5年;
>
> (4) 该战略行动计划是一份单独的、自成一体的文件。

> 3.评价
> 　　要成为《欧洲自然保护地可持续旅游宪章》的成员,自然保护地主管机构必须参与推进评估过程。这样的过程会对自然保护地主管机构的可持续旅游活动给予反馈,提出意见,这一过程也包括审查者对战略行动计划的评估。
> 4.伙伴关系和沟通交流
> 　　一旦被授予成员资格,自然保护地主管机构就必须宣传《欧洲自然保护地可持续旅游宪章》,并参与宪章的网络和交流活动。
> 5.监督和审查
> 　　由于《欧洲自然保护地可持续旅游宪章》成员资格的有效期通常为5年,因此需要对其成员的旅游业业绩的改善、影响、成绩和变化进行监督和审查。

　　通过主要要素,第二部分展示了系统性战略进程的标志。就《欧洲自然保护地可持续旅游宪章》而言,它同时是一个战略进程和参与进程。事实上,《欧洲自然保护地可持续旅游宪章》战略进程的特点是所有利益相关者的参与,他们参与、理解、批准自然保护地当局的战略和行动计划(EUROPARC,2015)。因此,第二部分代表了《欧洲自然保护地可持续旅游宪章》战略方法和参与方法之间的结构性联系。每个要素都考虑到了具体方面。尤其是对现状的评估考虑:①自然、历史和文化遗产;②旅游和娱乐基础设施;③现有游客和未来潜在市场;④旅游业对环境、经济和当地社区的影响。战略方向的划分包括前文所述生态旅游的三个方面(环境、社会和经济)。战略目标包括保护自然遗产、发展经济社会、提高旅游服务质量、提高当地社区生活质量。对于每一项战略目标,行动计划都列举了实现该目标的具体做法,详细说明了资源、时间安排和涉及的合作伙伴,并提出了监测结果的建议。行动计划围绕着关键主题和关键行动制订,为获得《欧洲自然保护地可持续旅游宪章》的成员资格,申请的保护地必须落实这些主题和行动。各自然保护地可以根据其选址的特点,灵活确定主题和行动计划。

　　《欧洲自然保护地可持续旅游宪章》第二部分的内容是针对当地旅游企业制定的,也适用于那些已获得宪章签署方单独认可的地区的旅游企业。(EUROPARC,2015)。《宪章》第一部分考虑到了相关利益者的参与,第二部分进一步推动了利益相关者的参与,使与自然保护地主管机构合作的当地旅游企业能够获得《宪章》签署方的单独认可。这种认可需要从当地旅游企业的角度出发,制定适合可持续旅游业发展的实际方案。

　　《欧洲自然保护地可持续旅游宪章》第三部分的内容是面向旅游经营者制定的。为了获得《宪章》认可,旅游经营者应承诺遵守《宪章》的愿景、使命、原则和可持续性标准。这需要在与自然保护地主管机构合作的同时,根据自然保护地的目标对旅游经营者的产品进行兼容性分析。

　　然而,与当今其他经济部门一样,旅游业发展面临的环境和挑战也在不断加剧。为了在旅游业相关活动中引入更具可持续性和社会责任感的方针,采用适当的战略和组织方法变得越来越重要。在这一方面,生态旅游可以在引导旅游系统实现可持续性和社会责任感方面发挥关键作用。

生态旅游能起到的作用不仅与自然资源极为丰富的地区有关,也与那些同时拥有自然、历史、艺术和文化遗产的地区有关,许多欧洲旅游地都是如此。在这方面,为了将旅游业的竞争力和可持续性结合起来,进入21世纪以后,欧盟委员会就陆续出台了一些其他文件,特别是与《21世纪议程》有关的文件。

然而,15年间,很少有人评估欧洲在可持续旅游方面取得的进展。在这一框架下,本研究着眼于两个主要的、相互关联的问题:战略方法和参与方法是否真的是发挥生态旅游有效性的核心?另外,在生态旅游开发的过程中,如何有效实施战略方法和参与方法?下一节将介绍和讨论本研究采用的方法。

研究方法:多种良好实践案例分析

为了解决问题,我们对自然保护地的良好实践进行了探索性研究,研究也涉及在已获得《欧洲自然保护地可持续旅游宪章》认可的自然保护地内发展生态旅游的战略方法和参与方法所起的作用。

由于自然保护地实践已经通过了审查员和欧洲自然与国家公园联合会的评估,根据《欧洲自然保护地可持续旅游宪章》的结构和程序,自然保护地的实践对生态旅游的发展具有积极作用。同时,每个自然保护地都呈现出自己特定的地域特征,因此,不同自然保护地代表了不同但相似的、有价值的良好实践。

在本分析中,"良好实践"一词比"最佳实践"更合适,因为涉及社会现象时不存在"最佳"实践(Niccolini,Morandi等,2013)。生态旅游、不同的自然保护地、不同的策略和参与过程,以及不同的文化和地方背景等使"最佳"一词不适用,而"良好实践"一词更合适。"良好实践"被认为是一种积极行为,有助于提出在自然保护地内发展战略过程和参与过程。根据这一点,尼科利尼(Niccolini)和莫兰迪(Morandi等,2013)将"良好实践"一词与生态旅游联系起来。首先,良好实践被定义为"在特定背景下获得的情况、经验、知识、诀窍,由于其有效性和对解决实际问题的贡献,在其他情况下也具有高度适用性"。其次,就生态旅游而言,良好实践指的是"在保护自然资源和管理娱乐活动方面取得了积极成果,因此适合在其他环境中采用——至少是部分采用——的行动和战略"(Morandi等,2013)。

根据这些定义,"良好实践"一词后来与标杆分析法联系起来。标杆分析法——"了解、理解、采用世界各地其他组织成功实践的过程"(O'Dell和Grayson,1998)——成为从三个案例研究中识别和推动良好实践的方法。事实上,收集、选择、描述和传播良好实践需要一个比较不同实践的基本过程。确定和推断这一过程需要根据一定的标准,因此,受欧文曼(Overman)和博伊德(Boyd,1994)的启发,我们确定了四项标准。

(1) 实用性:应对和解决具体问题的实践能力。

(2) 创新能力:为改善情况和解决问题实施新的、有创意的、有价值的解决方案的实践能力。

(3) 部分可重复性:能提出周密的思考,并至少在其他情况下可部分复制的实践能力。

(4)国际绩效：国际或欧洲层面的实践绩效。

多案例研究分析可以为某一复杂现象，比如正在调查的现象，提供更宏观的图景(Stake,2006)，因此我们采用多案例研究分析方法(Eisenhardt,1989;Yin,2013)来评估战略方法和参与方法的作用，判定它们在生态旅游发展中的重要性。此外，多案例研究方法非常适合现有理论亟待完善的研究领域，因为它具有新颖性、可检验性和经验有效性等优势，这些优势与经验证据联系紧密(Yin,2013)。

为凸显"《欧洲自然与国家公园联合会宪章》标准如何在自然保护地和当地利益相关者的日常工作中成功实施"(EUROPARC,2012)，八个自然保护地良好实践范例由欧洲自然与国家公园联合会自行选定。从初始群组开始，通过标杆分析法，确定符合上述四个标准，即实用性、创新能力、部分可重复性和国际效价的良好实践。通过这一过程，本文选定了三个自然保护地：意大利滨海阿尔卑斯国家公园、英国卢迪安山脉和迪谷自然美景保护区，以及法国皮拉特地区自然公园。

根据以下几点因素分析每个案例：

(1) 从三个方面评估生态旅游战略的有效性，特别关注环境方面；
(2) 评估所使用的战略方法和参与方法(即它们的存在和背景)；
(3) 对所采用的良好实践进行更广泛的分析(即简要描述实施这两种方法的良好实践)。

滨海阿尔卑斯国家公园

滨海阿尔卑斯国家公园位于意大利西北部地区，1995年由阿根泰拉国家公园和帕兰弗雷湖及森林保护区合并而成。目前，其面积约为28000公顷(约280平方千米)，包括三个山谷和五个城市。

关键环境指标根据两个标准确定：野生动植物/荒野保护和教育活动。第一项标准以自然栖息地中标志性动物数量的增加来衡量自然保护地的能力，而第二项标准则是自然保护地是否有提高人们环保意识和理解的方案。在国家公园的范围内，狼和胡秃鹫等大型食肉动物的保护标准有所提高。此外，为加强教育活动，国家公园还设立了专门项目，其中包括在山区学校教授传统手工艺等项目。

在战略方法方面，公园的可持续旅游是一个优先事项。在滨海阿尔卑斯国家公园内，游客中心发挥着核心作用，其目的是最大限度地减少游客对环境的影响，同时最大限度地提高游客的生态旅游体验。该公园还启动了旨在改善其他生态旅游接待基础设施的项目。其他举措还涉及可持续交通、去季节化、推广典型产品，以及最新旅游信息技术的应用和对残疾人的关注等重要实践。

此外，还有两项重要的参与性举措：第一项是与梅康图尔国家公园一起建立一个独特的、由单一组织结构管理的跨界自然保护地；第二项是小型企业网络计划，名为"私营企业家海上协会"的小型企业网络计划，其宗旨是促进生态旅游的发展。

卢迪安山脉和迪谷自然美景保护区

卢迪安山脉和迪谷自然美景保护区位于英国威尔士东北部。1985年卢迪安山脉被指定为自然美景保护区,2011年,威尔士环境部将其覆盖范围向南扩展,包括迪谷的大部分地区,其最终覆盖范围包括约150平方英里(约388.5平方千米)的自然保护地。

与上一个案例一样,我们选择了一些既注重保护旅游地又注重加强教育活动的环境指标进行分析。首先,为了提高对这些地区重要性的认识和理解,自然保护地管理方制定了一项方案,该方案可以提升管理水平,更好地开发卢迪安山脉和迪谷自然美景保护区的历史遗迹(EUROPARC,2012)。自然保护地能够提高标志性动物物种(如黑松鸡)和历史文化遗址(如山丘)的保护标准。

公园可持续生态旅游方向是战略方法的一个关键因素。卢迪安山脉和迪谷自然美景保护区使用了浮动坡道来保护考古遗址,并对公园负责生态旅游的工作人员进行了高质量培训。此外,最新的旅游信息技术也是推动教育活动的一个关键因素。这些技术能"讲述几个世纪以来人们和当地社区如何塑造景观的故事"(EUROPARC,2012,p.8)。这些技术包括在公共汽车路线上设立手机语音导览,通过手机和平板电脑模拟参观历史景观的动画,建立跨越自然保护地模拟飞行的视听室,以及高度重视为残疾人提供无障碍设施。

本案例通过研究还确定了两项重要的参与性举措:希瑟与希尔福斯土地合作计划和受众发展计划。第一项计划涉及当地专家,他们应邀通过使用最新技术,讨论卢迪安山脉和迪谷自然美景保护区的地质学、考古学、农业、生物多样性和文化联系。第二个计划涉及当地9个主要受众群体,通过出版小册子来探索卢迪安山脉和迪谷自然美景保护区的景观。

皮拉特地区自然公园

皮拉特地区自然公园位于法国东南部,是罗纳—阿尔卑斯地区的一个山地自然保护地,面积约65000公顷(约650平方千米)。该地区于1974年被正式指定为自然保护地。

在野生动植物和文化资源保护方面,皮拉特地区自然公园确立了关键环境指标:在公园内实施保护标志性动物的举措,这些动物包括欧洲海狸、水獭和伊比利亚壁虎。

在战略方法方面,该公园的可持续生态旅游倾向非常明显。皮拉特地区自然公园按照五个主题划分了旅游产品:远足、自行车、土特产品、自然景观和雪景。为了提供这些服务,公园开发了60种混合旅游产品,比如半日游和为期一周的研讨会。此外,公园还积极推广当地的特色产品,如牛奶、酸奶、奶酪和葡萄酒。

我们选择了两个参与性举措:"皮拉特旅游之家"和法国中央高原自然公园协会组织。前者是一个"负责旅游信息和地区商业化和宪章论坛"的机构(EUROPARC,2012,p.7),后者是由中部山区的十个自然公园组成的网络。该网络与法国公园联盟合作,为有兴趣将自然公园作为旅游目的地的旅游运营商提供了一种独特的合作方式。

表2-1总结了从多种良好实践分析中获得的经验教训。

表 2-1 多种良好实践分析的主要结果执行摘要

	关键地方环境标准	参与方法	战略方法	探索性发现		关注无障碍环境
				最新信息技术工具	典型产品	
滨海阿尔卑斯国家公园	狼、胡兀鹫	与梅康图尔国家公园结对(欧洲自然保护地联合证书、结对宪章共同行动计划、欧洲领土合作集团、海洋生态旅游协会)	乡村游客中心(最小的影响,最好的体验),改善接待基础设施,加强可持续出行,去季节化和差异化	生态指南	黑麦、土豆、奶酪等	高
卢迪安山脉和迪谷自然美景保护区	黑松鸡、山雀	希瑟与希尔福斯土地合作计划、受众发展计划(九个主要受众群体:放牧者和土地所有者等)	浮动坡道保护考古遗址,为生态旅游从业人员提供高质量培训	飞行模拟、语音指南	—	高
皮拉特地区自然公园	欧洲海狸、水獭、伊比利亚壁虎	宪章论坛和"皮拉特旅游之家" 法国中央高原自然公园协会组织:由中部山区的十个自然公园组成,目的是在旅游经营者和公园之间建立一种独特的合作方式	五个不同主题(远足、自行车、土特产品、自然景观和雪景);60种混合产品(半日游和为期一周的研讨会等)	—	酸奶、牛奶、奶酪、葡萄酒等	—

在进行探索性研究的过程中,多种良好实践研究还收获了一些意想不到的发现。研究分析突出了可能影响生态旅游战略有效性的其他相关因素。在三个良好实践案例中,有两个案例将残疾人无障碍环境作为重要的优先事项;三个案例中有两个包含为残疾人提供无障碍设施;三个案例中,有两个包含推广典型产品;同样,三个案例中有两个使用了高效创新的最新信息技术工具。虽然研究发现推广典型产品对经济有促进作用,但这些产品的开发却与社会有关。最新的信息技术会对文化产生影响,因为应用这些技术的目的就是加强对游客、当地企业和旅游经营者的教育,提高他们的保护意识。

结论及启示

通过对多种良好实践进行分析,我们得出了以下结论:

(1) 战略方法和参与方法对生态旅游发展有效;
(2) 这些方法如何才能发挥作用。

分析(Yin,2013)从理论上证实了战略方法和参与方法对促进自然保护地生态旅游发展所起的核心作用。这些方法不仅重要,而且对自然保护地内生态旅游开发过程的有效性十分关键。分析还强调了受这些方法影响的其他因素(见图2-1)。

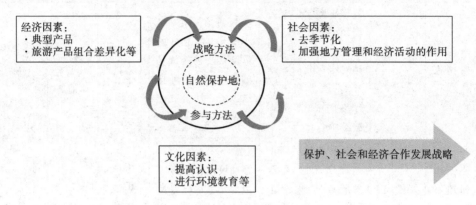

图 2-1 欧盟生态旅游和良好实践

除了经济和社会因素,另一个至关重要的因素是文化因素。这进一步证实了文献综述中的观点,即认为在经济和社会文化方面相互依存的生态旅游与自然资源保护息息相关(Ceballos-Lascuráin,1996;Das 和 Chatterjee,2015)。

分析还确定了在生态旅游发展过程中有效采取这些方法的良好实践,同时完善了可持续发展的三大支柱(生态、经济和社会)。这样一来,生态旅游在以下情况中就能有效发挥作用。

(1) 由类似于自然保护地这样的以保护为导向的机构主导。
(2) 由类似于《宪章》所提倡的参与性战略主导。分析证实了如何站在全面的视角来促进生态旅游的发展,并对之前的一些文献进行了补充。

这种观点并不仅仅包括生态旅游特定地区的社会、经济和环境层面,还包括文化层面。对文化层面的分析,进一步证明了自然保护地在生态旅游发展中的作用。在合作和战略方法的指导下,如《欧洲自然保护地可持续旅游宪章》所要求的那样,自然保护地可以成为愿景的催化剂,推动愿景的实现。如图2-2所示,通过利益相关者的参与,这种催化行为能够激活一个积极的循环,从而改善当地的社会经济和生态福祉。

图2-2是了解释欧洲生态旅游战略有效性的可能模式。该模式展示了作为愿景催化剂,在有不同利益相关者参与的情况下,自然保护地如何激活一个推进系统,同时提高生态标准和经济社会福祉。我们所提出的模式也可以为政策制定者、自然保护地管理者和旨在实施生态旅游战略的生态旅游经营者提供具体有效的帮助。该模式从系统角度出发,将战略方法和参与方法结合起来,至少可以部分应用到多种环境和组织中。

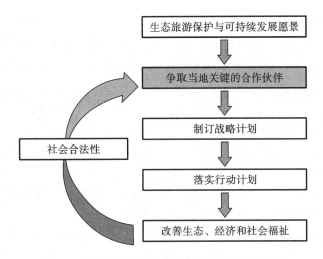

图 2-2 解释欧洲生态旅游有效性的可能战略模式

研究局限性和对进一步研究的建议

我们承认本研究存在一定的局限性。我们只对有限的案例进行了多案例研究分析,只揭示了研究现象的部分情况(Yin,2013),只有通过增加案例研究样本,才有可能对所获得的结果进行理论上的验证,特别是确认参与方法、利益相关者的参与与生态旅游战略有效性之间的协同关系。除此之外,增加分析的案例数量、获取结果的统计相关性,可以确认模型的稳健性和强度,同时也有助于提高其在其他生态旅游环境中的适用性。

此外,该分析对特定组织(即自然保护地)的适用性有限。因此,将分析范围扩大到不同的公共组织可以增加研究的相关性。特别是,可以在其他以促进可持续性和社会责任价值观为导向的公共组织中进行催化模式测试,这有助于促进合作和参与方法的广泛使用。这两个局限性也是未来可进行研究的开放领域和合适领域。

尾注

另一份有趣的文件是欧洲生态旅游标签标准(EETLS)。欧洲生态旅游标签标准与全球可持续旅游理事会(GSTC)制定的标准相关,标准设立的目的是协调现有的欧洲生态旅游标签,其"作为现有生态旅游标签或可持续旅游标签的'保护伞',旨在扩大生态旅游市场的适用性"(ECOLNET,2013)。坎德里亚(Candrea)和赫塔努(Hertanu)(2015),斑(Ban)、伊科巴斯(Iacobas)和内德里亚(Nedelea)(2016)阐述了欧洲生态旅游标签标准的实践经验。

参考文献

[1] Ashley, C.(2002)Methodology for pro-poor tourism case studies. *PPT*

Working Paper no. 10, 1-23.

[2] Ban, O., Iacobas, P. and Nedelea, A. (2016) Marketing research regarding tourism business readiness for eco-label achievement (Case study: Natura 2000 Crisul Repede Gorge-Padurea Craiului Pass Site, Romania). *Ecoforum* 5(1), 224-234.

[3] Bouamrane, M., Spierenburg, M., Agrawal, A., Boureima, A., Cormier-Salem, M. C., Etienne, M., Le Page, C., Levrel, H. and Mathevet, R. (2016) Stakeholder engagement and biodiversity conservation challenges in social-ecological systems: some insights from biosphere reserves in western Africa and France. *Ecology and Society* 21(4), 25.

[4] Candrea, A. N. and Hertanu, A. (2015) Developing ecotourism destinations in Romania. A case study approach. *Bulletin of the Transilvania University of Brasov. Economic Sciences. Series V* 8(2), 163.

[5] Ceballos-Lascuráin, H. (1996) *Tourism, Ecotourism, and Protected Areas: The State of Nature-based Tourism Around the World and Guidelines for its Development*. IUCN, Gland, Switzerland.

[6] Das, M. and Chatterjee, B. (2015) Ecotourism: A panacea or a predicament? *Tourism Management Perspectives* 14, 3-16.

[7] Day, J., Dudley, N., Hockings, M., Holmes, G., Laffoley, D., Stolton, S. and Weels, S. (2012) *Guidelines for Applying the IUCN Protected Area Management Categories to Marine Protected Areas*. IUCN, Gland, Switzerland, 36 pp.

[8] de Castro, M. D. and Urios, V. (2016) A Management Model for Improve the Governance of Protected Areas since an Institutional Pespective and an Empirical Case in a Spanish Natural Park. *International Journal of Engineering Technology, Management and Applied Sciences* 4(9), 35-43.

[9] Dudley, N. and Stolton, S. (2008) *Defining Protected Areas: An International Conference in Almeria, Spain*. IUCN, Gland, Switzerland, 220 pp.

[10] ECOLNET(2013) *The European Ecotourism Labelling Standards (EELTS): e-Evaluation and e-Training Tools*. Prisma, Athens, Greece.

[11] Eisenhardt, K. (1989) Building theories from case study research. *Academy of Management Review* 14(4), 532-550.

[12] Elkington, J. (1997) *Cannibals with Forks: The Triple Bottom Line of 21st Century Business*. New Society Publishers, Gabriola Island, BC, Canada.

[13] EUROPARC(n.d.) The European Charter Network: Working in Partnership. Available at: http://www.europarc.org/sustainable-tourism/charter-network/ (accessed 19 January 2017).

[14] EUROPARC(2011) *European Charter for Sustainable Tourism in Protected*

Areas—The Charter. EUROPARC Federation, Regensburg, Germany.

[15] EUROPARC(2012) Learning from Case Studies of Certified Charter Parks in Europe. EUROPARC Federation, Regensburg, Germany.

[16] EUROPARC(2015) *Sustainable Tourism in Protected Areas*. EUROPARC Federation, Regensburg, Germany.

[17] European Commission (2010) Communication form the Commission to the European Parliament, The Council, The European Economic and Social Committee and the Committee of the Regions. Europe, the world's No 1 tourist destination—a new political framework for tourism in Europe. European Commission, Brussels, Belgium.

[18] European Commission(2016) Overview of EU tourism policy. Available at: https://ec.europa.eu/growth/sectors/tourism/policy-overview_en (accessed 11 December 2016).

[19] Goodwin, H. (2002) Local community involvement in tourism around national parks: Opportunities and constraints. *Current Issues in Tourism* 5(3-4), 338-360.

[20] Holden, A. (2003) In need of new environmental ethics for tourism. *Annals of Tourism Research* 30(1), 94-108.

[21] Kati, V., Hovardas, T., Dieterich, M., Ibisch, P., Mihok, B. and Selva, N. (2014) The challenge of implementing the European Network of Protected Areas Natura 2000. *Conservation Biology* 26(1), 1-10.

[22] Li, W. (2004) Environmental management indicators for ecotourism in China's nature reserves: A case study in Tianmushan Nature Reserve. *Tourism Management* 25(5), 559-564.

[23] Libosada, C. M. (2009) Business or leisure? Economic development and resource protection-concepts and practices in sustainable tourism. *Ocean and Coastal Management* 52(7), 390-394.

[24] Micheli, F. and Niccolini, F. (2013) Achieving success under pressure in the conservation of intensely used coastal areas. *Ecology and Society* 18, 4.

[25] Morandi, F., Niccolini, F., Marzo, D., Sargolini, M. and Tola, A. (2013) *Organizzazione e pianificazione delle attività ecoturistiche: principied esperienza*. Franco Angeli, Milan, Italy.

[26] Nastran, M. and Istenic, M. C. (2015) Who is for or against the park? Factors Influencing the public's perception of a regional park: A Slovenian case study. *Human Ecology Review* 21(2), 93.

[27] Nyuapane, G. and Poudel, S. (2011) Linkages among biodiversity, livelihood and tourism. *Annual of Tourism Research* 38(4), 1344-1366.

[28] O'Dell, C. and Grayson, C. (1998) If only we knew what we knew:

Identification and transfer of internal best practices. *California Management Review* 40(3),40-54.

[29] Overman, E. S. and Boyd, K. J. (1994) Best practice research and postbureaucratic reform. *Journal of Public Administration Research and Theory* 4,67-83.

[30] Reed,M. S. (2008) Stakeholder participation for environmental management: A literature review. *Biological Conservation* 141,2417-2431.

[31] Scheyvens, R. (2000) Promoting women's empowerment through involvement in ecotourism: Experiences from the third world. *Journal of Sustainable Development* 8,232-249.

[32] Scolozzi,R. ,Schirpke,U. , Morri,E. ,D'Amato,D. and Santolini,R. (2014) Ecosystem services-based SWOT analysis of protected areas for conservation strategies. *Journal of Environmental Management* ,146,1-9.

[33] Sharpley, R. (2006) Ecotourism: A consumption perspective. Journal of Ecotourism 5(1-2),7-22. Stake,R. (2006) Multiple Case Study Analysis. The Guilford Press,New York,USA.

[34] Stronza, A. (2007) The economic promise of ecotourism for conservation. *Journal of Ecotourism* 6(3),210-221.

[35] Surendran, A. and Sekhar, C. (2011) A comparative analysis on the socio-economic welfare of dependents of the Anamalai Tiger Reserve (ATR) in India. *Margin: The Journal of Applied Economic Research* 5(3),361-379.

[36] TIES(2015) What is ecotourism? Available at: http://www. ecotourism. org/what-is-ecotourism (accessed 10 January 2017).

[37] Tomicevic, J. , Shannon, M. A. and Milovanovic, M. (2010) Socio-economic impacts on the attitudes: case study from Serbia. *Forest Policy and Economics* 12,157-162.

[38] UN(1992) Agenda 21. United Nations,New York,USA.

[39] UN(2012) *Promotion of Ecotourism for Poverty Eradication and Environment Protection*. United Nations,New York,USA.

[40] UNWTO and UNEP(2005)*Making Tourism More Sustainable: A Guide for Policy Makers*. United Nations World Tourism Association, Madrid, Spain; United Nations Environment Programme,Nairobi,Kenya.

[41] UNWTO(2002) *The British Ecotourism Market*. United Nations World Tourism Association,Madrid,Spain.

[42] UNWTO(2013) UN General Assembly: ecotourism key eradicating poverty and protecting environment. Available at: http://www2. unwto. org/en/press-release/2013-01-03/un-general-assembly-ecotourism-key-eradicating-poverty-and-protecting-envir (accessed 10 December 2016).

[43] UNWTO(2016) *World Tourism Barometer*. United Nations World Tourism Association, Madrid, Spain. Warner, M. (1997) 'Consensus' participation: an example for protected areas planning. Public Administration and Development 17(4),413-432.

[44] Wood, M. E. (2002) *Ecotourism: Principles, Practices and Policies for Sustainability*. United Nations Publication, Herndon, USA.

[45] Yin, R. K. (2013) *Case Study Research: Design and Methods*. Sage Publications, Thousand Oaks, USA

3. 旅游、福祉和文化生态系统服务：匈牙利奥尔塞格国家公园案例研究

梅兰妮·史密斯、芭芭拉·丘尔戈

▍引言

本章主要使用文化生态系统服务框架来探讨旅游、福祉和自然保护地之间的关系。在生态系统服务研究的背景下，对文化生态系统服务（CES）研究的相对不足，衡量无形利益和价值的复杂性在一定程度上造成了这种情况（Chan 等，2012；Milcu 等，2013；Leyshon，2014；Andersson 等，2015），特别是在精神、美学、灵感和地方感方面更是如此。虽然在文化生态系统服务背景下对娱乐和旅游的研究越来越多（Hernández-Morcillo 等，2013；Plieninger 等，2013），但整体研究数量仍相对较少。罗马格萨（Romagosa 等，2015）也注意到，在数量上，关于自然保护地健康和福祉效益的相关文献与关于城市和郊区公园的相关文献相比仍存在差距。因此，本章旨在探讨在自然保护地，尤其是国家公园的背景下，旅游、福祉和文化生态系统服务之间的关系。本章将对匈牙利奥尔赛格国家公园进行案例研究，该自然保护地吸引了越来越多的国内和国际游客。本案例的主要研究目的是展示如何将文化生态系统服务框架应用于受保护的景观，为地方和旅游规划优先事项提供新的见解。

▍景观和国家公园的福祉效益

世界自然保护联盟（2017）将自然保护地描述为"是一个明确界定的地理空间，通过法律或其他有效方式获得认可、得到承诺和进行管理，以实现对自然及其所拥有的生态系统服务和文化价值的长期保护"。这一概念包括国家公园、荒野保护区、社区保护区、自然保护区等。正如德沃斯（De Vos）等人（2016）所言，人们越来越期望自然保护地通过为社会提供服务来证明其存在的合理性，这些服务包括文化服务和非物质利益。梅陇（Mellon）和布拉姆威尔（Bramwell）（2016）认为，虽然自然保护地最初的目标是保护自然环境，但许多管理者可能正在扩大其政策范围和管理目标。他们指出，这些政策可能涉及当地居民的社会经济福祉及可持续旅游业。理想的情况是，旅游业可以通过重建农村或减少对农业的依赖来促进社会经济福祉，我们稍后会在奥尔赛格

国家公园案例研究中讨论这一点。雷(Ray,1998)也指出,景观系统及其相关的动植物群是一种重要的地方资源,可视为改善当地农村地区社会经济福祉的关键。

Xu和福克斯(Fox)(2014)认为国家公园是体验自然的重要场所,国家公园的选定通常考虑美学、环境保护、娱乐旅游等因素。然而,国家公园的保护功能和娱乐旅游功能之间关系紧张。他们的研究表明,那些倾向于以"人类为中心"的方式看待自然的人,会更优先考虑旅游开发,而那些更倾向于以"生态为中心"的人则会把自然环境放在首位。这些观念或方法的差异可能是受不同文化的影响导致的,例如,滕伯格(Tengberg)等人(2012)区分了英语国家对景观的定义和北欧国家对景观的定义,前者更多的是基于景观的视觉特征,后者则包括人与地方之间的互动。

在景观、国家公园和其他自然保护地给游客带来的益处方面,相关研究集中在幸福、健康和福祉方面。例如,福睿斯(Frash)等人(2016)探讨了福祉与游览公园之间的关系。他们的研究表明,公园活动的多样性比游客在公园停留的时间长短更重要,活动(如健身)本身的有趣程度并不具有可比性,因为只要身处公园,游客似乎就能获得更大的幸福感。有趣的是,在公园中,女性游客的幸福感往往高于男性游客。

罗马格萨(Romagosa)等人(2015)谈到了"生态系统健康"和环境保护的健康效益,如建立公园和自然保护地。事实上,本文作者认为,丰富的生物多样性、良好的基础设施服务可以提升自然保护地的福祉效益。公园和自然保护地不仅有助于保护生物多样性,还为人类创造福祉和促进健康提供了一个有吸引力的环境。公园和自然保护地的直接福祉效益包括为人们提供进行身体锻炼和治疗活动的场所,从而改善人们的心理健康。马勒(Maller)等人(2009)总结了公园和自然保护地给人类健康和福祉带来的益处。

(1)生理:为娱乐、体育和其他休闲活动提供环境;
(2)心理:从疲劳中恢复,获得平静感与孤独感,得到艺术灵感和教育;
(3)精神:反思和沉思,找到自己的位置,感受比自己更伟大的世界;
(4)社会:包括夫妻、家庭、网络和协会的娱乐活动和赛事;
(5)环境:维持和保护生态系统。

亚伯拉罕(Abraham)等人(2010)在范围研究中同样对景观或户外环境的福祉益处做了总结。

(1)心理福祉:自然有助于恢复心理健康;
(2)身体福祉:可步行游览的景观;
(3)社会福祉:景观是社会的纽带结构。

在对国家公园的研究中,沃夫(Wolf)等人(2015)列举了许多潜在益处,包括身体健康、恢复精神和许多其他福祉益处。国家公园管理者如何知道哪些活动对游客最有益,如何最好地提供这些活动,沃夫等人对此提出了疑问。Xu和Fox(2014)提出,世界各地的许多公园管理者正面临着越来越大的压力,他们需要提供更完善的设施和更多样的活动来满足游客的需求。沃夫(Wolf)等人(2015)讨论了导游如何帮助游客进入原始地区。因德拉安(Indrawan)等人(2014)也介绍了澳大利亚国家公园游览活动如何成为景观管理的有效工具,并为公园管理者带来政治优势和财政优势。

利特尔(Little,2015)认为,为人们提供多种与自然环境接触的机会是促进人类福祉的有效途径之一。鼓励人们更多地接触国家公园的方式之一是增加场所依恋感,这可以使游客建立社区认同感,鼓励他们参与环境管理,进行多次参观。沃夫(Wolf)等人(2015)阐述了场所依恋通常如何在特定场所和社区形成,他们认为地方的文化传统或遗产是其中的重要原因。特舍尔(Teuscher)等人(2015)认为地方感有助于塑造人们的信仰和价值观,使人们做出承诺;施密特(Schmidt)等人(2016)则认为场所依恋和地方认同感可以显著影响人们的保护态度,而对整体建构地方感没有影响。冈迈尔·沃利斯柯福特(Ganglmair-Wooliscroft)和沃利斯柯福特(Wooliscroft)(2014)分析了地方认同感和对地方的情感依赖,包括象征意义。他们讨论了国家公园如何构成某些国家认同感的一部分,例如,新西兰国家公园几乎占全国面积的三分之一。根据对新西兰国内游客的研究,他们发现参观国家公园最重要的影响首先是对游客的身体健康有益,其次是促进游客学习新事物。因德拉安(Indrawan)等人(2014)描述了与社区成员建立紧密联系的澳大利亚国家公园的游客,他们的福祉、健康和其他受到积极影响的方面是如何在游憩后得到显著改善的。

在沃夫(Wolf)等人(2015)对国家公园的研究中出现的另一个福祉要素是灵感。本章在后面部分对文化生态系统服务进行了介绍,它将作为研究景观和国家公园各种益处的"伞形"概念出现,地方感(包括场所依恋)、文化遗产和灵感是这一概念中的三大主要类别,还有一个主要类别是休闲和(生态)旅游。李(Lee)等人(2014)介绍了国家公园和自然区是如何因为审美、休闲方面的益处成为重要的休闲旅游资源的。美学是文化生态系统服务中的另一主要类别,一些作者认为美学是最有价值的生态系统服务(如 Tengberg 等,2012;Plieninger 等,2013;Sagie,2013;Soy-Massoni 等,2016;Zoderer 等,2016)。李(Lee)等人(2014)在国家公园背景下对游客幸福指数进行分析,结果表明,我们可以对游客的需求进行分类:

(1) 高层次需求包括自我、自尊、知识、美感或审美的需求;
(2) 低层次需求包括生理、经济和社会需求。

他们对自然野生动植物公园的研究还包括增加游客的知识或教育(另一个主要的文化生态系统服务类别)。精神体验(也是另一个文化生态系统服务类别)也得到了较高的评价,令人惊讶的是,精神体验得到的评价比放松或社交等服务得到的评价更高。他们的结论是,如果高层次福祉需求得到满足,游客就有可能停留更长时间,游览更频繁,消费更多。

从以前对游览自然保护地(如景观和国家公园)的益处进行的一些研究中,我们可以得出结论:研究主要内容与《千年生态系统评估》(2005)所定义的文化生态系统服务类别高度对应。下一节将利用文化生态系统服务讨论自然保护地内的多种(福祉)益处。

景观、福祉和文化生态系统服务

《千年生态系统评估》(2005)指出,在景观规划和管理中,文化服务和文化价值没有得到足够的认可。随后,《千年生态系统评估》制定了文化生态系统服务框架。《千年生态系统评估》(Chan 等,2012;Milcu 等,2013;Leyshon,2014;Andersson 等,2015)将文化生态系统服务定义为"人们通过丰富精神、发展认知、进行思考、获得审美体验等行为从生态系统中获得的非物质利益"。

> **知识链接**
>
> 文化生态系统服务的主要内容
>
> (1) 精神和宗教:许多地方将精神和宗教价值附加于生态系统或其组成部分。
>
> (2) 休闲和生态旅游:人们通常会根据特定地区的自然或人造景观的特点来选择在哪里度过他们的闲暇时间。
>
> (3) 审美:游客个人在生态系统的各个部分都能找到审美价值,这体现在游客对公园、观光游览道路的认可,以及住房地点的选择上。
>
> (4) 灵感:生态系统为艺术、民俗、国家标志、建筑和广告提供了丰富的灵感来源。
>
> (5) 地方感:生态系统是"地方感"的核心支柱,这个概念通常用来形容那些使某一个地方变得特别或独特的特征,以及那些能培养人类真实的依赖感和归属感的特征。
>
> (6) 文化遗产:许多地方高度重视保护具有历史意义的景观("文化景观")或具有文化意义的物种。生态系统的多样性是促进文化多样性的因素之一。
>
> (7) 教育:生态系统及其组成部分和过程为许多地方的正规和非正规教育提供了基础。此外,生态系统可能会影响不同文化所形成的知识体系的类型。

一些学者已经注意到研究文化生态系统服务面临的困难(Chan 等,2012;Milcu 等,2013;Leyshon,2014;Andersson 等,2015),最大困难就是如何清楚地表达或解释文化生态系统服务的含义(Gould 等,2015;Riechers 等,2016)。最近的几项研究关注了文化生态系统服务与福祉之间的关系(如 Aretano 等,2013;Wu,2013;Vallés-Planells 等,2014;Riechers 等,2016;Blicharska 等,2017)。普莱赞(Pleasant)等人(2014)对生态系统和人类福祉进行了研究,并得出结论:文化生态系统服务是唯一与《千年生态系统评估》(2005)框架提供的四类人类福祉相关的生态系统服务类别。这些服务是形成健康良好的社会关系,拥有安全美好生活的基本条件。尽管穆萨基奥(Musacchio,2013)和普林宁格(Plieninger)等人(2015)认为,充分了解文化生态系统服务的动态可以为景观规划提供信息,但在景观背景下对文化生态系统服务的研究仍然相对不足(Norton 等,2012;Riechers 等,2016)。

瓦莱·普拉内利斯(Vallés-Planells)等人(2014)的研究十分充分,他们的研究表明文化生态系统服务可以通过娱乐和美学促进景观背景下的福祉,通过教育、灵感或精神利益实现个人成就,通过遗产或地方感实现社会利益,通过逃离感和平静感实现健康。布莱斯(Bryce)等人(2016)在对海洋生态系统保护和文化生态系统服务的研究中,确定了以下文化福祉效益:与自然的接触和互动、地方认同、治疗价值、社会联系、精神价值、记忆或转化价值。在保护和社区方面,兰杰(Ranger)等人(2016)将文化生态系统服务文献中一些关键的新兴主题描述为解释的重要性、关系价值、身份认同、与人们和地方联系相关的干预。在旅游研究方面,马切耶夫斯基(Maciejewski)等人(2015)将基于自然的旅游描述为一种文化生态系统服务,它可以为自然保护地提供关键的收入来源,并提供有利于自然地保护的可持续解决方案。威利斯(Willis,2015)提出,在旅游业背景下更好地理解文化生态系统服务可以最大限度地增加以可持续的方式接触自然的机会,进而更好地理解"自然的非物质利益"与游客动机、期望、行为和满意度的关系。

丹尼尔(Daniel)等人(2012)和希尔普克(Schirpke)等人(2016)指出了人类认知在文化生态系统服务和景观方面的重要性。然而,凡赞登(van Zanten)等人(2016)指出,很少有关于景观偏好的比较研究。最近的一些研究(如 Schirpke 等,2016;Zoderer 等,2016)大多只研究一种类型的景观,或只研究一两类文化生态系统服务。史密斯(Smith)和蕾姆(Ram)(2017)的文化生态系统服务问卷是一个例外,该问卷调查了来自 8 个国家的 6 种不同类型的景观。普林宁格(Plieninger)等人(2013)对 42 篇文化生态系统服务论文的元分析显示,大多数论文关注娱乐和生态旅游服务(54%),其次关注审美(14%)和教育(9%)方面。埃尔南德斯·莫尔西约(Hernández-Morcillo)等人(2013)回顾了 42 篇论文,他们也认为研究最多的文化生态系统服务类别是娱乐和生态旅游,研究最少的是灵感。研究者只关注一两类文化生态系统服务或许是不可避免的,正如特拉塔洛斯(Tratalos)等人(2016)提出的那样,文化生态系统服务的内容非常丰富,涉及多个方面,任何一套指标都只可能部分地衡量所提供服务的范围。尽管如此,更多的综合研究是有益的,古尔德(Gould)等人(2015)的研究表明,文化生态系统服务的价值高度交织在一起。

研究方法

以下案例研究考虑了文化生态系统服务的所有方面,并侧重于在国家公园景观的背景下引出利益相关者的看法。穆萨基奥(Musacchio,2013)和普林宁格(Plieninger,2015)认为,文化生态系统服务方法可以识别利益相关者依附于景观的社会价值,而其他方式可能无法捕捉这些价值。研究遵循普莱赞(Pleasant)等人(2014)和雷蒙德(Raymond)等人(2014)的观点,他们主张使用利益相关者参与的方法,注重价值引出和社会代表性。虽然定量方法在生态系统服务研究中应用较多,但人们越来越意识到定性数据收集方法可能更适合文化生态系统服务(Pleasant 等,2014;Winthrop,2014;Scholte 等,2015)。这种方法遵循的逻辑是,并不是所有对人们真正重要的东西都能被定量衡量(Milcu 等,2013)。

2014 年至 2016 年在奥尔赛格国家公园开展的一项更广泛的研究体现了文化生态系统服务、旅游和自然保护地之间的紧密联系,该研究旨在调查农村文化遗产、农村重建和可持续发展之间的相互作用。选择奥尔赛格国家公园作为案例研究,是因为其丰富的自然和文化遗产,其自然保护地的地位也为发展基于文化遗产的旅游提供了特殊的框架。研究主要使用半结构化访谈的方法,通过定性的社会学和人类学方法收集数据(Charmaz,2014)。访谈对象共40人,包括国家公园工作人员、当地政府职员、当地民间组织成员、当地工匠和旅游业相关人员。访谈的问题主要集中在自然和文化遗产方面,例如,遗产与农村身份之间的关系,自然和文化遗产给社区带来的好处,以及当地人参与基于遗产的活动(如旅游业)的动机和动力。

我们进行了主题内容分析访谈,并使用Atlas.ti软件进行了话语分析。我们采用了一种基础理论方法(Charmaz,2014),Atlas.ti软件与这一方法相关,用于支持这一方法(Muhr,1991)。在对访谈文本进行研究、编码和比较之后,大量主题显现出来,这些主题反映了《千年生态系统评估》(2005)所定义的许多文化生态系统服务类别,并突出强调了一个概念,即在分析农村景观时,文化生态系统服务框架是一个适当且有用的框架。因此,文化生态系统服务框架被用于进一步分析和解释数据,特别是用于确定偏好和优先事项,以及研究类别之间的相互关系。基于理论的方法作用有限,因为它并没有对所有文化生态系统服务类别给予同等的关注,它仅关注了那些显眼的类别。其次,受访者从一开始就没有被问及所有文化生态系统服务类别,他们被问及的类别主要是文化遗产。之前的文化生态系统服务研究也曾提到过在研究中阐述文化生态系统服务的困难(Gould等,2015),即许多受访者对这个术语并不熟悉(Riechers等,2016)。

匈牙利奥尔赛格案例研究

奥尔赛格国家公园是匈牙利十个国家公园之一,面积约占匈牙利领土面积的10%。它位于历史悠久的奥尔赛格地区,该地区位于匈牙利西部沃什州和佐洛州的西南部。奥尔赛格国家公园由44个居民点组成,面积达4.4万平方千米。由于地处西部边境,该地区在社会主义时期地位特殊,受中央控制程度较高,自由发展程度较低。由于这种弱势地位,奥尔赛格地区保留了传统的景观和居住结构,包括原始自然和房屋形状。因此,奥尔赛格国家公园不仅具有丰富的自然景观,也具有丰富的民俗文化历史。

鲍鲍伊(Babai)等人(2015)描述了中欧和东欧的景观在过去几十年中发生的重大变化。1989年后,许多地区不再孤立,在城市地区找工作变得更加容易。这导致农村地区发生了翻天覆地的变化,传统的土地使用模式和管理方法发生了改变,在某些情况下,人们完全放弃农业,社会机构发生变化。1978年,奥尔赛格风景自然保护地成立,1982年,自然保护法及相关法律生效实施。2002年奥尔赛格国家公园建立,2004年《自然2000》条例通过。此后,该地区的保护措施增多,政府开始提供农业环境补贴。然而,这样的地区却难以留住年轻人。未来文化景观中的农耕需要专注于创收活动,否则像这样边缘地区的年轻一代不太可能继承文化模式(Babai等,2015)。

在匈牙利,生态旅游与国家公园紧密相连(Magyar和Sulyok,2014)。在这种情况下,生态旅游可以被看作旅游和自然保护地之间的一种关系,会对农村发展产生一定影响,农村发展的重点是让当地人感受到自然保护地带来的效益(Campbell,1999)。在过去的几十年里,国家公园开发了几种类型的生态旅游服务,如学习路线、游客中心和森林学校。国家公园的游客数量表明,自然保护地是国内游客的热门旅游目的地,其较受欢迎的旅游服务主要是公园内的各项活动、游客中心和学习路线。匈牙利农业部2013年的数据(Magyar和Sulyok,2014)显示,2013年奥尔赛格国家公园接待游客51648名。较受欢迎的服务是公园内的各项活动和组团旅游,较受欢迎的景点是皮特瑟泽建成遗产(2013年接待游客23748名),和哈玛特夫自然保护教育中心(2013年接待游客8831名)(Magyar和Sulyok,2014)。

从20世纪80年代末开始,特别是在1990年后,奥尔赛格成为中产阶级(大部分来自布达佩斯)追求"乡村田园"生活的主要旅游目的地之一(Bunce,2003;Short,2006)。城市居民在奥尔赛格地区购买了第二套住房,他们中的很多人从春天到秋天都住在奥尔赛格或是永久定居奥尔赛格,他们是新旅游活动的先驱和发起者。在第一阶段,他们主要服务那些想在田园乡村环境中居住的游客。从那时起,奥尔赛格就成为欣赏田园风光的绝佳去处。自2002年建立奥尔赛格国家公园以来,除自然保护外,奥尔赛格已成为(特别是可持续和生态)旅游活动的主要参与者之一,当地的文化遗产也发挥着重要作用。

正如国家公园的经理所说:

> 我说的是一种生态意识,无论当地居民的年龄多大,这种生态意识都与他们有关。同时这也是一种与旅游相关的生态意识,它与游客和参观者息息相关。我们必须告诉并教导人们如何在这样的保护区内行事,这就是我们积极参与旅游业的原因。我们为游客提供袖珍计划,这个计划重点关注生态问题及当地社区的传统。

对当地居民及游客的调查表明,奥尔赛格国家公园遵循"以人类为中心"的保护方法(Xu和Fox,2014),因为自然保护地是人类与自然共存的空间。人类通过耕种塑造了独特景观,因此优先考虑保护建筑遗产和当地农村传统。国家公园的旅游政策旨在减少社会经济发展与生态保护之间的矛盾。当地的旅游从业者可以在环境保护和尊重可持续性的同时,从自然保护地中获益。大多数保护地都对游客开放,自然和文化遗产以旅游路线和视觉中心的形式呈现。在自然景点方面,国家公园管理局的一位管理人员这样介绍:

> 这里有几处沼泽(沼泽化草甸),有高度保护的泥炭藓,这里是法律规定的自然保护地,不对游客开放参观。然而,在索切斯,我们成功开发了其中一个区域供游客参观,并利用横跨沼泽(沼泽化草甸)的人行天桥开辟了一条旅游路线。因此即使天气潮湿,游客也可以随时参观,我们还在路线旁放置了信息表,供游客了解有关沼泽(沼泽化草甸)和相关受保护自然景点的信息。

自然保护地还强调社区发展,他们的目标是让当地人从自然保护地旅游业中获益。例如,他们建立了一个所谓的"特殊游客协调系统",这意味着自然保护地通过他们的方案和服务引导该地区的游客,并以生态可持续的方式介绍当地文化及文化遗产。这些活动被当地主要和次要的旅游从业者视为当地旅游业发展的动力。一位旅馆老板说:

> ……他们组织的活动很好,如果他们能再多做点就更好了。这些活动对我们来说非常重要,也很有益,因为大多数游客都希望参与这样的活动和特别项目,而国家公园也有能力组织这些活动和项目……

作为当地旅游活动和服务的主要组织者,国家公园管理局(NPA)让当地旅游企业家和当地社区参与可持续旅游活动,并通过他们的参与宣传保护原则。由于自然保护地的一些规章制度,国家公园管理局并不直接控制和管理当地的企业家和居民。相反,国家公园管理局让当地的企业家和居民参与活动,共享自然保护地的利益,包括旅游服务。一位自然保护地管理者解释了他的做法:

> ……在大多数国家公园和其他受保护的地区,公园护林员负责看守这些地区,如果有人触碰或摘走受保护的花卉,他将立即受到制裁。我有一个不同的想法,大概是在2006年或2007年,春天的雪花莲盛开的时候,我建议我的同事们尝试一种不同的方法,这可能比雇用更多的护林员两班倒更有效。我说,"不需要上夜班"——"我只需要白天两个护林员邀请当地人散步,并向他们介绍自然宝藏"。从那时起,不仅是当地人,许多游人都排队参加这些散步活动。他们和护林员一起散步,学习如何保护自然遗产。这是一种非常新颖而且与众不同的方法,这种方法更有效……

自然保护地组织沿旅游路线介绍自然保护地和该地区的文化遗产的活动。这些路线是所谓的学习路线,是包括步行和远足活动在内的步行旅游,路线旁设有信息表和停靠点。旅游信息网站(http://tourinform.hu/orsegi-national-park)上的"黄百合学习列车"介绍了这一路线是如何运行的:

> 徒步旅行从维莱梅尔出发,沿着一条6.2千米长的小路前往玛格达姆-巴法,沿途有机会观察贝尔索—奥尔赛格的自然和文化遗产,该地区不为人知,也不怎么受游客欢迎。每个休息点都提供学习路线和信息,旨在让游客在不影响生态脆弱地区的前提下,发现当地的自然、建筑、景观和文化历史。

这些路线位于自然保护地的不同位置,大部分路线需要2—3小时的往返时间。这些行程的描述强调了自然美景、受保护的动物群和文化遗产。旅游团也被预先设定为家庭友好型。旅游团强调的是娱乐和体验,而不是步行、远足和健身等体力活动。每本小册子和奥尔赛格地区的信息资料,都着重强调了具有自然保护地地位的景观的独特特征,还鼓励人们旅游时欣赏风景。

教育在国家公园的目标和活动中发挥着核心作用,包括隐性和显性的教育形式。隐性教育形式涉及学习路线和不同形式的地方参与,显性教育形式则包括为当地和非当地学生开办的森林学校及为当地学校开设的课程。该国林业局工作人员在当地学校开设专题课程和讲习班。自然保护地非常强调当地社区的知识交流。一名工作人员说:

> 当我的同事或我自己来到当地的幼儿园,或学校举办研讨会,或给孩子们上课时,我们看到孩子们的眼睛亮了,我们认为这是一件非常有意义的事。

当然，我们也为非本地人或城市里的学生开办森林学校，但对本地居民，我们会免费提供一些服务，这些服务对我们来说真的很重要，不是钱的问题。

国家公园在区域和地方发展中发挥着核心作用，国家公园管理局让地方政府、地方民间协会和企业家参与其项目。一位国家公园管理局的员工表示："项目的成功意味着当地社区认可这种合作和价值，这也可以加强地方认同感。"自然保护地重点强调了场所依恋和地方认同。所有来自自然保护地的受访者都强调了地方的独特性对其旅游发展及其他发展（如社区发展和身份建设）的重要性。景观的特殊性、受保护的自然风光和地方文化遗产是地方形象的主要内容，该国旅游局在旅游活动中推广这一形象，中产阶层或上层的新移民也增强了这一形象，他们从城市地区（主要是布达佩斯）来到这里，渴望过一种"乡村田园"生活。他们中的许多人在该地区定居，尽管有些人只是从春天到秋天来此短住，但他们开展了不同类型的旅游业务，如开设餐馆、宾馆，以及组织节目等。

发展当地产品也增加了人们对场所的依赖，自然保护地支持高质量的传统产品和服务。为了支持和保护当地产品，人们创建了一个特殊的国家公园产品标签，以此来反映奥尔赛格国家公园的品牌。这个标签是质量、美学和真实的象征。大多数贴有标签或冠有品牌的产品都是食品，宾馆和陶器等手工艺品也可以使用这一标签。这个标签表示当地生产者参与了保护项目，不仅保护了他们的利益，同时也提供了一个可以用于旅游业的增值品牌。

自然保护地在文化遗产保护方面也发挥着核心作用。包括自然和文化遗产在内的景观保护是核心内容，社区保护和福祉也是重点强调的内容。文化遗产和地方传统在两种意义上都与当地紧密相连，包括整个奥尔赛格地区及特定的地区和村庄。自然保护地的一名员工说：

> ……因此，这里的旅游不仅仅是一种展示受保护动植物的国家公园旅游形式，人和社区也是这里景观保护的一部分。景观是由耕种土地的人创造的，他们以一种特殊的方式使用这个地区。多亏了他们的活动，我们才有了这样的景观，有田地、森林、果园，还有动植物……这就是为什么我们也要关注当地社区。

自然保护地不仅注重该地区在游客心目中的形象，也努力提升当地社区、当地企业家和政府机构的内部形象。提高当地人对自身价值和能力的信心，重视当地资源的价值，这是自然保护地发展战略的核心。自然保护地支持建立地方历史收藏馆和记忆遗址，并将其作为地方遗产保护的一部分。地方和区域的社会经济福祉以文化遗产和自然保护地为基础。

讨论与结论

在奥尔赛格国家公园的背景下，使用文化生态系统服务框架十分恰当，该公园显然是以"人类为中心"的方式进行管理的（Xu 和 Fox，2014），文化遗产和自然环境受到同等重视。事实上,两者在强烈的地方意识和场所依恋中有着密不可分的联系。表3-1 总结了文化生态系统服务框架在奥尔赛格国家公园中的应用。

表 3-1 奥尔赛格国家公园文化生态系统服务框架总结

文化生态系统服务类别	相关活动	评论
地方感	自然保护地重点强调了场所依恋和地方认同感,宣传以自然美和文化遗产为基础的独特景观	重点强调场所依恋和地方认同感,包括外部和内部形象 新移民居民寻找和强化基于"乡村田园"的地方感
教育	潜在教育形式,如学习路线和有导游的步行,以及以生态和地方文化传统为重点的袖珍方案 为当地学童和居民开办森林学校,开设课程、讲习班等多种教育形式	重视免费的地方教育
娱乐/旅游	注重可持续发展和生态旅游 旅游线路和路径 游客中心 信息和教育项目	比起体育锻炼或健身,更强调教育、欣赏和审美
文化遗产	保护建筑遗产和当地农村传统是自然保护地的优先事项 开发食品和工艺品标签,保证质量美观和真实性	文化遗产、旅游、场所依恋和环境保护之间的紧密联系
美学	自然美 传统的房屋形状 当地工艺	用于加强美观和真实性的本地产品标签和品牌系统
灵感	与"乡村田园"相关联 独特美学,培植景观 文化遗产,包括艺术和手工艺	景观促使居民从城市环境中走出来,激发了建立旅游企业的热情
精神/宗教	除了与自然景观和文化遗产有关的(精神)价值,没有其他明确说明	环境管理源于这里强烈的场所依恋,这种场所依恋可能是精神上的,也可能是文化上的

该案例研究证实了梅陇(Mellon)和布拉姆威尔(Bramwell)(2016)关于扩大自然保护地管理目标的研究结果,其中包括居民的社会经济福祉和旅游业对乡村复兴的贡献。当地的福祉(包括新来的居民和游客的福祉)与社会、心理和精神层面的福祉密切相关,甚至可能比生理和环境层面的福祉更重要。这一点从自然保护地强调美学、欣赏和教育,而非运动或健身就能看出来。然而,环境和生态保护仍然是最重要的,教育和旅游政策反映了这一点。景观美学,包括传统的居住结构和房屋,也是保护景观的重要因素。文化遗产是自然保护地的核心重点,包括使用传统方法生产的食品,这些

食品大多是有机食品,还贴上了标签以保证产品质量,将健康效益最大化。这种标签制度也增强了手工艺生产的美感和真实性。

马勒(Maller)等人(2009)列出的自然保护地效益的福祉层面与奥尔赛格自然保护地总结的奥尔赛格的景观特征和吸引力非常相似,这既包括自然界中的娱乐和休闲活动等物质层面,也包括和平、安宁和放松等精神层面。精神层面主要与地方感有关,而社会层面则体现在当地居民之间的紧密联系,以及他们与新来居民和游客之间的积极互动,这得益于对场所依恋和地方认同感的精心培养(证明了 Ganglmair-Wooliscroft 和 Wooliscroft 的发现,2014;Wolf 等,2015)及内外形象的塑造。

实际意义

就利用文化生态系统服务框架更好地理解和管理自然保护地的实际意义而言,这种研究有助于更清楚地了解当地居民和游客心中的优先事项,以及这些优先事项之间的相互关系。研究结果支持了古尔德(Gould)等人(2015)的工作,即文化生态系统服务是紧密相连的,不能进行孤立研究。以奥尔赛格为例,自然和文化景观的美学和文化遗产对灵感和场所依恋产生了强烈影响,也对为进一步增强福祉的休闲体验、实现教育和旅游体验的愿望产生了很大影响。对地方当局、公园管理者或资助机构来说,本研究对确定重点关注(包括资金)的方向十分有用。重点可能是通过增加与自然的接触或通过儿童教育来改善当地社区的福祉,也可能是支持当地的遗产和手工艺生产,通过旅游创造就业机会和经济效益。未来的研究应该进一步探索文化生态系统服务最重要的方面,同时也应该确定文化生态系统服务的哪些要素是紧密相连,相互支持的。(例如,提供遗产教育和改善地区美学是否会增加场所依恋,从而提升福祉,吸引游客,带来更大的经济效益?)虽然访谈数据和基础理论不能完全回答这些问题,但它们证实了文化生态系统服务框架的有效性,并为该领域的未来研究指明了方向。

致谢

该案例研究是基于匈牙利科学研究基金资助的文化遗产和可持续农村发展项目(OTKA 108628)完成的。

参考文献

[1] Abraham, A., Sommerhalder, K. and Abel, T. (2010) Landscape and well-being: A scoping study on the health-promoting impact of outdoor environments. *International Journal of Public Health* 55(1), 59-69.

[2] Andersson, E., Tengö, M., McPhearson, T. and Kremer, P. (2015) Cultural ecosystem services as a gateway for improving urban sustainability. *Ecosystem Services* 12, 165-168.

[3] Aretano, R., Petrosillo, I., Zaccarelli, N., Semeraro, T. and Zurlini, G. (2013)

People perception of landscape change effects on ecosystem services in small Mediterranean islands: A combination of subjective and objective assessments. *Landscape and Urban Planning* 112,63-73.

[4] Babai, D., Tóth, A., Szentirmai, I., Biró, M., Máté, A., Demeter, L., Szépligeti, M., Varga, A., Molnár, A., Kun, R., and Molnár, Z. (2015) Do conservation and agri-environmental regulations effectively support traditional small-scale farming in East-Central European cultural landscapes? *Biodiversity and Conservation* 24(13),3305-3327.

[5] Blicharska, M., Smithers, R. J., Hedblom, M., Hedenås, H., Mikusi4ski, G., Pedersen, E., Sandstrom, P. and Svensson, J. (2017) Shades of grey challenge practical application of the cultural ecosystem services concept. *Ecosystem Services* 23,55-70.

[6] Bryce, R., Irvine, K. N., Church, A., Fish, R., Ranger, S. and Kenter, J. O. (2016) Subjective well-being indicators for large-scale assessment of cultural ecosystem services. *Ecosystem Services* 21,258-269.

[7] Bunce, M. (2003) Reproducing rural idylls. In: Cloke, P. J. (ed.) *Country Visions*. Pearson Education, London, UK, pp. 14-30.

[8] Campbell, L. M. (1999) Ecotourism in rural developing communities. *Annals of Tourism Research* 26(3),534-553.

[9] Chan, K. M. A., Satterfield, T. and Goldstein, J. (2012) *Rethinking Ecosystem Services to Better Address and Navigate Cultural Values*. Available at: https://open.library.ubc.ca/cIRcle/collections/facultyresearchandpublications/52383/items/1.0132715 (accessed 10 November 2017).

[10] Charmaz, K. (2014) *Constructing Grounded Theory*. SAGE, Thousand Oaks.

[11] Daniel, T. C., Muhar, A., Arnberger, A., Aznar, O., Boyd, J. W., Chan, K. M. A., Costanza, R., Elmqvist, T., Flint, C. G., Gobster, P. H., Grêt-Regamey, A., Lave, R., Muhar, S., Penker, M., Ribe, R. G., Schauppenlehner, T., Sikor, T., Soloviy, I., Spierenburg, M., Taczanowska, K., Tam, J. and von der Dunk, A. (2012) Contributions of cultural services to the ecosystem services agenda. *Proceedings of the National Academy of Sciences USA* 109(23),8812-8819.

[12] De Vos, A., Cumming, G. S., Moore, C. A., Maciejewski, K. and Duckworth, G. (2016) The relevance of spatial variation in ecotourism attributes for the economic sustainability of protected areas. *Ecosphere* 7(2),e01207.

[13] Frash Jr, R. E., Blose, J. E., Norman, W. C. and Patience, M. (2016) Healthy parks, happy people: An exploratory study of a county park system. *Park and Recreation Administration* 34(1),84-102.

[14] Ganglmair-Wooliscroft, A. and Wooliscroft, B. (2014) 'Part of me': National

parks integration into the extended self of domestic tourists. *Journal of Hospitality Marketing and Management* 23(4),360-379.

[15] Gould,R. K. ,Klain,S. C. ,Ardoin,N. M. ,Satterfield,T. ,Woodside,U. ,Hannahs,N. and Chan,K. M. (2015) A protocol for eliciting nonmaterial values through a cultural ecosystem services frame. *ConservationBiology: The Journal of the Society for Conservation Biology* 29(2),575-586.

[16] Hernández-Morcillo,M. ,Plieninger,T. and Bieling,C. (2013) An empirical review of cultural ecosystem service indicators. *Ecological Indicators*,29,434-444.

[17] Indrawan,M. ,Yabe,M. ,Nomura,H. and Harrison,R. (2014) Deconstructing satoyama—The socio-ecological landscape in Japan. *Ecological Engineering* 64,77-84.

[18] IUCN(2017) Protected areas. Available at: https://www.iucn.org/theme/protected-areas/about (accessed 10 November 2017).

[19] Lee,D.-J. ,Kruger,S. ,Whang,M.-J. ,Uysal,M. and Sirgy,M. J. (2014) Validating a customer well-being index related to natural wildlife tourism. *Tourism Management* 45,171-180.

[20] Leyshon,C. (2014) Cultural ecosystem services and the challenge for cultural geography. *Geography Compass* 8(10),710-725.

[21] Little,J. (2015) Nature,wellbeing and the transformational self. *Geographical Journal* 181(2),121-128.

[22] Maciejewski,K. ,De Vos,A. ,Cumming,G. S. ,Moore,C. and Biggs,D. (2015) Cross-scale feedbacks and scale mismatches as influences on cultural services and the resilience of protected areas. *Ecological Applications: A Publication of the Ecological Society of America* 25(1),11-23.

[23] Magyar,Z. and Sulyok,J. (2014) Az ökoturizmus helyzete Magyarországon. *Turizmus Bulletin* 15(2),14-23.

[24] Maller,C. ,Townsend,M. ,St Leger,L. ,Henderson-Wilson,C. ,Pryor,A. ,Prosser,L. and Moore,M. (2009) The health benefits of contact with nature in a park context: a review of current literature. In: *Social and Mental Health Priority Area, Occasional Paper Series*. Deakin University, Melbourne,Australia.

[25] Mellon,V. and Bramwell,B. (2016) Protected area policies and sustainable tourism: influences,relation-ships and co-evolution. *Journal of Sustainable Tourism* 24(10),1369-1386.

[26] Milcu,A. ,Hanspach,J. ,Abson,D. and Fischer,J. (2013) Cultural ecosystem services: a literature review and prospects for future research. *Ecology and Society* 18(3),44.

[27] Millennium Ecosystem Assessment (ed.) (2005) Ecosystems and human wellbeing: synthesis. Island Press. Available at: http://www.millenniumassessment.org/en/Synthesis.html (accessed 10 November 2017).

[28] Muhr, T. (1991) ATLAS/ti—A prototype for the support of text interpretation. *Qualitative Sociology* 14(4), 349-371.

[29] Musacchio, L. R. (2013) Cultivating deep care: integrating landscape ecological research into the cultural dimension of ecosystem services. *Landscape Ecology* 28(6), 1025-1038.

[30] Norton, L. R., Inwood, H., Crowe, A. and Baker, A. (2012) Trialling a method to quantify the 'cultural services' of the English landscape using Countryside Survey data. *Land Use Policy* 29(2), 449-455.

[31] Pleasant, M. M., Gray, S. A., Lepczyk, C., Fernandes, A., Hunter, N. and Ford, D. (2014) Managing cultural ecosystem services. *Ecosystem Service*, 8, 141-147.

[32] Plieninger, T., Dijks, S., Oteros-Rozas, E. and Bieling, C. (2013) Assessing, mapping, and quantifying cultural ecosystem services at community level. *Land Use Policy* 33, 118-129.

[33] Plieninger, T., Bieling, C., Fagerholm, N., Byg, A., Hartel, T., Hurley, P., López-Santiago, C. A., Nagabhatla, N., Oteros-Rozas, E., Raymond, C. M., der Hors, D., and Huntsinger, L. (2015) The role of cultural ecosystem services in landscape management and planning. *Current Opinion in Environmental Sustainability* 14, 28-33.

[34] Ranger, S., Kenter, J. O., Bryce, R., Cumming, G., Dapling, T., Lawes, E. and Richardson, P. B. (2016) Forming shared values in conservation management: An interpretive-deliberative-democratic approach to including community voices. *Ecosystem Services* 21, 344-357.

[35] Ray, C. (1998) Culture, intellectual property and territorial rural development. *Sociologia Ruralis* 38(1), 3-20.

[36] Raymond, C. M., Kenter, J. O., Plieninger, T., Turner, N. J. and Alexander, K. A. (2014) Comparing instrumental and deliberative paradigms underpinning the assessment of social values for cultural ecosystem services. *Ecological Economics* 107, 145-156.

[37] Riechers, M., Barkmann, J. and Tscharntke, T. (2016) Perceptions of cultural ecosystem services from urban green. *Ecosystem Services* 17, 33-39.

[38] Romagosa, F., Eagles, P. F. J. and Lemieux, C. J. (2015) From the inside out to the outside in: Exploring the role of parks and protected areas as providers of human health and well-being. *Journal of Outdoor Recreation and Tourism* 10, 70-77.

[39] Sagie, H. (2013) Cross-cultural perceptions of ecosystem services: A social inquiry on both sides of the Israeli-Jordanian border of the Southern Arava Valley Desert. *Journal of Arid Environments* 97, 38-48.

[40] Schirpke, U., Timmermann, F., Tappeiner, U. and Tasser, E. (2016) Cultural ecosystem services of mountain regions: Modelling the aesthetic value. *Ecological Indicators* 69, 78-90.

[41] Schmidt, K., Sachse, R. and Walz, A. (2016) Current role of social benefits in ecosystem service assessments. *Landscape and Urban Planning* 149, 49-64.

[42] Scholte, S. S. K., van Teeffelen, A. J A. and Verburg, P. H. (2015) Integrating socio-cultural perspectives into ecosystem service valuation: A review of concepts and methods. *Ecological Economics* 114, 67-78.

[43] Short, B. (2006) Idyllic ruralities. In: Cloke, P., Marsden, T. and Mooney, P. (eds) *Handbook of Rural Studies*. SAGE, Thousand Oaks, pp. 133-148.

[44] Smith, M. and Ram, Y. (2017) Tourism, landscapes and cultural ecosystem services: a new research tool. *Tourism Recreation Research* 42(1), 113-119.

[45] Soy-Massoni, E., Langemeyer, J., Varga, D., Sáez, M. and Pintó, J. (2016) The importance of ecosystem services in coastal agricultural landscapes: Case study from the Costa Brava, Catalonia. Ecosystem Services 17, 43-52.

[46] Tengberg, A., Fredholm, S., Eliasson, I., Knez, I., Saltzman, K. and Wetterberg, O. (2012) Cultural ecosystem services provided by landscapes: Assessment of heritage values and identity. *Ecosystem Services* 2, 14-26.

[47] Teuscher, M., Vorlaufer, M., Wollni, M., Brose, U., Mulyani, Y. and Clough, Y. (2015) Trade-offs between bird diversity and abundance, yields and revenue in smallholder oil palm plantations in Sumatra, Indonesia. *Biological Conservation* 186, 306-318.

[48] Tratalos, J. A., Haines-Young, R., Potschin, M., Fish, R. and Church, A. (2016) Cultural ecosystem services in the UK: Lessons on designing indicators to inform management and policy. *Ecological Indicators* 61, 63-73.

[49] Vallés-Planells, M., Galiana, F. and Van Eetvelde, V. (2014) A classification of landscape services to support local landscape planning. *Ecology and Society* 19(1), 44.

[50] van Zanten, B. T., Zasada, I., Koetse, M. J., Ungaro, F., Häfner, K. and Verburg, P. H. (2016) A comparative approach to assess the contribution of landscape features to aesthetic and recreational values in agricultural landscapes. *Ecosystem Services* 17, 87-98.

[51] Willis, C. (2015) The contribution of cultural ecosystem services to understanding the tourism-nature-wellbeing nexus. *Journal of Outdoor Recreation and Tourism* 10, 38-43.

[52] Winthrop, R. H. (2014) The strange case of cultural services: Limits of the ecosystem services paradigm. *Ecological Economics* 108, 208-214.

[53] Wolf, I. D., Stricker, H. K. and Hagenloh, G. (2015) Outcome-focused national park experience management: transforming participants, promoting social well-being, and fostering place attachment. *Journal of Sustainable Tourism* 23(3), 358-381.

[54] Wu, J. (2013) Landscape sustainability science: Ecosystem services and human well-being in changing landscapes. *Landscape Ecology* 28(6), 999-1023.

[55] Xu, F. and Fox, D. (2014) Modelling attitudes to nature, tourism and sustainable development in national parks: A survey of visitors in China and the UK. *Tourism Management* 45, 142-158.

[56] Zoderer, B. M., Tasser, E., Erb, K. H., Lupo Stanghellini, P. S. and Tappeiner, U. (2016) Identifying and mapping the tourists' perception of cultural ecosystem services: A case study from an Alpine region. *Land Use Policy* 56, 251-261.

4. 自然保护地中的可持续旅游：当地居民和游客对西拉国家公园的看法

索尼娅·法拉利、莫妮卡·吉利

引言

由于自然保护地的功能和性质，人们普遍认为自然保护地是重要的旅游目的地，也是发展可持续旅游的主要环境（Newsome 等，2013；Wearing 等，2016）。巴克利（Buckley，2012）、斯托达德（Stoddard）等（2012）、斯沃布鲁克（Swarbrooke，1999）和泰瑞尔（Tyrrell）等（2013）指出，可持续旅游是公园利益相关者（主要是当地社区）创造价值和共享利益的一种方式。然而，法拉利（Ferrari）和普拉泰西（Pratesi）（2012）强调，除积极发展旅游外，为了让当地居民能在地方发展过程中受益，居民对自然保护地持积极态度也很重要。可以说，如果一个自然保护地带来了显著的净收益，无论是直接的（如收入的增加和就业水平的提高）还是间接的（如目的地形象的提升、名气的增加，推出一个推广当地产品的"伞形品牌"、新的联系和项目管理经验），那么社区的态度就是积极的（Keller，2002；Aurier 等，2005；Bell，2008；Snyman，2014）。这一点尤为重要，因为在意大利，自然保护地中的村庄使公园能够为游客提供众多的历史、文化和美食资源，这能增加当地社区的收益，从而提高旅游业的可持续性，提升当地居民对公园的积极态度（Unioncamere，2014）。然而，正如法拉利（Ferrari）和普拉泰西（Pratesi）（2012）所言，社区内的一些利益相关者对公园仍存在一定的敌意，他们反对公园的限制和控制措施。因此，有必要进一步了解自然保护地和旅游业在地方发展中的作用。

本章以位于意大利南部的西拉国家公园（SNP）为案例。具体而言，本章讨论了一项研究结果，该研究探讨了游客和居民对当地目前提供的旅游形式的不同看法，该研究的目的是了解西拉国家公园内的可持续旅游在地方推广和地方发展中的作用（Bartelmus，1986；Farrell，1992；Clarke，1997；Elkington，1997，1998，2004；Boley 和 Uysal，2013）。为了有序地解读这些论点，下面一节将简述支持本研究的文献。随后，介绍为研究目的和目标而设计的方法。最后，本章对研究结果进行分析，得出结论，并对未来进一步研究提出建议。

旅游业的可持续发展

"可持续旅游"一词十分复杂,难以定义(Butler,1999),它出现于20世纪80年代后期,当时人们逐渐意识到旅游业发展会带来负面影响(Swarbrooke,1999),这些负面影响被归咎于"大众旅游",因此可持续旅游被视为与"大众旅游"完全相反的概念(Clarke,1997;Mowforth和Munt,2003)。然而,正如巴克利(Buckley,2012)所指出的那样,随着时间的推移,可持续旅游的概念已经发生了变化:可持续旅游从一种不破坏生态系统的旅游理念,转变为一种在利益相关者之间均衡分配所产生价值的旅游发展形式。

可持续旅游旨在不破坏后代资源的前提下,促进一个地区的扩张,最大限度地减少对环境的负面影响,最大限度地增加积极影响,并平衡地分配价值(Spangenberg和Valentin,1999;Spangenberg,2000、2002、Miller,2001;Mowforth和Munt,2003;Weaver,2006、2010;Stoddard等,2012;Tyrrell等,2013;Molina-Azorín和Font,2015)。最终,正如斯瓦布鲁克(Swarbrooke,1999,p19)所强调的那样,"可持续旅游"一词"包含了一种旅游方法,该方法包括认识到旅游目的地社区的重要性,认识到如何正确对待员工及实现旅游目的地社区经济利益最大化的愿望"。因此,如今学者们认为旅游业可持续发展能力的主要维度有三个,即所谓的"三重底线":环境、社会文化和经济(Farrell,1992;Elkington,1997、1998、2004;Boley和Uysal,2013)。在进行环境和遗产保护的同时,可持续旅游发展一般与人们的生活质量息息相关,涉及人们生活的各个方面,如当地人民的自豪感、环境教育、当地文化的振兴、社区福利、社会凝聚力和公民自豪感的增强、游客和居民的满意度、居民和游客之间摩擦的最小化(Bartelmus,1986;Clarke,1997;Pearce等,1990;Spangenberg和Valentin,1999;Swarbrooke,1999;Spangenberg,2000、2002)。从经济和企业角度来看,所有形式的可持续旅游业都应在收入方面实现利益最大化,并促进当地企业的发展(增加就业、扩大当地产品和服务的销售)(Choi和Sirakaya,2006;Roberts和Tribe,2008;Garay和Font,2012)。

接待游客的当地社区的作用

众所周知,接待游客的当地社区是旅游目的地重要的利益相关者之一,其对旅游的态度和支持会随着旅游发展而改变(Doxey,1976)。在此背景下,彭(Peng)等人(2016)指出应考虑强制居民参与旅游规划,避免他们产生消极态度,要让居民产生一种控制感,产生充当当地资源守护者的想法。科特勒(Kotler)等人(2003)和韦尔林(Wearing,2001)也支持类似的观点,他们强调社区参与对旅游发展的可持续性至关重要。此外,他们还认为,居民是旅游体验质量和目的地形象的重要组成部分。

旅游业提高了创业水平,促进了商业发展,同时减少了居民的孤立感和被遗弃感,而这种孤立感和被遗弃感是内陆欠发达地区的典型特征,许多自然保护地都有此特征

（Wearing等，2016）。然而，居民对旅游增长的态度也取决于其"社区依赖"，即他（她）对社区生活的参与和与社会的融合程度，以及对社区本身的情感依赖（McCool和Martin，1994）。事实上，旅游业的成功也取决于"当地居民的善意"和他们的好客程度（Gursoy等，2002），以及他们对旅游规划、营销和管理过程的参与（Jamal和Getz，1995）。正如辛普森（Simpson，2001）、崔（Choi）和西拉卡亚（Sirakaya）（2006）、罗伯茨（Roberts）和特赖布（Tribe）（2008）以及加雷（Garay）和丰特（Font）（2012）所强调的那样，如果旅游开发被认为是外部投资的成就，即由当地社区以外的人获得的成就，则可能引起居民的负面情绪和不满。因此，任何关于居民对可持续旅游业的看法和态度的分析都应包括政治方面。

最后一个变量是技术的可持续性，它指的是能够促进旅游目的地发展的所有技术创新，特别是信息技术，它促进了市场的扩大，以及公司、机构、游客之间联系的建立（Choi和Sirakaya，2006）。这些因素高度关联，很难单独进行研究和评估，但我们认为，所有方面（环境、社会文化、经济、政治和科技可持续性）都需要仔细解读和评估，这样才能了解游客对国家自然保护地（如西拉国家公园）中可持续旅游发展的看法。

自然保护地的可持续旅游和利益共享

国家自然保护地以不同的方式促进改善当地社区的福祉（Moyle等，2014；Thomsen等，2013）。首先，自然保护地通过保护和强化脆弱的生态系统、野生动物、景观和文化遗产，为保护生物多样性带来了直接利益。自然保护地还为当地社区（和游客）提供产品和服务，如环境和健康教育计划、导游和其他户外娱乐活动，同时自然保护地也是开展科学研究活动的场所。此外，自然公园可以成为可持续发展进程的起点（Nelson和Rafal，1997；Child，2004），特别是在可持续旅游方面，自然公园具有积极的社会经济效应（Puhakka和Saarinen，2013）。事实上，如今自然保护地是重要的旅游目的地（Leiper，1990；Batra和Kaur，1996；Eagles和McCool，2004；Gilmore和Simmons，2007；Wall Reinius和Fredman，2007；Frost和Hall，2010；Manning和Anderson，2012）。正如纽萨姆（Newsome）等人（2013）、弗雷德曼（Fredman）和泰威能（Tyrväinen）（2014）、霍克兰（Haukeland）等人（2014）和韦尔林（Wearing）等人（2016）所强调的那样，虽然自然保护地的性质和功能不适合发展大众旅游，但自然保护地是更多有可持续旅游需求的游客的主要旅游目的地。

从本章前面讨论的五个可持续性内容来看，在绿色旅游目的地实现可持续性的最佳途径是发展"慢旅游"（Matos，2004；Dickinson和Lumsdon，2010；Heitmann等，2011；Meng和Choi，2016）。游客市场涉及希望在当地社区中进行沉浸式旅游的游客，他们希望了解旅游目的地，了解当地的文化和遗产，体验当地居民的日常生活。因此，这些游客不会选择标准的旅游套餐：他们希望体验当地的真实氛围，尤其是那些与当地历史、传统和文化相关的地方。此外，他们还希望重新发现食物和气味（MacCannell，1973；Cohen，1988），他们喜欢住在与当地文化相关的住宿场所（如民宿和分散式酒店);购买当地特色产品,享受"零公里"食物①,他们试图发现当地的特色,对环境表现出更大关注。这样的旅游形式以环境为导向,尊重在保护地内生活、工作的人,促进了环境教育,提升了当地文化的关注度,加强了所在地的文化认同感,同时也增强了公民自豪感和社会凝聚力。此外,它还拉动了当地产品消费和服务消费,鼓励发展社区生产力,鼓励利益相关者之间传播经济利益。

参观自然保护地的游客往往具有以下特征。所谓的"生态旅游者"是一个高度异质的群体,虽然他们都认为接触自然是他们参观自然保护地的基本动机(Strasdas,2006;Mehmetoglu,2007),但他们对参观自然保护地还有许多其他兴趣(Blamey 和 Braithwaite,1997;Ryan 和 Sterling,2001;Galloway,2002;Frochot,2005;Beh 和 Bruyere,2007;Arnegger 等,2010;Haukel,2010;Newsome,2013)。特别是"硬生态旅游者",他们只对自然感兴趣,而"软生态旅游者"(数量更多)则对当地文化、食品和葡萄酒、体育等更感兴趣(Laarman 和 Durst,1987;Blamey,1995;Dolnicar,2004;Mehmetoglu,2006;Ferrari 和 Pratesi,2012;Bild 和 Opp,2013;Oviedo-García 等,2017)。出于这个原因,公园和其他自然保护地的战略目标越来越集中在旅游营销活动上,这些活动旨在了解游客的态度、意见和行为,更好地吸引游客,满足这类需求。在此基础上,为进一步了解自然保护地内可持续旅游在地方发展中的作用,本研究还着手调查西拉国家公园内游客的态度、意见和行为,以此来评估这些做法是否符合可持续发展的要求。

研究方法

针对研究目标,本研究采用了混合研究方法,在数据收集和数据分析中整合了定量方法和定性方法(Bryman,2016)。以问卷和深度访谈的方式收集原始数据,通过二次数据收集得出研究结果。与使用单一方法相比,采用混合方法可以更好地了解问题(Creswell 和 Plano Clark,2007)。本研究以同步视角的方式,部分使用混合方法(最初使用定性方法制定结构化自填问卷),部分使用三角法(Molina-Azorín 和 Font,2015)(通过保护地内的居民和游客的观点调查同一现象)。

五年内,根据非概率抽样调查,每年约有 350 名游客到访国家公园。调查以结构化的自填式问卷为基础,问卷由公园管理员在游客中心发放。为了方便抽样,调查只从该地区的游客中抽取样本。研究目的是尽可能收集不同样本,询问不同性别、不同年龄、不同类型团体(学校旅行、社会旅游团体、单身游客、情侣等)的游客。由于调查问卷很短,且受访者获得了公园纪念品作为完成调查的奖励,因此调查回报率很高(只有约8%的人拒绝参与调查)。

问卷是在与西拉国家公园管理者、护园人、游客和导游进行深入访谈的基础上,根据有关该主题的现有文献编制的。我们对问卷进行了预测试,确定并消除了问卷中不

---

① "零公里"(Zero kilometre)是英语"食物里程"(Food mile)的意大利语翻译。

明确的问题和词语及其他小问题。由于西拉国家公园的外国游客数量较少,因此,问卷以意大利语编制,这是本研究的一个局限。

调查涉及以下主题:

①参观动机:一道多选题(在可能的动机选项中最多允许选择两项);②规划假期时的信息来源:一道多选题(答案数量不限);③西拉国家公园的形象:以独特的数组形式编排的10个问题,每道题的答案均为7分的李克特量表;④停留期间喜欢的游客活动:一道多选题(答案数量不限);⑤服务评价:以独特的数组形式编排的14个问题,每道题的答案均为7分的李克特量表;⑥游客旅行模式(停留时间、住宿、游览类型、之前在自然公园的经历、身处自然保护地的意识等)[①];⑦总体满意度:一道7分的李克特量表题,一道题询问游客是否愿意再次游览西拉国家公园(两个选项);⑧游客社会人口概况。在对年度数据进行分析后,我们对每年的调查结果进行了比较。为了简化分析,本章将只分析最后一次年度调查的数据。这些数据由 SPSS 程序进行统计,没有答案的数据被视为缺失值。研究项目的第二部分旨在调查在西拉国家公园内生活或工作的各利益相关者的意见。为此,在 2016 年夏天,我们对 21 名当地利益相关者进行了深入的半结构化访谈。每次访谈持续 40—45 分钟,我们对访谈进行了记录、抄录和主题解释,以此来确定最重要的主题和重复出现的主题。在选择利益相关者时,我们考虑了专业类别(选择对旅游和文化更感兴趣的人)和居住地(见表 4-1)。利益相关者包括居民,公共管理员,体育、旅游和文化协会的领导人,以及专门从事接待、休闲和餐饮业的旅游经营者。

表 4-1　当地利益相关者受访人数

分类	男性	女性	总计
居民	4	4	8
公共管理员	3	1	4
协会领导人	3	0	3
旅游经营者	6	0	6
总计	16	5	21

研究根据统计局划定的不同地理区域选出利益相关者。由于被调查的人口数量较少,因此无论是在选择受访者还是在分析调查结果时,都没有考虑性别或年龄上的差异。此外还必须补充说明的是,许多受访居民的职业都与当地旅游业有关,因此,他们更倾向于以企业家的身份而非居民的身份来表达对西拉国家公园的看法。由于在自然保护地内举办活动带来的无形利益平衡了旅游发展的负面影响,因此在对旅游目

---

① 调查承认,一些游客可能在西拉国家公园内拥有第二套住房,由于没有实际划定公园的整个区域,可能会有许多未经统计的游客进入公园。游客可能不清楚自己是否身处自然保护地内。

的地的评价中并没有出现当地居民常见的抱怨（噪音、拥挤、脏乱等）。访谈内容包括关于在自然保护地内生活、工作的优缺点，以及对西拉国家公园各方面活动的评价（考虑经济、环境、文化和社会方面）。我们使用了"主题法"分析结果（Bryman，2016），构建一个索引，其中包含访谈记录概述中出现的主题和次主题。我们利用该索引分析了每一个访谈，将结果以网格的形式进行排序，从而保证对每个案例都能进行高水平的分析，对整体人群进行概述。

西拉国家公园的旅游业：游客观点

西拉国家公园成立于2002年，位于意大利南部卡拉布里亚地区的一个内陆山区。该国家公园由73695公顷（约736.95平方千米）的森林组成，位于气候温和的高原，动植物种类繁多。这里是地中海流域最古老的森林，自古罗马时代就已闻名。游客可以在公园内开展各种活动，参加各种运动，如骑马、定向越野、观景观鸟、自然摄影、步行或山地自行车骑行、越野、高山滑雪、帆船运动和峡谷漂流等。此外，西拉国家公园还有一些富有历史、艺术和民俗风情的村庄，在这里游客可以品尝到当地的食物和传统菜肴。自2014年起，西拉国家公园成为联合国教科文组织收录的第十个生物圈保护区。和意大利许多偏僻的内陆山区一样，西拉国家公园也受到失业和人口减少的影响。据估计，西拉国家公园内的居民人数约为6500人。西拉国家公园内居民的收入和消费倾向数据显示其消费水平低于地区平均水平（西拉国家公园，2014）。卡拉布里亚地区是欧洲最贫困、最边缘的地区，这一因素对研究具有重要意义。在生产性产业方面，该地区的第三产业占主导地位（占77.5%），其次是建筑、制造、能源、水和天然气（22.4%）；而第一产业（主要是农业）在该地区的发展中占比很小（1.1%）。在西拉国家公园内，最常见的服务是住宿和餐饮（48%），其次是商业活动（47%），与个人服务相关的活动（4%）及文化和娱乐服务（1%）很少（西拉国家公园，2014）。

与意大利其他公园一样，西拉国家公园不收取门票，也没有设置特定入口，因此无法统计确切的游客数量。然而，每年三个游客中心和众多公园博物馆都会迎来大量游客。2016年，主要游客中心记录的游客数量如下：库彭游客中心，23万人次；摩纳哥游客中心，2万人次；崔比多游客中心，1万人次。西拉国家公园中最重要的自然保护地基甘蒂—法里斯特罗（Giganti di Fallistro）的游客数量约为1.65万人次。

基于旅游和可持续性主题的相关文献，我们确定了一些反映游客在西拉国家公园度假期间偏好行为的宏观变量（Spangenberg 和 Valentin，1999；Swarbrooke，1999；Spangenberg，2000、2002；Miller，2001；Mowforth 和 Munt，2003；Choi 和 Sirakaya，2006；Weaver，2006；Stoddard 等，2012；Molina-Azorín 和 Font，2015）；自然保护地内的生态旅游和旅游业（Laarman 和 Durst，1987；Nelson 等，1993；Blamey，1995；Blamey 和 Braithwaite，1997；Eagles 和 McCool，2004；Mehmetoglu，2006、2007；Strasdas，2006；Wall Reiniu 和 Fredman，2007；Arnegger 等，2010；Ferrari 和 Pratesi，

2012;Bild 和 Opp,2013;Newsome 等,2013;Puhakka 和 Saarinen,2013;Fredman 和 Tyrväinen,2014;Haukel 等,2014;Mowforth 和 Munt,2015;Wearing 等,2016;Oviedo-García 等,2017)及探索阶段的访谈结果。这些变量密切相关。宏观变量包括:①热爱自然;②探索真实性;③体验的动态性;④停留类型(见表 4-2)。

表 4-2　2015 年某绿色旅游目的地旅游可持续发展水平的宏观变量

宏观变量	包括的变量集	调查表中各项内容占比(%)
热爱自然	对自然、自然资源、景观感兴趣 对自然遗产保护感兴趣 对环境问题和环境教育感兴趣	主要兴趣:参观自然景点(71.5) 他/她想要进行的活动:自然观光(63.3) 他/她想要进行的活动:观鸟(2.7) 公园让他/她想到的是:景观(71.1) 公园让他/她想到的是:自然(77) 他/她以前一直在西拉国家公园工作(66) 他/她去过其他国家公园(77.7) 他/她知道自己身处自然保护地(93.4)
探索真实性	希望了解当地的文化、遗产、历史和传统 希望与当地居民进行深入交流 希望尝试当地的生活方式 希望了解当地文化 尊重当地社区 对当地美食好奇 希望了解当地的产品和工艺	主要兴趣:了解古村落(20.7) 主要兴趣:参观考古遗址(10.5) 主要兴趣:参观博物馆(29.3) 主要兴趣:品尝葡萄酒和食品(25) 主要兴趣:了解古老的传统习俗和手工艺(26.6) 他/她想要进行的活动:品尝特色食品(48) 他/她想要进行的活动:参观历史中心(25.4) 他/她想要进行的活动:参观考古遗址(9) 他/她想要进行的活动:乘坐蒸汽火车进行游览(2.3) 他/她想要进行的活动:参观博物馆(48.4) 公园让他/她想到的是:文化(49.6)
体验的动态性	希望运动 希望进行高动态的活动 希望进行刺激、危险的生活体验 希望放松 希望冥想和享受轻松的环境	主要兴趣:运动(15.2) 他/她想要进行的活动:散步(82.8) 他/她想要进行的活动:山地骑行(8.6) 他/她想要进行的活动:徒步旅行(27.3) 其他运动(7.8) 公园让他/她想到的是:平静(71.9) 公园让他/她想到的是:有趣(17.6)

续表

宏观变量	包括的变量集	调查表中各项内容占比(%)
停留类型	住宿类型 停留时长 游客来源	酒店(35.2) 露营(8.2) 自有房屋(16.8) 朋友家/亲属家(12.1) 出租屋(3.5) 其他(12.5) 小于24小时(28.5) 1—2天(16.4) 3—5天(26.6) 6—30天(22.7) 1个月及以上(7) 卡拉布里亚(30) 意大利其他地区(69) 外国(1)

2015年,共有369人接受了调查。表4-3展示了每一年的数据(百分比)。不同年份的数据并没有呈现出显著的差异和变化趋势。需要特别注意的是游客的来源(这个数字多年来变化很大,几乎回到基线),停留时间(呈增长趋势)和游览者的数量(正在减少)。对于逐渐成为国家级旅游目的地的西拉国家公园来说,这些可以看作积极趋势。下文将对调查结果进行详细分析。

表4-3 调查结果   单位:%

年份	2009	2011	2012	2013	2015
游客来源					
卡拉布里亚	30	46.2	48.6	47.8	30
意大利其他地区	63	51.4	49.2	51.5	69
外国	5	1.8	2.1	0.6	1
样本量(绝对值)	**223**	**385**	**368**	**460**	**369**
您会在公园里停留多久?					
小于24小时	50.7	36.9	41.3	38	28.5
1—2天	12.6	21.6	25.3	21.7	16.4
3—5天	22.0	24.7	16	18.5	26.6
6—30天	13.0	8.1	13.6	14.3	22.7
1个月及以上	1.8	6.5	3.5	7.2	7
停留期间,您会在以下哪种场所过夜?					
酒店	36.8	47.5	38.3	41.5	35.2
露营	3.6	2.9	7.3	3	8.2

续表

年份	2009	2011	2012	2013	2015
自有房屋	16.1	9.6	14.7	14.8	16.8
朋友家/亲属家	11.7	13.5	9.2	10.4	12.1
出租屋	6.3	4.4	4.9	5.2	3.5
其他	25.6	9.9	16.6	21.7	12.5
您来过西拉国家公园吗?					
是	62.8	63.6	70.1	64.8	66
否	37.2	35.8	29.3	35	34
不知道	—	—	0.6	0.2	—
您是否去过其他国家公园?					
是	66.8	64.4	83.2	76.7	77.7
否	33.2	33	14.7	21.7	20.3
不知道	—	2.6	2.1	1.6	2.0
您是否知道自己身处自然保护地?					
是	97.3	91.7	96.7	94.1	93.4
否	2.7	5.7	1.1	4.6	4.7
不知道	—	2.6	2.2	1.3	1.9
您的主要兴趣是什么?					
参观自然景点	80.7	71.9	85.3	79.8	71.5
了解古村落	17	21.6	16.8	15.2	20.7
参观博物馆	26	29.1	28.8	25.9	29.3
参观考古遗址	17	12.2	10.1	10	10.5
品尝葡萄酒和食品	35	21	28.8	31.5	25
了解古老的传统习俗和工艺	21.5	24.9	22	21.7	26.6
运动	7.2	12.7	14.4	16.3	15.2
其他活动	5.4	4.4	4.3	6.5	5.1
您认为您会再次游览西拉国家公园吗?					
是	98	94.8	97.8	94.6	96.1
否	2	2.9	0.3	4.3	2.7
不知道	—	2.3	1.9	1.1	1.2
西拉国家公园让您想起了什么?					
泥土	8.5	3.4	2.4	9.8	4.7
缺乏服务	6.7	5.2	3.8	10	9.4
疏忽	6.7	3.4	3.8	8.5	4.3

续表

年份	2009	2011	2012	2013	2015
混乱	7.6	6	6	8	5.1
有趣	7.2	19.2	13.9	14.8	17.6
热情	24.2	36.4	29.3	33.5	49.2
宁静	65.9	58.2	60.1	68	71.9
景观	60.5	52.2	51.4	62	71.1
自然	76.7	64.4	71.5	71.5	77
文化	22		20.7	24.8	49.6
您想进行/正在进行哪些活动？					
散步	91.9	74.5	85.9	81.3	82.8
品尝特色食品	49.8	35.6	46.2	46.3	48
欣赏自然景观	65.9	58.2	69.6	64.1	63.3
参观历史中心	19.3	24.7	23.6	18.9	25.4
参观博物馆	37.7	39.7	36.4	30.7	48.4
参观考古遗址	12.1	12.2	13	7	9
乘坐蒸汽火车游览	6.3	4.9	5.4	5.2	2.3
山地骑行	9.4	6.5	15.8	12	8.6
徒步旅行	14.8	11.7	21.5	27.2	27.3
观鸟	3.1	3.9	3	3.7	2.7
其他运动	3.6	7.8	7.9	10.2	7.8
其他活动	2.2	3.9	6	7	4.3

热爱自然

这一宏观变量所包含的指标是根据"硬生态旅游者"的情况制定的，即那些只对自然和生物多样性感兴趣的人(Laarman 和 Durst,1987;Blamey,1995;Mehmetoglu,2006;Bildand Opp,2013)。数据显示,游客有意识地选择在公园内度假。而最后一年的调查结果则显示,公园的游客除了体验该地区的自然资源,还有其他兴趣。

探索真实性

如上所述,自然风光并不是游客选择到西拉国家公园旅游的唯一动机。事实上,许多受访者还表示希望体验当地的文化、美食和遗产。根据2015年的数据(见表4-2),想参观古村落的人占20.7%,想参观考古遗址的人占10.5%,想参观博物馆的人占29.3%,想品尝葡萄酒和食品的人占25%,想了解传统习俗和手工艺的人占26.6%。除参观博物馆(48.4%)外,他们中的很大一部分人还希望品尝特色食品(48%),参观位于西拉国家公园内的历史中心(25.4%)。西拉国家公园的形象不仅与自然(77%)和景观(71.1%)联系在一起,约一半的受访者(49.6%)表示,西拉国家公园的形象还与文化概念联系在一起。

体验的动态性

许多游客认为西拉国家公园是一个安静的地方(71.9%),能让人远离日常生活,放松身心;许多受访者也对运动和享受自然,特别是散步(82.8%)和徒步旅行(27.3%)表现出兴趣。这些都是西拉国家公园的优势所在,它位于交通便利的高原,拥有覆盖范围广的步道网络。如前文所述,自然保护地是多用途场所和旅游目的地,其中一些游客和使用者对自然景观中各种形式的娱乐活动感兴趣(例如,从步行到更具挑战性的体育活动和越野探险);而另一些人则是为了放松和寻求灵感,以及欣赏自然美景而来到自然保护地(Ryan 和 Sterling,2001;Galloway,2002;Frochot,2005;Beh 和 Bruyere,2007;Haukeland 等,2010)。

结合文献资料,研究结果表明,在西拉国家公园,人们有放松和沉思的需求(因为没有具体的举措来满足需求,这些需求被低估),也有体育旅游的需求。在这种情况下,结果表明,投资体育活动和发展赛道网络,成功地满足了西拉国家公园的一种旅游需求。然而,这些结果也表明,西拉国家公园的管理组织和当地旅游目的地管理组织可以更好地协调旅游产品的不同要素,以满足普通游客,以及寻求放松和想要在自然中沉思的游客的需求。

停留类型和时长

调查结果显示,西拉国家公园的游客都是自然爱好者,对环境问题很敏感。他们不需要大量的基础设施或外来投资来满足需求。毫无疑问,他们采用的可持续旅游模式既有利于保护生物多样性,也尊重自然(Farrell,1992;Batra 和 Kaur,1996;Elkington,1997、1998、2004;Swarbrooke,1999;Gilmore 和 Simmons,2007;Boley 和 Uysal,2013)。这些数据对于发展可持续性的其他方面(即经济、社会文化和政治可持续性)也具有积极作用,这些游客也对当地的文化和遗产资源,如传统、食物、艺术和历史感兴趣。正如多尔尼察(Dolnicar)(2004)、吉尔莫(Gilmore)和西蒙斯(Simmons)(2007)所强调的,这类游客才是绿色旅游目的地的目标人群。他们主要是"软生态旅游者"(Weaver,2006、2010),他们对包括众多娱乐和休闲服务在内的多元化服务感兴趣,而这些服务不会对环境和当地遗产产生负面影响(Haukeland 等,2010)。在这种情况下,游客创造的经济效应倍增,带来了积极的社会文化效应和政治效应,如当地居民对旅游投资更感兴趣,社区自尊心和地方自豪感增强,当地居民和游客之间的总体关系得到改善(Simpson,2001;Choi 和 Sirakaya,2006;Roberts 和 Tribe,2008;Garay 和 Font,2012)。事实上,游客对当地文化和真实性的欣赏和参与提升了居民在社区中的归属感,增强了当地居民的身份认同感,对社会可持续性产生了积极影响(Bartelmus,1986;Clarke,1997;Pearce 等,1990;Spangenberg 和 Valentin,1999;Swarbrooke,1999;Spangenberg,2000、2002)。

在停留类型方面,游客的偏好表明他们的选择具有良好的可持续性。尽管喜欢酒店的游客比例很高(35.2%),但选择更具可持续性的住宿场所(即露营或民宿)的游客数量正在增加。此外,积极的可持续发展指标还体现在游客停留时间更长(在2015年的调查中,26.6%的人表示他们会停留3—5天,22.7%的人停留6—30天,7%的人停留1个月及以上)①,以及日间游客(停留时长小于24小时)减少(从2009年的50.7%下降到2015年的28.5%),日间游客对生态问题不太敏感,他们可能会对环境和遗产产生负面影响(Roberts和Hall,2003;Gilmore和Simmons,2007)。

生活在自然保护地的无形益处:当地居民的观点

研究的第二部分旨在调查当地居民对可持续发展和旅游业的看法,研究收集了在西拉国家公园内生活或工作的各方利益相关者的意见。访谈分析包括四个主题:①西拉国家公园的作用和对可持续发展方法的接受程度;②西拉国家公园复合的遗产;③孤立的经济利益相关者;④旅游创新过程。下文将讨论与每个主题有关的调查结果。

西拉国家公园的作用和对可持续发展方法的接受程度

西拉国家公园建立时间相对较短,这意味着大多数受访者都经历了该地区的转变,在公园建立之前,任何人都可以"在没有特别限制的情况下打猎、钓鱼和采蘑菇"(17号受访者:居民),或者非法倾倒垃圾和建造违章建筑。当地政府(即地方行政人员)无法控制这些行为。

西拉国家公园位于意大利的最南端,远离大城市中心,经济落后,创业文化非常有限。在西拉国家公园区域内外的村镇之间,该地区的公共交通和通信基础设施很差,而且一直存在着年轻人流向城市(特别是北部)找工作的现象。在这种情况下,可持续性和环境保护很难被当地人接受,自然被视为私人使用空间,而非公共利益。

人们普遍认为,西拉国家公园的建立意味着上述非法活动的大幅度减少,因为该公园是环境保护的实体,因此"可以采取更有力的行动"打击非法活动(通过其执行机构,即国家林业总队)(12号受访者:经营者)。

所有受访者还表示,他们在开展这些保护活动的同时,还开展了地区宣传和环境教育活动,这些从未有过的活动代表他们的心态发生了重大变化。正如一位受访者所言:"作为一名公共管理者,我有机会与许多人交谈……人们习惯于把公园看成一个警察,一个限制错误行为的实体,而不是一个存在于许多人生活中的实体,他们可以在公园里进行许多提高生活质量的活动。这种想法是全新的……"(5号受访者:公共管理员)。

是否接受监管限制取决于当地人对环境和生物多样性保护重要性的理解,以及是否理解"环境是留给后代的共同利益"这一理念(2号受访者:协会)。正如一位受访

---

① 必须强调的是,2015年游客在意大利旅游住宿设施的平均停留时间为2.61天(意大利国家统计局,ISTAT)。

者所指出的:"公园试图保护环境(例如反对建造违章建筑),但是由于很多人没有远见,没有为子孙后代的共同利益着想的意识,只关心自己的私利,因此,他们认为公园的做法损害了他们的利益……"(10号受访者:男性经营者)。

受访者认为,这是一种根本性的心态变化,而西拉国家公园的诞生决定了或至少促进了这种变化。受访者认为不利影响微乎其微。他们表示,西拉国家公园"有义务监督并最终制裁任何不当行为"(11号受访者:男性经营者)。然而,仍有少数经营者,特别是那些生意与旅游业关系不大的经营者,对西拉国家公园提出了一些批评。一位受访者表示:"我的生意与旅游无关,但这是我的生意,我已经做了很多年。我们是经营者,但很少有人代表我们的利益……在这种情况下,我们很难与公园沟通,也很难发出我们的声音。"(9号受访者:经营者)。

西拉国家公园的复合遗产

超过四分之三的受访者认可这一主题。一位受访者说:

> 这是一个不仅有自然,而且有文化、传统和工艺的地区。自然区没有被污染,它与美国或澳大利亚的自然区不同,那里只有自然和荒野。在这里,自然区,即使是野生自然区,也有人类的参与……所以你随处可见房屋、农场、教堂,人与自然从来没有分开过……生活在边缘地区有一个优势:传统得以延续,手工艺技术也得以传承……(7号受访者:公共管理员)。

人们普遍认为,该地区的复合(物质和非物质)遗产,即村庄、博物馆、手工艺、食品和葡萄酒、农业传统和农业,都与西拉国家公园保护的自然环境密切相关。在这种情况下,西拉国家公园既保护自然,又保护文化,两者之间存在无数联系。受访者的普遍观点是,保护西拉遗产就是保护其独特性。在全球化时代,"独特性"(19号受访者:居民)、"特殊性"(20号受访者:居民)和"真实性"(7号受访者:公共管理者)代表了一种重要的竞争优势。正如一位受访者(3号受访者:协会成员)所说:"……这就是未来。如果你能保持这些传统,那么你也就保有了它的附加值……"

孤立的经济利益相关者

在对所有企业家(8—13号受访者:经营者)的访谈中都强烈体现了这一主题。

> 卡拉布里亚和西拉远离世界其他地区(10号受访者:经营者,男性),这指的是地理位置偏远,难以与其他经济现实相联系,社会关系网络和投资创业活动的社会资本有限。这些都导致企业创新能力差,年轻的、受过教育的人流失,他们更愿意到其他地方投资。公园的建立带来了改变:系统性的推广使得"以前看不见的企业变得显眼"(8号受访者:经营者)。此外,公园通过实施一些举措与我们建立了联系,打破了孤立。我们开始相互了解……不把我们的竞争者看成敌人,我们之间不是竞争对手,而是境遇相似的人。正如他们今天所说,我们正在与他们建立一个网络。在世界向前发展的同时,拥有一个网络比孤军奋战要好得多(8号受访者:经营者)。

创新过程

新的"绿色"职业也在园区举措的刺激下应运而生。人们普遍认为,从可持续发展的角度(从有机农业到典型产品)来重振农业可以促进西拉国家公园的商业创新,许多经营者希望"……西拉国家公园可以通过建立一个"伞形"品牌来收集当地的农业食品……"(5号受访者:公共管理员),以此提高知名度。这个品牌具有高度的地理特性(将产品与西拉地区联系起来),可以保证环境质量和生产的高度健康性。

最后,21名受访者中,有20名受访者承认,旅游代表了通过农家度假和农家教学供应等形式加强创新农业生产,促进种植业发展。一位受访者表示:"靠海这么近,长期以来没有人把内陆地区作为旅游目的地,农业和种植业找不到合适的发展方式。可持续旅游给这些地方带来了新的希望和机遇。我们希望晚一些起步可避免一些错误,我们希望能从别人的错误中吸取经验……"(6号受访者:公共管理者)。

以上访谈表明,在西拉国家公园制度化和利基旅游增长的刺激下,该地区正处于重要的社会文化、环境和经济发展过程中。根据文献中的讨论(Simpson,2001;Gursoy等,2002;Choi 和 Sirakaya,2006;Roberts 和 Tribe,2008;Garay 和 Font,2012;Wearing 等,2016),这些过程在政治和技术方面也具有可持续性。由于该过程不受外部力量影响,当地的经营者和居民认为他们是这个过程的主角。在他们看来,在这一过程中发挥主要作用的西拉国家公园是一个内部机构,它的方案和工作都是为了当地社区的利益,西拉国家公园给整个地区的社会经济结构带来了创新元素。

从访谈中可以看出,在自然保护地生活和工作的收益大部分是无形的(如通过参与共同项目提供的资金)(Keller,2002;Aurier 等,2005;Bell,2008;Snyman,2014)。这样的收益恰恰是在一个重要实体(西拉国家公园)的存在下取得的,它能够在宣传层面引导所有的地方微型企业,给那些想留在家乡工作的年轻人带来了信心。一个强大的实体能够进行有效的地方营销,提出品牌战略。西拉国家公园通过不断进行环境保护和教育活动,促进了人们心态发生转变,自此,自然不再被视为私人所有,而是集体所有,是要交付给后代的可持续遗产。正如一位受访者(2号受访者:协会成员)所总结的那样:"公园不仅要保护树木或动物,还必须保护后代的栖息地,它的存在必须传达'某种社会观念'"。

结论

本研究旨在了解可持续性、旅游业和西拉国家公园之间的关系,从经营者和游客的角度进行了调查。研究调查了西拉国家公园是否有足够吸引力来鼓励发展可持续旅游形式。研究显示的结果与文献一致(Batra 和 Kaur,1996;Eagles 和 McCool,2004;Gilmore 和 Simmons,2007;Wall Reinius 和 Fredman,2007;Frost 和 Hall,2010;Manning 和 Anderson,2012;Newsome 等,2013;Fredman 和 Tyrväinen,2014;Haukel 等,2014;Wearing 等,2016),即游客的偏好和选择正在支持西拉国家公园的环境、经济、政治和社会文化的可持续发展。事实上,许多游客除了对公园的自然遗产感兴趣,还想要了解当地的文化、传统和美食,他们直接或间接地支持了可持续发展。

关于当地居民的意见,研究确定了四个主要主题:

(1) 国家公园的作用和当地居民对可持续发展方法的接受度;

(2) 国家公园的复合遗产;

(3) 孤立的经济利益相关者;

(4) 旅游创新进程。

关于前两个主题,受访者的回答清楚地展现了西拉国家公园的整体形象。利益相关者似乎非常清楚自然与文化之间的密切关系,就西拉国家公园而言,保护自然也意味着保护文化。在受访者看来,自然与文化之间的密切关系体现了西拉国家公园的特殊性和独特性。人们必须把西拉国家公园看作一个独特而复杂的旅游产品,加以整体推广。人们意识到可持续旅游是该地区发展的"自然之道"。这种独特的元素是唯一能够促进当地经济发展的方法:农业生产、养殖业和所有依靠土地可持续利用的生产活动。因此,研究结果表明,可持续发展进程正在被当地利益相关者接受和采纳。在意大利自然保护地内,可持续发展并不仅仅被视为一种有助于推广的流行时尚,而是被视为这片美丽又脆弱的土地的唯一发展途径。关于最后两个主题(孤立的经济利益相关者和旅游创新过程),访谈显示西拉国家公园是关键行为者,它打破了生态利益相关者之间的孤立,确保了小企业的可见性,促进了创建企业家网络。研究结果表明,旅游业作为当地的核心经济部门,在创建各种企业网络和促进可持续发展进程方面发挥了重要作用。这些研究结果不仅支持了尼尔森(Nelson)和拉法(Rafal)(1997)、查尔德(Child,2004)、普哈卡(Puhakka)和萨里宁(Saarinen)(2013)、汤姆森(Thomsen)等人(2013)、莫伊尔(Moyle)等人(2014)和韦尔林(Wearing)等人(2016)的研究,并且突出强调了他们在这方面的贡献,进一步增强了人们对意大利自然保护地和旅游业在地方发展中的作用的理解。本研究分析的调查结果为今后其他项目的深入研究奠定了基础。本项目希望其他自然保护地也能参与其中,确定自然公园可持续旅游业发展的五个不同方面的具体定性和定量指标。特别要注意技术的可持续性(本研究中只做了部分探讨)及其在减少这些地区和生产系统的孤立性方面的重要性。调查中提到了一些关于非旅游利益相关者对公园管理部门的批评意见。为了更全面地了解当地居民的观点,下一阶段还需进行深入研究,下一阶段的研究重点应是相关经济利益,特别是对这一领域非常重要的农业食品产业链的研究。

致谢

感谢费尔南多·莫拉莱斯·德鲁埃达(Fernando Morales de Rueda),他承担了本研究报告中的部分深入访谈。

参考文献

[1] Arnegger, J., Woltering, M. and Huber, J. (2010) Toward a product-based

typology for nature-based tourism: a conceptual framework. *Journal of Sustainable Tourism* 18 (7),915-928.

[2] Aurier,P.,Fort,F. and Sirieix,L. (2005) Exploring terroir product meanings for the consumer. *Anthropology of Food* 4 May.

[3] Bartelmus, P. (1986) *Environment and Development*. Allen and Unwin, Boston,USA.

[4] Batra,G. S. and Kaur,N. (1996) New vistas in reducing the conflicts between tourism and the environment: an environmental audit approach. *Managerial Auditing Journal* 11(4),3-10.

[5] Beh,A. and Bruyere,B. L. (2007) Segmentation by visitor motivation in three Kenyan national reserves. *Tourism Management* 28,1464-1471.

[6] Bell, C. (2008) 100% PURE New Zealand: Branding for back-packers. *Journal of Vacation Marketing* 14(4),345-355.

[7] Bild,C. and Opp,C. (2013) *Tourist typology research in protected areas*, 5th Symposium for Research in Protected Areas. 10 to 2 June 2013, Mittersill, Austria.

[8] Blamey,R. K. (1995) *The Nature of Ecotourism*. Occasional Paper no. 21. Bureau of Tourism Research,Canberra,Australia.

[9] Blamey,R. K. and Braithwaite,V. A. (1997) A social values segmentation of the potential ecotourism market. *Journal of Sustainable Tourism* 5 (1),29-45.

[10] Boley,B. B. and Uysal, M. (2013) Competitive synergy through practicing triple bottom line sustainability: Evidence from three hospitality case studies. *Tourism and Hospitality Research* 13(4),226-238.

[11] Bryman, A. (2016) *Social Research Methods*, 5th edn. Oxford University Press,Oxford.

[12] Buckley,R. (2012) Sustainable tourism: Research and reality. *Annals of Tourism Research* 39(2),528-546. Butler,R. W. (1999) Sustainable tourism: A state-of-the-art review. *Tourism Geographies* 1(1),7-25.

[13] Child,B. (2004) *Parks in Transition: Biodiversity, Rural Development and the Bottom Line*. Earthscan,London.

[14] Choi,H. C. and Sirakaya,E. (2006) Sustainability indicators for managing community tourism. *Tourism Management* 27,1274-1289.

[15] Clarke,J. (1997) A framework of approaches to sustainable tourism. *Journal of Sustainable Tourism* 5(3),224-233.

[16] Cohen,E. (1988) Authenticity and commoditization in tourism. *Annals of Tourism Research* 15(3),371-386.

[17] Creswell,J. and Plano Clark,V. (2007) *Designing and Conducting Mixed Methods Research*. Sage,Thousand Oaks,USA.

[18] Dickinson, J. E. and Lumsdon, L. (2010) *Slow travel and tourism*. Earthscan, London, UK.

[19] Dolnicar, S. (2004) Insights into sustainable tourists in Austria: a data-based a priori segmentation approach. *Journal of Sustainable Tourism* 12(3), 209-218.

[20] Doxey, G. V. (1976) When enough's enough: The natives are restless in Old Niagara. *Heritage Canada* 2(2), 26-27.

[21] Eagles, P. F. J. and McCool, S. F. (2004) *Tourism in national parks and protected areas: planning and management*. CABI Publishing, Wallingford, UK.

[22] Elkington, J. (1997) *Cannibals with Forks, the Triple Bottom Line of 21st Century Business*. Capstone Publishing, Oxford, UK.

[23] Elkington, J. (1998) Partnerships from cannibals with forks: The triple bottom line of 21st-century business. *Environmental Quality Management* 8(1), 37-51.

[24] Elkington, J. (2004) Enter the triple bottom line. In: Henriques, A. and Richardson, J. (eds) *The Triple Bottom Line: Does it All Add Up*. Hearthscan, London, pp. 1-16.

[25] Ente Parco Nazionale della Sila(2014) *Piano Pluriennale Economico e Sociale del Parco Nazionale della Sila*. Ente Parco Nazionale della Sila, Lorica, Italy.

[26] Farrell, B. (1992) Tourism as an element in sustainable development: Hana, Maui. *Tourism Alternatives*, 115-134.

[27] Ferrari, S. and Pratesi, C. A. (2012) National Parks in Italy—Sustainable tourism marketing strategies. *Matkailututkimus (Finnish Journal of Tourism Research)* 8(1), 7-23.

[28] Fredman, P. and Tyrväinen, L. (2014) *Frontiers in Nature-based Tourism: Lessons from Finland, Iceland, Norway and Sweden*. Routledge, New York, USA.

[29] Frochot, I. (2005) A benefit segmentation of tourists in rural areas: A Scottish perspective. *Tourism Management* 26, 335-346.

[30] Frost, W. and Hall, C. M. (2010) American invention to international concept: The spread and evolution of national parks. In: Frost, W. and Hall, C. M. (eds) *Tourism and National Parks* (pp. 30-44). Routledge, New York, USA.

[31] Galloway, G. (2002) Psychographic segmentation of park visitor markets: Evidence for the utility of sensation seeking. *Tourism Management* 23, 581-596.

[32] Garay, L. and Font, X. (2012) Doing good to do well? Corporate social responsibility reasons, practices and impacts in small and medium

accommodation enterprises. *International Journal of Hospitality Management* 31(2),329-337.

[33] Gilmore,A. and Simmons,G. (2007) Integrating sustainable tourism and marketing management: Can national parks provide the framework for strategic change? *Strategic Change* 16,191-200.

[34] Gursoy,D., Jurowski,C. and Uysal,M. (2002) Resident attitudes. A structural modelling approach. *Annals of Tourism Research* 29 (1),79-105.

[35] Haukeland,J. V.,Grue,B. and Veisten,K. (2010) Turning national parks into tourist attractions: Nature orientation and quest for facilities. *Scandinavian Journal of Hospitality and Tourism* 10(3),248-271.

[36] Haukeland,J. V.,Grue,B. and Veisten,K. (2014) Turning national parks into tourist attractions: Nature orientation and quest for facilities. In: Fredman, P. and Tyrväinen,L. (eds) *Frontiers in Nature-based Tourism: Lessons from Finland, Iceland, Norway and Sweden*. Routledge, New York, USA, pp. 76-99.

[37] Heitmann,S.,Robinson,P. and Povey,G. (2011) Slow food, slow cities and slow tourism. In: Heitmann,P. and Dieke,S. (eds) *Research Themes for Tourism*. CABI Publishing,Wallingford,pp. 151-178.

[38] Jamal,T. B. and Getz,D. (1995) Collaboration theory and community tourism planning. *Annals of Tourism Research* 22 (1),186-204.

[39] Keller,K. L. (2002) Branding and brand equity. In: Weitz,B. and Wensley,R. (eds) *Handbook of Marketing*. Sage Publications,London,pp. 151-178.

[40] Kotler,P.,Bowen,J. and Makens,J. (2003) *Marketing or Hospitality and Tourism*, 3rd edn. Prentice-Hall,Englewood Cliffs,UK.

[41] Laarman,G. J. and Durst,P. B. (1987) Nature Travel in the Tropics. *Journal of Forestry* 85 (5),43-46.

[42] Leiper,N. (1990) Tourist attraction systems. *Annals of Tourism Research* 17 (3),367-384.

[43] MacCannell,D. (1973) Staged authenticity: Arrangements of social space in tourist settings. *American Journal of Sociology* 79,589-603.

[44] Manning,R. E. and Anderson,L. E. (2012) *Managing Outdoor Recreation: CaseStudies in the National Parks*. CABI Publishing,Wallingford,UK.

[45] Matos,R. (2004) Can slow tourism bring new life to alpine regions. In: Weiermair,K. and Mathies,C. (eds) *The Tourism and Leisure Industry: Shaping the Future*. The Haworth Hospitality Press,London,pp. 93-103.

[46] McCool,S. F. and Martin,S. R. (1994) Community attachment and attitudes toward tourism development. *Journal of Travel Research* 32 (2),29-34.

[47] Mehmetoglu,M. (2006) Segmenting the nature-based tourists based on travel

mode choice. *Journal of Hospitality and Leisure Marketing* 14 (4),47-67.

[48] Mehmetoglu,M. (2007) Nature-based tourists: the relationship between their trip expenditures and activities. *Journal of Sustainable Tourism* 15 (2),200-215.

[49] Meng,B. and Choi, K. (2016) Extending the theory of planned behaviour: testing the effects of authentic perception and environmental concerns on the slow-tourist decision-making process. *Current Issues in Tourism* 19 (6), 528-544.

[50] Miller,G. (2001) The development of indicators for sustainable tourism: Results of a Delphi survey of tour- ism researchers. *Tourism Management* 22, 351-362.

[51] Molina-Azorín, J. F. and Font, X. (2015) Mixed methods in sustainable tourism research: an analysis of prevalence, designs and application in JOST (2005-2014). *Journal of Sustainable Tourism*,24 (4),549-573.

[52] Mowforth,M. and Munt,I. (2003) *Tourism and Sustainability. New Tourism in the Third World*. Routledge,London,UK.

[53] Mowforth,M. and Munt,I. (2015) *Tourism and Sustainability: Development, Globalisation and New Tourism in the Third World*. Routledge, New York,USA.

[54] Moyle,B. D. , Weiler, B. and Moore, S. A. (2014) Benefits that matter to managers: an exploratory study of three national park management agencies. *Managing Leisure* 19 (6),400-419.

[55] Nelson,J. G. and Rafal S. (eds)(1997) *National Parks and Protected Areas: Keystones to Conservation and Sustainable Development*. Springer, Berlin, Germany.

[56] Nelson,J. G. ,Butler,R. and Wall,G. (eds)(1993) *Tourism and Sustainable Development: Monitoring, Planning, Managing*. Department of Geography, publication no. 37,University of Waterloo,Waterloo,Canada.

[57] Newsome, D. , Moore, S. A. and Dowling, R. K. (2013) *Natural Area Tourism. Ecology, Impacts and Management*, 2nd edn. Channel View Publications,Bristol,UK.

[58] Oviedo-García, M. A. , Castellanos-Verdugo, M. , Vega-Vázquez, M. and Orgaz-Agüera,F. (2017) The medi- ating roles of the overall perceived value of the ecotourism site and attitudes towards ecotourism in sustainability through the key relationship ecotourism knowledge-ecotourist satisfaction. *International Journal of Tourism Research* 19(2),203-213.

[59] Pearce,D. , Barbier, E. and Markandya, A. (1990) *Sustainable Development, Economics and Environmental in the Third World*. Edward Elgar,Aldershot,

UK.

[60] Peng, J., Chen, X. and Wang, J. (2016) Applying relative deprivation theory to study the attitudes of host community residents towards tourism: the case study of the Zhangjiang National Park, China. *Current Issues in Tourism* 19(7), 734-754.

[61] Puhakka, R. and Saarinen, J. (2013) New role of tourism in National Park Planning in Finland. *Journal of Environment and Development* 22(4), 1-24.

[62] Roberts, L. and Hall, D. (2003) Consuming the country-side: marketing for rural tourism. *Journal of Vacation Marketing* 10(3), 253-236.

[63] Roberts, S. and Tribe, J. (2008) Sustainability indicators for small tourism enterprises—An exploratory perspective. *Journal of Sustainable Tourism* 16(5), 575-594.

[64] Ryan, C. and Sterling, L. (2001) Visitors to Litchfield National Park, Australia: A typology based on behaviours. *Journal of Sustainable Tourism* 9(1), 61-75.

[65] Simpson, K. (2001) Strategic planning and community involvement as contributors to sustainable tourism development. *Current Issues in Tourism* 4(1), 3-41.

[66] Snyman, S. (2014) Assessment of the main factors impacting community members' attitudes towards tour- ism and protected areas in six southern African countries. *Koedoe* 56(2), 1-12.

[67] Spangenberg, G. H. (2000) Sustainable development concepts and indicators. Paper presented at the Aral Sea Workshop, Almaty, Kazakhstan, March, 2000.

[68] Spangenberg, G. H. (2002) Environmental space and the prism of sustainability: frameworks for indicators measuring sustainable development. *Ecological Indicators* 2(3), 295-309.

[69] Spangenberg, G. H. and Valentin, A. (1999) Indicators for sustainable communities. Available at: http://www.academia.edu/339495/Indicators_for Sustainable_Communities (accessed 6 November 2016).

[70] Stoddard, J. E., Pollard, C. E. and Evans, M. R. (2012) The triple bottom line: a framework for sustainable tourism development. *International Journal of Hospitality and Tourism Administration* 13(3), 233-258.

[71] Strasdas, W. (2006) The global market for nature-based tourism. *Münchner Studien zur Sozial- und Wirtschaftsgeographie* 45, 55-63.

[72] Swarbrooke, J. (1999) *Sustainable tourism management*. CABI, Wallingford, UK.

[73] Thomsen, J. M., Powell, E. B. and Allen D. (2013) Designing parks for human

health and development. *Park Science* 3 (2),30-36.

[74] Tyrrell,T. ,Paris,C. M. and Biaett,V. (2013) A quantified triple bottom line for tourism: experimental results. *Journal of Travel Research* 52 (3), 279-293.

[75] Unioncamere(2014) *Aree protette italiane in cifre. Research Report*. Unioncamere,Rome,Italy.

[76] Wall Reinius, S. and Fredman, P. (2007) Protected areas as tourism attractions. *Annals of Tourism Research* 34 (4),839-854.

[77] Wearing,S. and Wearing,B. (2001) Conceptualizing the selves of tourism. *Leisure Studies* 20,143-159.

[78] Wearing, S. L. , Schweinsberg, S. and Tower, J. (2016) *Marketing national parks for sustainable tourism*. Channel View Publications,Bristol,UK.

[79] Weaver, D. (2006) *Sustainable Tourism: Theory and Practice*. Elsevier, London,UK.

[80] Weaver, D. (2010) Geopolitical dimensions of sustainable tourism. *Tourism Recreation Research* 35(1),45-51.

5. 养生旅游：盐场再生的补充活动

海伦娜·阿尔伯克基、安娜·玛格丽达·费雷拉·达席尔瓦、菲洛梅娜·马丁斯和卡洛斯·科斯塔

引言

　　游客的动机和行为发生变化导致不同旅游子行业和旅游产品的出现和发展（Chen 等，2008；Page 等，2017）。正如克拉科里奇（Cracolici）和奈坎普（Nijkamp）（2009）及麦地那·穆尼奥斯（Medina-Muñoz，2014）所指出的那样：游客的态度从大众旅游转变为基于"量身定制的旅游设施"的"新时代旅游"，这意味着如今游客正在寻找具有吸引力的旅游目的地，以及符合其价值观和信仰的特定旅游产品。养生旅游是其中一个子行业，在过去的几十年中，由于游客对健康的重视及其生活质量的提高，养生旅游迅速发展（Voigt 等，2011；Kim 等，2017）。虽然在旅游研究中养生旅游并不是什么新的主题，但相关文献给出的结论十分模糊，尤其是涉及可纳入养生旅游的几种旅游产品和旅游活动，以及这些产品和实践对旅游目的地发展的贡献（Smith 和 Kelly，2006；Johnston 等，2011；Wellness Tourism Worldwide，2011；Chen 和 Petrick，2013；Medina-Muñoz，2013；Sava，2013；Hartwell，2014；Yeung 和 Johnston，2014；Goodarzi 等，2016；Kim 等，2017；Hudson 等，2017；Page 等，2017）。

　　仍以传统方式产盐的沿海盐场越来越吸引游客。这些地区具有重要的自然、历史和文化价值，为游客提供了宁静和高质量的休闲时光（Sovinc，2009；Martins 等，2014）。尽管盐场旅游发展趋势向好，但三十多年来，大型工业盐场不断扩大机械采盐规模，降低了成本，同时也导致传统盐场的衰退（Thompson，1999；Silva 等，2012），使当地经济衰退，进而导致盐场废弃。废弃盐场也对湿地产生了巨大的负面影响，进而导致盐场特定的自然价值消失（这些价值对维持该地区动植物物种非常重要），也导致了人种学价值和独特传统知识的丧失（Silva，2010）。索文克（Sovinc，2009）的一项研究表明，近年来出现的新创业举措给传统盐场的使用和管理提供了可持续创新方法。席尔瓦（Silva，2010）也提出了类似观点，他强调这些地区的自然资源和人力资源在定义传统产品管理的新方法，以及根据保护目标开发新产品和新活动方面有巨大潜力。事实上，两位作者都认为，盐场的自然、文化和历史遗产使其成为发展一系列与健康和

福祉相关的旅游活动的最佳环境(Sovinc,2009;Silva,2010)。

基于上述考虑,本研究将探讨养生旅游是否可以通过旨在维护其自然和文化遗产的创新型经济活动,促进废弃的传统沿海盐场的再生。因此,本研究的主要目的是探讨养生旅游的概念及其发展情况,探讨传统盐场发展旅游的机会,评价养生旅游作为沿海盐场传统盐业生产的补充活动的发展情况。图 5-1 展示了为完成后续研究而设计的概念框架。

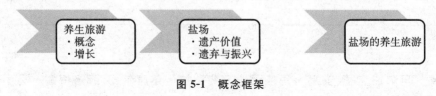

图 5-1　概念框架

研究方法

由于这是一项探索性和描述性的研究,因此使用文献回顾和案例分析的研究方法(见表 5-1)(Yin,2013)。对于第一个目标,我们回顾了 Scopus 和谷歌学术数据库中与养生旅游相关的文章。为了了解养生旅游的发展情况,我们对一些机构网站进行了分析,如世界旅游组织、全球养生旅游研究所和其他统计门户网站。对于第二个目标,我们回顾并论述了盐场在自然、历史和文化遗产保护方面的重要性以及其对地区旅游业发展影响的相关文献。由于这是一个新的研究领域,我们的分析不仅基于 Scopus 数据库中的文献,还基于谷歌学术和 ECOSAL 数据库中的文献。最后,为了评估养生旅游作为传统盐业生产补充活动的发展潜力,我们对文献中提到的两个盐场地区进行的调查是十分有必要的。我们对斯洛文尼亚的瑟切乌列海盐场和葡萄牙阿威罗的圣地亚哥达丰特盐场进行描述性和探索性分析(Yin,2013)。具体来说,我们将瑟切乌列海盐场看作一个综合的养生旅游案例,将圣地亚哥达丰特盐场看作一个应用瑟切乌列海盐场理论的最佳实践的试点案例。虽然该方法存在局限性,研究结果的归纳和总结还存在完善空间(Yin,2013),但我们认为通过文献回顾和对两个案例的研究可以为进一步研究养生旅游在废弃的传统沿海盐场再生中提供的基础作用。

表 5-1　方法框架

目标	方法	来源	预期结果
了解养生旅游的概念及其发展情况	文献综述	Scopus 数据库	建立一个关于养生旅游概念演变的理论框架
		世界旅游组织 全球养生旅游研究所 统计门户网站	证明养生旅游日益增长的重要性 评价世界养生旅游经济增长情况
探讨传统盐场的旅游发展机遇	文献综述	Scopus 数据库 谷歌学术数据库 ECOSAL 数据库	描述盐场在自然、历史和文化方面的重要性 证实维持传统盐场的重要性

续表

目标	方法	来源	预期结果
评价养生旅游的潜力,将其作为传统盐业生产的补充活动	描述性分析 探究性分析	两个案例分析(斯洛文尼亚瑟切乌列海盐场、葡萄牙阿威罗达丰特盐场) 数据来自两个盐场地区网站 实地工作(阿威罗)	证明传统盐场可以发展养生旅游 说明养生旅游是传统盐场的补充活动

文献综述

养生旅游

养生旅游是一个不断增长的利基市场。然而由于缺乏理论和实证研究,它仍然不为人知(Voigt,2010;Voigt 等,2011;Heung 和 Kucukusta,2013;Medina-Muñoz,2013;Huang 和 Xu,2014)。缺乏相关研究带来的问题之一是无法定义这一利基市场。养生旅游、健康旅游和医疗旅游是 20 世纪 90 年代以后出现的概念,在"当今蓬勃发展的旅游业中,这些概念已经变得非常流行"(Costa 等,2015,p. 23)。但科斯塔(Costa)等人(2015)表示,由于这些概念经常被互换使用,因此人们难以理解这个不断增长的利基市场的特点。

一些研究者认为养生旅游和医疗旅游是健康旅游的两个部分(Voigt,2010;Johnston 等,2011;Voigt 等,2011;Chang 和 Beise-Zee,2013;Connell,2013;Huang 和 Xu,2014;Loh,2014),不过对这种观点并未达成共识。养生旅游常常与健康旅游混为一谈,或者被认为是医疗旅游的一部分(Johnston 等,2011;Stolley 和 Watson,2012)。例如,黄(Huang)和徐(Xu)(2014,p. 495)将养生旅游描述为一种保健活动,"对于那些不打算在医院接受治疗,但又想改善或维持健康状况的人来说,养生旅游十分合适"。麦地那-穆尼奥斯(Medina-Muñoz,2014)也将这两个概念联系起来。虽然作者认为医疗旅游是一种以治愈某种疾病为目的、寻求特定病症治疗方法的旅游形式,但作者还是将养生旅游定义为旅游者利用健康服务促进、稳定和恢复"身体、精神或社会福祉"的一种现象(Medina-Muñoz,2014,p. 523)。

瓦格特(Voigt)等人(2011)提出,正是"疾病"和"健康"这两个词的区别,区分了医疗旅游和养生旅游。同样,陈(Chen)等人(2008,p. 105)也区分了这两个概念,他们强调养生旅游(他们提到的养生市场)是一种与创新方法和新奇体验相关的预防性医疗实践(健康方法),而健康旅游则更多地与疾病治疗相关。因此,他们将养生旅游定义为"一种为前往目的地的游客提供服务和体验,以恢复游客的身体、心智和精神的现象"(Chen 等,2008,p. 106)。杨(Yeung)和约翰斯顿(Johnston)(2014a,p. ii)也将养生旅游定义为与"保持或增强个人健康"相关的旅行。

约翰斯顿(Johnston)等人(2011)认为,养生旅游、医疗旅游和健康旅游是不同且容易混淆的术语,这些术语的使用根本上取决于利益相关者所在的群体和所在群体的观点。因此,他们将养生旅游定义为一种旅游形式,"涉及人们到不同的地方去积极主动地开展维持或增强个人健康和福祉的活动,并寻求独特的、真实的或基于地点的经验和疗法,而这些经验和疗法在家里是无法获得的"(Johnston 等,2011,p. iv)。他们将医疗旅游定义为"人们到不同的地方接受疾病的治疗,或改善健康状况,或进行整容手术,人们想要更低的医疗费用、更高的医疗质量、接受更好的医疗服务或不同于家里的医疗服务"(Johnston 等,2011,p. iv)。最后,关于健康旅游,这些学者提到,应该把这个概念当作"一个包括医疗旅游市场和养生旅游市场的总括性术语"(Johnston 等,2011,p. 16)。

对文献的回顾凸显了对养生活动、养生产品和养生实践的界定模糊不清,以及这些概念的差异。例如,陈(Chen)等(2008,p. 105)指出,与养生相关的旅游服务有"水疗、按摩、身体养生、健康美食、健身课程,对少数人来说还有替代性临床治疗(如水疗法)"。黄(Huang)和徐(Xu)(2014)也提到了相同的旅游服务,但他们也注意到自然旅游、生态旅游、社区旅游、朝圣、瑜伽、新时代旅游、医疗和精神疗养、户外活动和运动等通常也被认为是养生旅游活动。黄(Huang)和徐(Xu)(2014)强调文化影响会决定什么类型的活动可以纳入总括性术语。常(Chang)和贝兹·泽(Beise-Zee)(2013)也提出了类似的论点,他们指出旅游体验是养生旅游的重要组成部分。表 5-2 展示了基于杨(Yeung)和约翰斯顿(Johnston)(2014b)观点的养生旅游活动和养生旅游特征的多样性和广泛性。这些作者将养生旅游归纳为在特定的环境中寻求身体、心理、精神、情感和社会特征的结合,有利于实现多种活动,以促进以养生为目的的不同旅游目的地或旅游基础设施的旅游板块。萨瓦(Sava,2013)提出了养生旅游(及其许多产品和实践)的一个重要属性是非季节性,这可以改善当地的社会文化和经济条件,例如,季节性特征强的沿海旅游目的地。

表 5-2　养生旅游的组成部分、产品和实践

寻找		做	参观
身体	健康	CAM 综合医学 诊断学 健康检查 慢性病管理	综合保健中心 CAM 中心 健康中心
心理和精神	水疗和美容	按摩服务 沐浴 身体护理 面部护理 头发和指甲	健康酒店 健康巡游 健康度假村和疗养院 水疗 沙龙 洗浴和温泉 海水按摩

续表

寻找	做		参观
心理和精神	身心合一	瑜伽 药物治疗 太极 气功 生物反馈	瑜伽工作室 武术工作室
精神与社会	精神与联系	祈祷 志愿服务 与家人和朋友相处的时间 独处时间	瑜伽静地 灵修静地 静修处
心理和情感	个人成长	疗养 生活指导 减压 阅读 音乐和艺术	生活静地 健康静地
环境和精神	生态和探险	徒步旅行 骑行 散步 观赏自然	公园 野生动物保护区 自然保护区
身体和社交	健康	参观健身房 健身课程 拉伸 普拉提	健身房 健身中心
身体和社交	健康饮食	营养学 体重管理 排毒 烹饪体验	有机天然餐厅 健康食品店

资料来源：杨（Yeung）和约翰斯顿（Johnston）（2014b）；全球健康研究所，《全球健康经济监测》，2017年1月。

就经济利润而言，养生旅游也是一个快速增长的利基市场。据估计，2013年养生旅游市场价值4940亿美元，比2012年增长12.7%，占所有旅游支出的14.6%（Yeung和Johnston,2014a,p.9）。2013年5.865亿人次实现了养生旅游，占当年所有国内和国际旅游的6.2%（Yeung和Johnston,2014a）。从地区来看，欧洲进行养生旅行的次数最多，北美支出最多（见表5-3）。

表5-3　2012年和2013年各地区养生旅游情况

地区	旅行次数/（百万次）		旅游支出/（十亿美元）	
	2012	2013	2012	2013
北美	163.0	171.7	181.0	195.5
欧洲	202.7	216.2	158.4	178.1

续表

地区	旅行次数/(百万次)		旅游支出/(十亿美元)	
	2012	2013	2012	2013
亚太地区	120.0	151.9	69.4	84.1
拉丁美洲—加勒比	31.7	35.5	22.4	25.9
中东—北非	4.8	7.0	5.3	7.3
撒哈拉以南非洲	2.2	4.2	2.0	3.2
养生旅游产业总量	524.4	586.5	438.6	494.1

资料来源：杨（Yeung）和约翰斯顿（Johnston）（2014a）；全球健康研究所，《全球健康经济监测》，2017年1月。

此外，二十大养生旅游市场也证实了欧洲和北美是养生旅游产品发展的重点区域（见表5-4）。

表5-4　2013年二十大养生旅游市场

地区	旅行次数/(百万次)	直接就业机会/个	旅游支出/(十亿美元)	2013年排名（2012年排名）
美国	148.6	1836311	180.7	1(1)
德国	50.2	490092	46.2	2(2)
法国	25.8	259295	27.2	3(4)
日本	36.0	194606	22.2	4(3)
奥地利	12.1	143779	15.7	5(5)
加拿大	23.1	191423	14.8	6(6)
意大利	6.6	143237	13.3	7(8)
瑞士	11.6	101266	12.7	8(9)
中国	30.1	1037685	12.3	9(11)
英国	18.9	163187	12.0	10(7)
墨西哥	12.0	392043	10.5	11(10)
印度	32.7	5113703	9.2	12(16)
泰国	8.3	537312	8.8	13(14)
西班牙	11.3	77313	7.9	14(12)
韩国	15.6	121918	5.8	15(13)
澳大利亚	4.6	55650	5.3	16(15)
印度尼西亚	4.0	433868	4.8	17(41)
俄罗斯	10.3	127763	4.6	18(17)
土耳其	8.7	57979	4.5	19(20)
葡萄牙	3.6	74446	3.4	20(18)

资料来源：杨（Yeung）和约翰斯顿（Johnston）（2014a）；全球健康研究所，《全球健康经济监测》，2017年1月。

总而言之，文献中的不同观点表明，养生旅游包含了促进游客健康的活动，这些活动可能与游客的保健需求有关，也可能无关。在一个高度密集的工作社会中，人们没有时间放松或体验文化项目，能为游客同时提供健康和休闲服务的养生旅游因此流行开来。正如科斯塔（Costa）等人（2015，p.23）所指出的那样，养生旅游"不仅迎合了那些单纯追求温泉疗养的人，也迎合了那些寻求疾病预防、改善身体健康和追求精神平衡的人，甚至是那些希望体验文化项目和放松的人"。只有在此背景下，我们才能理解养生旅游的流行，理解养生旅游目前的经济价值以及它在发展旅游目的地、提高旅游目的地吸引力方面发挥的作用。

盐场和旅游业

传统沿海盐场反映了当地沿海人口的历史和经济状况以及数百年来制盐方法的发展，它们是人类为获取盐而在自然区域进行干预的结果（Martins等，2013）。传统沿海盐场在保护和维持生物多样性方面也有重要作用，盐场中的许多区域都是一些鸟类物种的替代栖息地（Sadoul等，1998；Martins等，2013）。盐场证明了人们在以人类为中心的栖息地利用与维持自然功能之间建立了平衡，将自然、文化和历史遗产完美地结合在一起（Sadoul等，1998年；Faganel和Trnavcevic，2012；Martins等，2013、2014）。这些特点是促进包括养生旅游在内的旅游相关活动发展的重要因素（Sovinc，2009）。传统盐场景观独特，为游客提供了安静的环境，也提供了高质量的休闲和健康时刻（Martins等，2014）。

然而，不仅仅是认识到这些资源的独特性刺激了旅游活动的发展，这些旅游活动旨在从自然和社会文化两方面保护盐场。正如汤普森（Thompson，1999）和席尔瓦（Silva）等人（2012）所强调的那样，低成本工业化产盐的扩大、劳动力的缺乏、低利润率以及利用盐场进行水产养殖等也对当地经济产生了巨大影响，这导致了盐场活动的减少或盐场的废弃及相关社会文化遗产的丧失。因此，席尔瓦（Silva，2010）认为，传统盐业生产的不断减少刺激了法国盐场保护和养护战略的发展。这些战略的主要目标是遏制与沿海盐场和传统盐业生产有关的自然、文化和历史的物质和非物质遗产的消失（Thompson，1999；Silva，2010）。

由于人们公认这些地区的自然、文化和历史遗产十分重要，因此法国目前采取了在这些地区发展可持续旅游的措施。这符合旅游业新的市场趋势，即通过开发新的旅游产品和开展多种活动，用推广大众旅游的做法取代促进利基旅游市场出现的做法。

然而，这些方面的文献数量有限。在Scopus数据库中以"盐田与旅游""盐碱地与旅游"或"盐场与旅游"为关键词进行文献检索，结果显示，有9篇文章涉及沿海盐田的旅游用途：其中8篇文章由欧洲国家作者发表（作者来自保加利亚、希腊、葡萄牙、斯洛文尼亚和西班牙）（Pelegrín，2014、2016；Petanidou和Dalaka，2009；Tureac等，2009；Rodrigues等，2011；Faganel和Trnavcevic，2012；Moreno等，2013；Grubar和Kovacic，2014），还有1篇由中国台湾作者发表（Wu等，2015）。这些文章中，5篇与传统盐场有关，3篇与工业盐场有关，1篇涉及仅用于旅游目的的盐湖，即养生旅游。

此外，搜索还发现了两个欧洲项目——SALT项目（Universidad de Cádiz

(coord.),2004)和 ECOSAL 项目(Diputación Foral de Álava(coord.),2009),项目旨在分析维持盐场最初功能的重要性,促进盐场的多功能利用,使盐场得以维持。具体而言,ECOSAL 项目旨在发展"基于大西洋传统盐场的文化和自然遗产,建立联合、整体、可持续的旅游业"(Diputación Foral de Álava (coord.),2009,p. 16),项目重点是保护遗产和生物多样性,通过生态旅游促进区域开发。在对养生旅游和盐场进行的进一步文献搜索中也存在类似的知识空白,我们只搜索到了与瑟切乌列海盐场有关的文章(Beltram,2006;Sovinc,2009;Glavaš 等,2012、2017)。这些文章着重于和描述瑟切乌列海盐场用于治疗的盐水泥,指出这些泥浆可应用于健康疗法,或可与超咸盐水结合用于肌肉、骨骼治疗和美容(Glavaš 等,2017)。另外,文章还提出了一个新的商业模式,即通过发展养生旅游来保护这一地区(Sovinc,2009)。

尽管研究有限,但这些研究表明,我们可以学习瑟切乌列海盐场的经验,提高对养生旅游在类似的传统盐场中发挥的作用的认识,开发相关产品。盐场是重要的自然、文化和历史资源(Martins 等,2013)。任何形式的开发(包括养生旅游)都应考虑如何协调盐场资源的可持续开发与手工盐生产,以及开发在多大程度上有助于扭转盐场的衰退进程和随之而来的废弃结局(Diputación Foral de Álava(协调),2009)。

盐场的养生旅游:两个案例研究

斯洛文尼亚皮兰湾瑟切乌列海盐场

如前文所述,文献中的案例研究之一是斯洛文尼亚的瑟切乌列海盐场自然公园。该地区是皮兰萨利纳斯的一部分,"位于亚得里亚海沿岸,塞克夫耶河口,皮兰湾海岸线的最南端,面积超过 6.5 平方千米,瑟切乌列海盐场是斯洛文尼亚重要的自然和文化遗址之一,是自然公园、拉姆萨尔遗址、2000 年自然遗址和国家重要的文化遗址"(Sovinc,2009,p. 19)。该地区生产传统海盐,有活跃的盐场和废弃的盐场。传统的海盐生产是一种季节性活动,需要维护基础设施,生产成本很高,与其他盐业生产相比没有竞争力。然而,"产自瑟切乌列海盐场的富含盐矿物质,呈纯白色,可以作为天然生产的盐进行宣传。"(Sovinc,2009,p. 20)。

"为了保护自然和文化遗产及景观,保护传统的制盐工艺"(Sovinc,2009,p. 19),斯洛文尼亚在 2002 年将公园管理权授予一家大型电信公司(Mobitel)的子公司之前,该盐场的生产几乎停止。这是管理自然保护地公私商业合作关系的一种创新,该公司获得了管理自然保护地资源的特许权,不仅可以从制盐工艺和相关旅游活动中赚取利润,还可以独家使用公园的照片进行营销和宣传。该公司完成了制盐工艺的重建工作,创建了新的景点(游客多媒体中心、用于展示制盐工艺的盐场、商店和艺术馆、步行道和自行车道),这促使盐场再生,维持了传统盐业的季节性活动,为自然保护地及周边地区带来经济、社会和自然效益。此外,该公司还在 2013 年投资开设了一个户外水疗中心,进一步丰富了当地的旅游产品。该水疗中心可容纳 50 人,市场定位是盐场中宁静的绿洲,水疗中心提供盐泥(温泉泥)护理、盐水浴、海盐去角质和手部按摩服务。

鉴于瑟切乌列海盐场的盐水和盐泥的特殊性，斯洛文尼亚卫生部认证了这些治疗的重要性，表示它们是自然疗法，有助于增强免疫力，改善整体健康状况（Glavaš等，2017）。尽管这一案例研究相对较新，但它强调了自然和文化遗产与养生旅游之间的重要联系。这一案例说明了如何通过创新的管理伙伴关系，保护自然、文化和历史资源，共同实现旅游目的地的可持续开发（Martins等，2013）。正如法格内尔（Faganel）和田纳维奇（Trnavčevič）（2012, p.594）指出的那样，"精心策划的可持续营销可以为保护、参观或管理自然保护地的不同利益相关者带来重要的附加值"。

葡萄牙阿威罗圣地亚哥达丰特盐场

本章的第二个案例的研究对象是葡萄牙阿威罗的圣地亚哥达丰特盐场。葡萄牙在发展旅游业方面具有多种潜力，在过去的几年中，葡萄牙已经将养生旅游确定为本国重要的战略增长领域之一。杨（Yeung）和约翰斯顿（Johnston）（2014a）的报告说明了养生旅游对国家的重要性，报告中提到了二十大养生旅游市场，养生旅游游客达到了360万人次，养生旅游创造了近74500个直接就业机会。研究这种现象意义重大，我们可以了解当地能提供哪些养生活动，以及当地是如何以可持续的方式管理这些活动的。如前文所述，本研究的主要目的是通过发展旨在维持自然和文化遗产的创新经济活动，来了解如何将养生旅游视为振兴废弃传统盐场的重要部门。

与斯洛文尼亚一样，葡萄牙也有一些传统盐场地区，但由于手工盐生产在全球市场上没有竞争力，这些地区正逐渐衰落，阿威罗地区的盐场就是其中之一。阿威罗也被称为"萨尔加多·德阿威罗"。阿威罗的形象一直与手工盐生产联系在一起，阿威罗盐在13至18世纪是公认的葡萄牙最重要的盐，也是全世界的优质产品（Amorim，2001）。然而，手工盐生产经历了严重的衰退，在萨尔加多·德阿威罗地区，只有9个传统盐场仍在产盐。圣地亚哥达丰特盐场是仍在进行生产的盐场之一，自1993年阿威罗大学获得该盐场所有权以来，它一直被用作研究补充活动和资源的天然实验室，也用于公众宣传活动。该盐场被指定为2000年特别自然保护地，是常驻和迁徙水鸟的主要繁殖地和觅食地，在维持葡萄牙北部的生物多样性方面发挥着战略作用。

我们在ECOSAL ATLANTIS项目范围内进行了研究，了解圣地亚哥达丰特盐场发展补充性旅游活动的潜力，补充性旅游活动可以使产盐继续进行，保护自然和文化遗产。研究证实，该地区是发展养生旅游的热点地区。研究表明，这些曾被用作单一生产区的盐场可开发多种用途，同发展与盐业开采相辅相成的旅游活动相兼容，如观鸟和养生旅游（Diputación Foral de Álava（coord.），2009）。然而，尽管有这些发现，但当地尚未实施这方面的发展战略。因此，在这种情况下，有人认为，在设计和实施基于养生旅游的可持续旅游战略方面，吸取瑟切乌列海盐场的经验教训是一个机会，可以为今后开发圣地亚哥达丰特盐场提供方向和借鉴。圣地亚哥达丰特盐场可作为阿威罗地区盐场的试点，用以研究养生旅游如何以及在多大程度上扭转葡萄牙盐场的废弃进程。

讨论及结论

对游客行为的研究越来越多地集中在了解吸引游客前往旅游目的地的主要产品，以及游客在这些目的地的行为（Chen 等，2008；Cracolici 和 Nijkamp，2009；Medina-Muñoz，2014；Page 等，2017）。养生旅游是一个不断增长的旅游市场，在旅游目的地和地区战略发展中发挥着重要作用（Yeung 和 Johnston，2014a）。尽管已经有了这些认识，但对于可以包含在养生旅游这个宽泛的总括性术语中的产品和实践，以及对它们对地方发展的贡献的相关研究仍然很不明确（Smith 和 Kelly，2006；Johnston 等，2011；Wellness Tourism Worldwide，2011；Chen 和 Petrick，2013；Medina-Muñoz，2013；Sava，2013；Hartwell，2014；Yeung 和 Johnston，2014b；Goodarzi 等，2016；Hudson 等，2017；Kim 等，2017；Page 等，2017）。

盐场因其宁静的风景、高质量的休闲和健康时刻越来越受到游客的追捧（Sovinc，2009；Silva，2010）。然而，盐场也是脆弱的生态系统，它完美结合了自然、文化和历史遗产（Sadoul 等，1998；Faganel 和 Trnavčevič，2012；Martins 等，2013、2014），需要得到保护。具体而言，世界范围内盐业生产技术的变化意味着许多传统盐场正在被废弃，这造成了自然、文化和历史遗产的损失（Silva，2010）。考虑到这些因素，本研究旨在了解养生旅游是否可以成为传统盐业生产的补充活动，促进盐场的二次发展。为了解决这个问题，本研究主要采用了两个研究方法：文献回顾，以及分析文献中提到的两个盐场（斯洛文尼亚的瑟切乌列海盐场是已经开展养生旅游的最佳实践区，葡萄牙阿威罗的圣地亚哥达丰特盐场是可能参照瑟切乌列海盐场的最佳实践开展养生旅游的地区）。

文献回顾的结果表明，养生旅游和这一总括术语中所包含的实践都难以界定，因为不同人对它们的理解取决于自身不同的文化视角（Johnston 等，2011；Huang 和 Xu，2014；Yeung 和 Johnston，2014b）。尽管存在这些差异，所有养生旅游活动（以及养生旅游）的核心都是寻求提升身体、心理、精神、情感和社会福祉的旅游体验（Chang 和 Beise-Zee，2013）。正如科斯塔（Costa）等人（2015，p. 23）所指出的那样，养生旅游"不仅满足那些单纯追求温泉疗养的人，而且满足那些寻求疾病预防、改善身体状况和追求精神平衡的人，甚至满足那些希望体验文化项目和放松的人"。在这种情况下，养生旅游可以在盐场等复杂生态系统的再开发中发挥作用。盐场景观优良，给人宁静祥和的感觉，拥有重要的自然和文化遗产。综合这两个特点，盐场是重要的热点地区，适用于多种旅游目的，特别是符合新的细分市场趋势的养生旅游。然而，文献回顾也发现，目前对这一领域的研究十分有限（Beltram，2006；Pelegrín，2014、2016；Petanidou 和 Dalaka，2009；Sovinc，2009；Tureac 等，2009；Silva，2010；Rodrigues 等，2011；Faganel 和 Trnavčevič，2012；Glavaš 等，2012、2017；Moreno 等，2013；Grubar and Kovačič，2014；Wu 等，2015）。此外，研究也表明我们有必要创造新的商业发展模式，承认盐场是重要的自然、文化和历史资源（Sovinc，2009；Martins 等，2013），用与当前手工盐生产相适应的方式开发这些资源（如泥沙、泥盆、卤水、海盐或宁静的自然景观)。如果要用养生旅游来扭转盐场的衰退进程和随之而来的废弃结局,那么就要重点考虑这些资源的开发(Sovinc,2009;Silva,2010)。本章对两个案例的分析进一步证实了这些发现。具体而言,案例分析说明了这两个脆弱的自然保护地如何受到类似的负面趋势的影响,以及为发展自然保护地所做的努力是如何成功地重新利用现有的资源吸引养生旅游的(如瑟切乌列海盐场的情况);案例分析也指出有必要开发与这些地方的复合遗产相适应的旅游形式(如关于圣地亚哥达丰特盐场的 ECOSAL 项目)。本研究表明,分享最佳实践并从其他自然保护地(如瑟切乌列海盐场)吸取经验教训,对于界定和实施传统沿海盐场的可持续养生旅游战略至关重要。

这些发现对葡萄牙这样的国家具有实际意义,该国最近一直在试图通过确定和投资战略产品、细分市场来提升旅游产值。杨(Yeung)和约翰斯顿(Johnston)(2014b)指出,在葡萄牙,养生旅游是一个不断增长的细分市场。葡萄牙是二十大受欢迎的养生旅游目的地之一,每年接待游客 360 万人次,创造近 74500 个就业机会。在这种情况下,根据国家的可持续旅游目标开发养生旅游产品、发展养生旅游非常重要。与其他地区一样,阿威罗地区的盐场需要通过这种改变来保护其生态系统,为该地区的经济、社会和环境的可持续性作出贡献。瑟切乌列海盐场的经验可以帮助阿威罗地区的盐场实施可持续养生旅游战略。

局限性和对进一步研究的建议

本研究对创新传统盐场的管理方法提出了一些见解,我们认为传统的盐场管理方式可能会对这些地区在社会、经济和环境方面产生重大的负面影响。因此创新方法对于促进公平社会和地区的可持续发展至关重要。目前,这一研究领域仍存在空白,关于这一主题的论文数量较少。尽管涉及范围和概括能力有限(Yin,2013),但本研究的结果可以作为进一步研究的催化剂,未来的研究可重点关注盐场养生旅游等补充活动如何解决当前和未来在可持续性方面面临的问题。

参考文献

[1] Amorim,I. (2001) Aveiro e os caminhos do sal: da produção ao consumo(sécs. XV a XX). Aveiro,Câmara Municipal de Aveiro,Aviero,Portugal.

[2] Beltram,G. (2006) Conservation and management of wetlands in Slovenia. Quark—Research and Development in Slovenia, Ljubljana, Slovenia. Winter, 2007,pp.70-81.

[3] Chang,L. and Beise-Zee,R. (2013) Consumer perception of healthfulness and appraisal of health-promoting tourist destinations. *Tourism Review* 68(1), 34-47.

[4] Chen,C. C. and Petrick,J. F. (2013) Health and wellness benefits of travel experiences: A literature review. *Journal of Travel Research* 52(6),709-719.

[5] Chen,J. S. ,Prebensen,N. and Huan,T. C. (2008) Determining the motivation of wellness travelers. *Anatolia* 19(1),103-115.

[6] Connell,J. (2013) Contemporary medical tourism: Conceptualisation, culture and commodification. *Tourism Management* 34,1-13.

[7] Costa,C. (2001) O papel e a posição do sector privado na construção de uma nova política para o turismo em Portugal. Seminário AEP-Novas Estratégias para o Turismo, 65-87. [8] Costa, C. , Quintela, J. and Mendes, J. (2015) Health and Wellness Tourism: A Strategic Plan for Tourism and Thermalism Valorization of São Pedro do Sul. In: Peris-Ortiz, M. and Álvarez-García, J. (eds) *Health and Wellness Tourism*, Springer International Publishing, New York,USA,pp. 21-31.

[9] Cracolici,M. F. and Nijkamp,P. (2009) The attractiveness and competitiveness of tourist destinations: A study of Southern Italian regions. *Tourism Management* 30 (3), 336-344. Diputación Foral de Álava (coord.) (2009) Atlantic Area Transnational Programme—ECOSAL ATLANTIS Project: Ecotourism in saltworks of the Atlantic: a strategy for integral and sustainable development. Álava,Spain.

[10] Faganel, A. and Trnavcevic, A. (2012) Sustainable natural and cultural heritage tourism in protected areas: Case study. *Annales*, *Series Historia et Sociologia* 22(2),589-600.

[11] Glavaš,N. , Kovac,N. and Jurjec,J. (2012) Thalasso medical centre in the saltpans of Secovlje (Portoroz,Slovenia). In: Maraver,F. and Karagulle,M. Z. (eds) *Medical Hydrology and Balneology : Environmental Aspects*. University of Madrid,Madrid,Spain,pp. 110-111.

[12] Glavaš,N. , Mourelle, M. L. , Gómez, C. P. , Legido, J. L. , Šmuc, N. R. , Dolenec, M. and Kovac, N. (2017) The mineralogical, geochemical, and thermophysical characterization of healing saline mud for use in pelotherapy. *Applied Clay Science* 135,119-128.

[13] Goodarzi,M. , Haghtalab, N. and Shamshiry, E. (2016) Wellness tourism in Sareyn,Iran: resources,planning and development. *Current Issues in Tourism* 19(11),1071-1076.

[14] Grubar,V. B. and Kovacic,G. (2014) The importance of coastal wetlands for the people of Slovene Istria [Pomen obalnih mokrišc za prebivalce slovenske Istre]. *Geografski Vestnik* 86(2),45-58.

[15] Hartwell, H. (2014) Wellness tourism: A destination perspective. *Tourism Management* 42,305-306.

[16] Heung,V. and Kucukusta,D. (2013) Wellness tourism in China: Resources, development and marketing. *International Journal of Tourism Research* 15

(4),346-359.

[17] Huang,L. and Xu, H. (2014) A cultural perspective of health and wellness tourism in China. *Journal of China Tourism Research* 10(4),493-510.

[18] Hudson,S. , Hudson, S. , Thal, K. , Thal, K. , Cárdenas, D. , Cárdenas, D. and Meng,F. (2017) Wellness tourism: stress alleviation or indulging healthful habits? *International Journal of Culture, Tourism and Hospitality Research* 11(1),35-52.

[19] Johnston,K. , Puczkó, L. , Smith, M. and Ellis, S. (2011) *Wellness Tourism and Medical Tourism: Where Do Spas Fit?* Research Report. Global SPA Summit.

[20] Kim, E. , Chiang, L. and Tang, L. (2017) Investigating wellness tourists' motivation, engagement, and loyalty: in search of the missing link. *Journal of Travel and Tourism Marketing* 34(7),867-879.

[21] Loh,C. P. A. (2014) Health tourism on the rise? Evidence from the balance of payments statistics. *The European Journal of Health Economics* 15(7), 759-766.

[22] Martins,F. ,Silva, A. M. and Albuquerque, H. (2013) A sustentabilidade das salinas - novas abordagens, novas atividades. In: Borrego,C. ,Miranda,A. I. , Arroja, L. , Fidélis, T. , Castro, E. A. and Gomes, A. P. (eds) *Repensar o Ambiente: Luxo ou inevitabilidade?* 10ª CNA (Conferência Nacional do Ambiente) -XII CENA (Congresso Nacional de Engenharia do Ambiente). Departamento de Ambiente e Ordenamento, Universidade de Aveiro, Aveiro, Portugal, pp. 590-595.

[23] Martins,F. ,Albuquerque, H. and Silva, A. M. (2014) Accessible saltpans - a project for all: the case of Santiago da Fonte Saltpan in Aveiro, Portugal. *Revista Turismo and Desenvolvimento* 21/22(4),377-392.

[24] Medina-Muñoz, D. R. and Medina-Muñoz, R. D. (2013) Critical issues in health and wellness tourism: an exploratory study of visitors to wellness centres on Gran Canaria. *Current Issues in Tourism* 16(5),415-435.

[25] Medina-Muñoz,D. R. and Medina-Muñoz, R. D. (2014) The attractiveness of wellness destinations: an importance-performance-satisfaction approach. *International Journal of Tourism Research* 16(6),521-533.

[26] Ministry of Economy and Innovation (2017) *National Strategic Plan for Tourism. Fostering the Development of Tourism in Portugal* (English version). Turismo de Portugal, Lisbon, Portugal.

[27] Moreno,A. , Valls, A. , Isern, D. , Marin, L. and Borràs, J. (2013) SigTur/E-Destination: ontology-based per- sonalized recommendation of tourism and leisure activities. *Engineering Applications of Artificial Intelligence* 26

(1),633-651.

[28] Page,S. J. ,Hartwell,H. ,Johns,N. ,Fyall,A. ,Ladkin,A. and Hemingway,A. (2017) Case study: Wellness,tourism and small business development in a UK coastal resort: Public engagement in practice. *Tourism Management* 60, 466-477.

[29] Pelegrín,G. A. B. (2014) El turismo de naturaleza en espacios naturales. El caso del parque regional de las Salinas y Arenales de San Pedro del Pinatar. *Cuadernos de Turismo* 34,33-51. Pelegrín,G. A. B. (2016) Bienes Culturales del Parque Regional Salinas y Arenas de San Pedro del Pinatar,Murcia. *Geoconservación* 9,71-83.

[30] Petanidou,T. and Dalaka,A. (2009) Mediterranean's changing saltscapes: A study of the abandonment of salt-making business in Greece. *Global NEST Journal* 11(4),415-433.

[31] Rodrigues,C. M. ,Bio,A. ,Amat,F. and Vieira,N. (2011) Artisanal salt production in Aveiro/Portugal-an ecofriendly process. *Saline Systems* 7(1),1-14.

[32] Sadoul,N. ,Walmsley,J. G. and Charpentier,B. (1998) *Salinas and Nature Conservation*. Tour du Valat,Medwet Publication Series,Arles,France.

[33] Sava,C. (2013) Sustainable development of spa tourism in the Romanian West Development Region. Acta Universitatis Danubius. Œconomica 9(4),15-23.

[34] Silva,A. M. (2010) *Estratégia para uma Gestão Sustentável do Salgado de Aveiro*. Universidade de Aveiro,Aveiro,Portugal.

[35] Silva,A. M. ,Martins,J. M. and Martins,F. (2012) As políticas públicas e a importância do território. In: Barragán Muñoz, J. M. (ed.) *1o Congresso Ieroamericado de Gestión Integrada de Áreas Litorales (GIAL) mirando a Iberoamérica Grupo de Investigación Gestión Integrada de Áreas Litorales*. Univesidad de Cádiz,Cádiz,Spain,pp. 1063-1070.

[36] Smith,M. and Kelly,C. (2006) Wellness tourism. *Tourism Recreation Research* 31(1),1-4.

[37] Sovinc,A. (2009) Secovlje Salina nature park,Slovenia - New business model for preservation of wetlands at risk. Global nest. *The International Journal*, 11(1),19-23.

[38] Stolley,K. and Watson,S. (2012) *Medical Tourism: A Reference Handbook*. ABC-CLIO,Santa Barbara,USA.

[39] Thompson,I. B. (1999) The role of artisan technology and indigenous knowledge transfer in the survival of a classic cultural landscape: themarais salantsof Guérande, Loire-Atlantique, France. *Journal of Historical Geography* 25(2),216-234.

[40] Tureac, C. E., Turtureanu, A. G., Bordean, I., Grigore, A. and Modiga, G. (2009) The development of sustainable health tourism in the salty lakes areas. *9th International Multidisciplinary Scientific GeoConference SGEM2009* 2. 14-19 June 2009, Albena, Bulgaria, pp. 763-768.

[41] Universidad de Cádiz (coord.) (2004) Proyecto Interreg IIIB SAL 'Sal del Atlántico': Revalorización de la identidad de las salinas del Atlántico. Recuperación y promoción del potencial biológico, económico y cultural de las zonas húmedas costeras. Universidad de Cádiz, Cádiz, Spain.

[42] Voigt, C. (2010) *Understanding Wellness Tourism: An Analysis of Benefits Sought, Health-promoting Behaviours and Positive Psychological Well-being*. Doctoral thesis, University of South Australia, Adelaide, Australia.

[43] Voigt, C., Brown, G. and Howat, G. (2011) Wellness tourists: in search of transformation. *Tourism Review* 66(1/2), 16-30.

[44] Wellness Tourism Worldwide (2011) 4WR: Wellness for Whom, Where and What? Wellness Tourism 2020- Full Research Report. Availableat: http://www.globalwellnesssummit.com/wp-content/uploads/Industry-Research/Global/2011-wellness-tourism-worldwide-wellness-for-whom.pdf (accessed 10 November 2017).

[45] Wu, T. C. E., Xie, P. F. and Tsai, M. C. (2015) Perceptions of attractiveness for salt heritage tourism: A tourist perspective. *Tourism Management* 51, 201-209.

[46] Yeung, O. and Johnston, K. (2014a) Global Spa and Wellness Economy Monitor. Global Wellness Institute, New York, USA.

[47] Yeung, O. and Johnston, K. (2014b) The Global Wellness Tourism Economy 2013. Global Wellness Institute, New York, USA.

[48] Yin, R. K. (2013) Case study research: Design and methods. SAGE, Thousand Oaks, USA.

6. 循证健康旅游模式：以"奥地利萨尔茨堡高山旅游度假区"为例

格奥尔格·克里斯蒂安·史迪肯鲍尔，斯蒂芬妮·蒂施勒，阿努尔夫·哈特尔及克里斯蒂娜·皮施勒

引言

健康旅游正逐渐被各大旅游目的地视作战略性的重要领域，因此也出现了越来越多主打健康和福祉的旅游产品（Illing，2008；Rulle，2010；Peris-Ortiz 和 Álvarez-García，2015）。人们普遍认为，要开发具有市场竞争力的旅游目的地，系统性的开发战略必不可少，其中就包括结构化旅游产品的开发过程（Ritchie 和 Crouch，2003；Lee 和 King，2006）。在健康旅游方面，自然资源可以作为产品开发的基础，目的是创造产品独特的市场定位。的确，正如史密斯（Smith）和普茨克（Puczkó）（2008，p.256）强调的，"地域性的自然资源在地理位置上具有独特性，又不便于出口，这些特点使之在健康旅游竞争中独具吸引力"。然而，随着市场对健康旅游的需求不断增加，竞争日趋激烈，旅游产品的质量好坏就成了能否盈利的关键（Leichtfried 等，2011）。洛（Loh，2014）认为，旅游产品服务链的质量关系到健康旅游中用于治疗的资源的效果。因此，在这种情况下，基于循证医学案例的产品和服务链可能是健康旅游产品成功的关键，因为消费者虽然面临的选择大同小异，但这些选择都缺乏可靠的产品质量保证（Smith 和 Puczkó，2008）。之前的研究强调了健康旅游、产品开发和可持续性之间的关系（Hartl 等，2010，2013；Steckenbauer 等，2015，2017），并指出需要进一步探究循证健康旅游产品在目的地可持续发展当中的作用。

在此基础上，本章讨论了如何通过开发循证健康旅游产品来有效地为旅游目的地进行市场定位。通过将健康旅游的理论假设与实践经验相结合，本研究提出了一个综合概念模型。该模型是基于先前产品开发的实践范例得出的，我们认为该模型可以作为未来健康旅游产品开发的概念框架（Steckenbauer 等，2015）。在这方面，本研究采用了殷（Yin，2011）此前提到的以探索性和描述性案例为导向的研究设计。为了确保结果的可信度，我们根据制定好的标准选择案例，该标准包括自然资源的利用情况、近期研究的医学案例及项目本身与旅游的相关性等几个方面。

本章首先列出了为该模式提供理论支持的文献，以便有序地展开讨论。然后介绍

了建立该模型的案例,即"高地陶恩健康之旅"(Hohe Tauern Health)和"萨尔茨堡高山健康度假区"(Alpine Health Region Salzburg)。最后,总结了循证健康旅游产品在旅游目的地可持续发展中的作用,并为下一步的研究提出了建议。

健康旅游要以自然资源为基础

几百年来,人类的居住地离自然环境越来越远,这对人类健康和福祉产生了严重的负面影响。越来越多的科学研究表明,城市化的迅猛发展与人们的生理和心理疾病明显相关(Dustin等,2009;Cyril等,2013;Capaldi等,2014)。此外,研究表明,生活在城市和人口稠密地区的人的生活满意度、福祉和幸福感明显较低(MacKerron和Mourato,2013)。而且越来越多的证据表明,与大自然接触对人大有裨益:身处绿色的自然环境对延长寿命有积极作用,对人的整体健康状况、心血管疾病、精神健康、睡眠状态、疾病恢复及社会卫生状况等方面也能产生积极影响(Gladwell等,2013;Nieuwenhuijsen等,2014)。研究还指出,从促进积极的生理和心理状态角度出发,在自然环境锻炼比在室内环境锻炼效果更好,也更省力(Bowler等,2010;Mitchell,2013)。此外,接触大自然会使人心情愉悦,更具社会责任感,心胸更加宽广,而且亲近自然也是幸福感产生的重要因素(Zelenski和Nisbet,2014)。

人们往往用爱德华·威尔逊(Edward Wilson)提出的亲生命性概念及人类特有的特征来解释这种影响,即人类倾向于关注自然、依赖自然或以其他方式积极回应自然,因为人类原本就在自然环境中进化和生存,在较晚的时候才迁移到城市中。因此,身处自然环境能满足人们对自然的需要并增强福祉,而远离自然可能会导致身体机能失调(Kellert和Wilson,1993;Wilson,1984)。克雷格(Craig)等人(2016)曾提到亲生命性概念在科学家当中引起了相当大的争论,科学家们曾尝试寻找证据,检验人类与自然世界的关系。的确,上述研究者表示,尽管人们对自然和城市环境影响的具体机制并不了解,但可靠的科学证据表明,大自然对人类健康和福祉至关重要(Craig等,2016)。范德博(van den Berg)等人(2010)强调,现代都市社会的娱乐需求增加,人们对自然环境的重视程度也越来越高,这意味着在自然环境中进行户外娱乐活动正在成为健康生活不可或缺的一部分,并成为人们在现代生活中弥补远离自然的缺憾的一剂良药(Bell等,2007;Höhne,2015)。因此,在自然资源基础上开发的健康旅游被视作一个发展热点(Peris-Ortiz和Álvarez-García,2015)。同样,史密斯(Smith)和普茨克(Puczkó)(2008,p.257)认为,利用自然环境和天然医疗资源,将其作为健康旅游资源的趋势明显增强。在这一大背景下,自然资源丰富的旅游目的地(如阿尔卑斯地区和自然保护地)为健康旅游产品开发提供了极好的先决条件。但也有人认为,从欧洲整体的角度来看,仍有必要开发有保健益处的自然资源,并探索健康旅游在促进旅游目的地经济发展方面的潜力(Loh,2014)。

循证健康旅游

弗纳(Vahrner)和斯特罗奇(Strozzi)(2014)指出,在健康旅游中证明预期的(或承诺的)医疗效果的做法似乎并不常见。事实上,作者认为,人们很少根据循证医学的标准来评估与健康有关的成果。由此可见,在个人健康这一敏感领域,人们缺乏对产品必要的认知。无独有偶,鲁勒(Rulle,2010)和李奇菲尔德(Leichtfried,2011)等人强调要将有关健康旅游影响的知识视为与游客建立可靠关系的基本前提。循证医学明确要求实行干预措施,而这些措施是建立在以往经验证明过的健康疗效之上的。因此,在健康旅游产品开发过程中,有必要对产品或报价进行批判性评估(Rulle 等,2010;Leichtfried 等,2011)。事实上,研究者们又指出,所有能证明(预期或承诺)效果的医学证据都应被视为健康旅游的"必要条件"。在此背景下,史迪肯鲍尔(Steckenbauer)等人(2017)提出一条针对医疗标准和旅游业需求的循证健康旅游发展道路。作者提出的"循证健康旅游"应该从"旅游""医学指导"和"实证"等方面将医学和商业相结合,因此健康旅游产品应该既是一种因地制宜的实践,也是经科学证明的、对特定身体状况的游客的健康和福祉有益的产品(Steckenbauer 等,2017)。

产品和旅游目的地发展

如今,越来越多的景点将自身定位为健康旅游目的地,以吸引具有健康观念的消费者(Chang 和 Beise-Zee,2013;Erfurt-Cooper 和 Cooper,2009)。然而,循证健康旅游依靠的是特定高质量方法,以及最先进的健康旅游发展成果(Leichtfried 等,2011;Smith 和 Puczkó,2014)。为此,有养生效果的旅游目的地必须确保其能够为游客带来货真价实的养生效果,并确保健康旅游供应者能提供可靠的旅游产品(Loh,2014)。史迪肯鲍尔(Steckenbauer)等人(2017)也提出了类似观点,他们指出,目的地管理者应明确区域的独特优势,并将其作为实施旅游规划、政策和营销战略的依据,并根据其内在医疗潜力进行评估,以达到游客福祉和健康旅游所要求的的质量指标(Steckenbauer 等,2017)。

里奇(Ritchie)和克劳奇(Crouch)(2003)指出,旅游业的发展最好建立在对目的地资源信息的系统性收集和评估之上,因为目的地的竞争力就来源于其核心竞争力和资源。这些要素可以指导旅游政策和目的地发展战略的制定和实施(Lee 和 King,2006,P195)。佩克兰纳(Pechlaner)和费舍尔(Fischer)(2004)提出开发以核心竞争力为基础的资源导向型产品,但他们也承认,在发掘核心循证健康旅游产品以及将其转化为畅销产品方面存在较大的挑战。

为此,德尼科莱(Denicolai)等人(2010)建议将前面提到的以资源为基础的旅游扩大为旅游目的地网络,这使当地资源成为景点决策者合作和实施综合战略的基础。新兴的交流活动和组织间学习的效果将影响健康旅游的核心竞争力(Denicolai 等,2010),这种办法被视为推动中小型健康旅游企业创新发展的灵丹妙药。此外,它对促进区域发展和整个健康旅游服务链发展至关重要,因为实际上旅游产品提供者和医疗保健行业几乎很难联系到一起(Pikkemaat 和 Weiermair,2007)。

波普洛姆(Populorum,2008)和洛(Loh,2014)认为,健康旅游产品除了普遍质量不佳之外,缺乏目标群体、旅游产品增长迅速却缺乏医学支持似乎也是健康旅游未能达到发展预期的原因。因此,循证健康旅游中的产品开发和营销应明确针对选定的目标群体,这与德怀尔(Dwyer)等人的观点不谋而合(2009),他们认为,旅游目的地管理中的产品和市场营销必须更具针对性和主题性。管理者必须细分具有相似健康理念的同类市场,并将目标锁定在能提供最佳服务的细分市场。最后,针对特定目标群体实施目的地市场营销,营销内容包括设备和基础设施的设计,使消费者认同该地点的健康价值。健康价值要与目标群体联系紧密,从而获得相应帮助(Lunt等,2010)。尽管如此,这一方法是否有效取决于当地自然资源是否与健康理念相匹配(Chang和Beise-Zee,2013)。

总之,科学证据和所有主要参与方的合作是开发可持续、高质量健康旅游服务的主要因素。结合医学和经济研究进行创新,从而推出新的健康旅游产品。因此,在此背景下,基于医学和循证医疗效果的方法可促进针对特定目标群体的高端产品定位,也有利于产品质量提升(Hartl等,2010;Lohmann,2010;Winklmayr和Hartl,2013)。

循证健康旅游产品开发模式

讨论至此,可以发现旅游供应商在产品开发方面的主要挑战是资源选择,资源可以帮助旅游目的地在市场上建立独特卖点(Pechlaner和Fischer,2004;Denicolai等,2010)。正如李奇菲尔德(Leichtfried)(2011)和洛(Loh)等人(2014)指出的,资源(例如泉水、温泉、瀑布、洞穴、植物,以及当地的海拔和地形)可作为开发独特的且具有竞争力的循证健康旅游产品(无论是用于预防还是治疗)的基础。基于上述考虑,以下模型(见图6-1)展示了一种循序渐进的方法,旅游目的地可以遵循这种方法开发循证产品,同时关注医疗和经济内容。如引言所述,该模型是根据两个实际案例制定的,即"陶恩山健康之旅"和"萨尔茨堡高山健康度假区"。这些案例是依据标准选择的,即自然资源的利用情况、近期研究中的特定医学案例以及项目本身与旅游的相关性等几个方面。

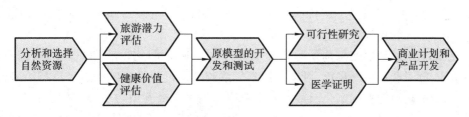

图6-1 循证健康旅游产品开发流程

来源:Steckenbauer等,2015。

尽管该模型存在局限性,并且需要进一步验证(Yin,2011),但我们认为,这种系统化的方式可能会降低产品开发过程中固有的风险。实际上,该模型表明,只有在两个组成部分(即特定资源有效性和目的地经济可行性)同时具备的情况下,才能实现包括医学证明和可行性研究在内的结构化产品开发过程。宝莱恩(Polaine)(2013)等人提到的渐进法降低了开发过程中的风险和成本,并使更多客户有机会接受服务。因此,这里提出的模型综合了原型和测试的步骤(即只有客户接受了新型健康旅游产品的第一个概念，开发才能继续）。有人认为，这样的行动可以减少在产品开发和研究阶段投资失败的风险。如果原型能保证市场进一步的成功，那么就可以开始对医学实例进行详细证明，并对市场情况进行一次全面的调查研究。在此基础上，本文介绍了用于生成该模型的两大案例。

高地陶恩健康之旅：在自然保护地开发循证健康旅游产品

欧洲许多国家公园的自然保护地往往饱受边缘化之苦，面临着重构旅游政策和管理自然遗产的双重挑战。旅游景点之间的竞争日趋激烈，人们对健康和健康旅游的关注度也日益提高，重新考虑开发自然文化遗产就显得十分必要。人们迫切需要开发国家公园周边地区作为新型旅游景点，以利用当地自然遗产和资源的健康价值（Steckenbauer，2013；Winklmayr 和 Hartl，2013；Armaitiene 等，2014）。

作为该项研究的优秀案例，萨尔茨堡高地陶恩国家公园以天然养生资源为基础，开发和营销针对过敏和哮喘病人这一特殊群体的健康旅游产品（Hohe Tauern Health，2016）。这一目标群体数目庞大，且呈现快速增长趋势；在西欧，有8%—12%的人患有哮喘，30%的人有过敏症状；特别是儿童过敏性疾病患者数量在不断增加。在德国（该地区最大的旅游客源地），33%的成人及30%—47%的儿童和青少年都曾有过敏性疾病史（Bocking 等，2012；Augustin 等，2013；Campbell 和 Mehr，2015；Lundback 等，2016）。

克里姆勒（Krimml）瀑布是健康旅游的核心产品。该瀑布分为三段，高380米，是欧洲最高的瀑布，也是世界第五高的瀑布，游客走小道徒步就能到达（Hohe Tauern Health，2016）。民间有许多关于克里姆勒瀑布的养生价值的说法，特别提到了其水雾有缓解呼吸道疾病的功效，这些功效已经在一系列临床前期和临床研究中得到了证实。结果表明，克里姆勒瀑布确实对过敏和哮喘患者有益（Gaisberger 等，2012；Hartl 等，2013）。这种疗效与瀑布周围一种叫作纳米气溶胶的细微水雾有关，这种水雾对人体生理和免疫系统有益（Kolarž 等，2012；Hartl 等，2013）。

在萨尔茨堡帕拉塞尔苏斯医科大学进行的一项随机临床对照试验中，人们从临床、功能、分子和免疫学层面，对瀑布纳米气溶胶治疗过敏性哮喘的效果进行了研究。在萨尔茨堡高地陶恩国家公园举办的一个哮喘病人夏令营中，在生活、住房和营养条件相同的情况下，研究人员对54名8—14岁的哮喘病儿童进行了瀑布疗法影响试验。在为期3周的时间里，孩子们被分成两组，这两组每天都要花一个小时的时间进行户外活动，瀑布组在靠近克里姆勒瀑布的地方活动，对照组则在距离瀑布6千米的地方活动。结果显示，瀑布引发了儿童抗过敏和抗哮喘的免疫反应：在瀑布附近活动的儿童，他们与哮喘相关的医学参数得到了显著改善，这种免疫反应能持续4个月之久（Gaisberger 等，2012；Hartl 等，2013）。

一项对60名受试者的进一步随机临床交叉研究表明，克里姆勒瀑布会促使人产生副交感神经张力，从而进入平静和放松的状态。患者的心率减慢，腹部和胸部在呼吸时能更好地同步，能够进行深呼吸，进而改善肺部的血液循环，这样便于氧气在血液中的运输，增加了血氧饱和度。此外，瀑布中的纳米气溶胶对鼻粘膜和呼吸系统粘膜有相当好的清洁效果。因此，瀑布刺激免疫系统，持续改善了呼吸道功能，对肺功能产生了积极影响(Kolarž等，2012；Hartl等，2013)。在医学研究结果的基础上，该地区旅游业和医疗专家与地方和联邦治理机构及利益方合作开启了健康旅游项目，确定了名为"高地陶恩健康度假区"的健康旅游项目，以过敏和哮喘游客为目标群体推广循证健康旅游产品(Hohe Tauern health，2016)。

游客在高地陶恩国家公园游玩期间，景点会邀请游客每天在克里姆勒瀑布附近停留一小时，至少持续14天，理想周期为3周。夏季，即5月至10月景点会邀请萨尔茨堡帕拉塞尔苏斯医科大学的学生在假期提供专业指导。每位游客在入住时和离开时都会接受体检(如肺功能测试、呼吸气体分析、症状检查、健康测试)和个人咨询服务(Hohe Tauern Health，2016)，假期前后的体检是产品成功的关键因素。通过这种方式，人们可以解读复杂的医疗参数，并证明瀑布疗法的积极养生效果是看得见的。除瀑布疗法外，假期套餐内亦有其他多元化的活动，例如呼吸疗法、营养学课程、个人健康辅导，以及为过敏和哮喘患者设立的研讨小组及组织的体育活动等。

高地陶恩度假区健康计划每年还组织"克里姆勒水花夏令营(Splash Camp Krimml)"，这是一个专为哮喘病儿童举办的夏令营，为期3周。在此期间，他们每天可以在克里姆勒瀑布休养1小时，有受过专门培训的教师和一名肺病和哮喘儿科医生全程提供支持(Hohe Tauern Health，2016)。

瀑布疗法成功的一个主要因素是高地陶恩健康度假区提供的特殊酒店环境，合作酒店是过敏患者友好型酒店。他们与萨尔茨堡帕拉塞尔苏斯医科大学合作，制定了针对过敏和哮喘游客的医学标准，其中就包括关于微尘和室内过敏原最大浓度的规定以及具体的客房管理条例。此外，若要获得"过敏患者友好型酒店"的认证，酒店员工必须定期参加培训，例如厨房员工要熟知卫生条例，熟知患者的饮食禁忌，以及如何照顾患有过敏和哮喘的游客。这适用于对食物过敏和食物不耐受的游客，也适用于对室内尘螨、动物毛发和花粉过敏的游客。酒店每两年就要进行一次重新认证(Hohe Tauern Health，2016)。

高地陶恩健康度假区已经成为萨尔茨堡高地陶恩国家公园的主要经济来源，并得到了国内和国际的认可。除此之外，它还入围了2012年欧盟RegioStars奖，并于2016年获得联邦科学研究和经济部的旅游创新奖(Land Salzburg，2012；BMWFW，2016)。高地陶恩健康度假区给旅游业和区域发展带来的影响是显著的。2010年至2015年，每年夏季在克里姆勒瀑布景区过夜的人数增加了21%。对这一边缘区域来说，在当地创造就业岗位是一个重要因素，否则人口就会大量外流。该地区通过高地陶恩健康度假区降低了人才外流的风险，创造了更多岗位，培养了更多专业人才，例如专门研究呼吸疗法的理疗师和接受过相关培训的厨房员工。此外，在大学协助下制定的额外培训和资格认证方案增加了旅游服务提供者的知识储备，提高了其能力，为创造核心产品之外的价值链和合作开辟了新的视角。这一举措促进了跨部门的区域创新和产品开发进程，例如防过敏的木质建筑和睡眠保障系统的开发。

更重要的是，通过对当地医疗资源进行经济评估，萨尔茨堡国家公园有能力更好地保护克里姆勒瀑布。2015年,萨尔茨堡州政府根据《萨尔茨堡天然健康物质和水疗法》正式宣布瀑布对人类健康有天然的促进作用。这一结论为萨尔茨堡国家公园的后续决策奠定了基础,萨尔茨堡国家公园由此推出了以克里姆勒瀑布疗法为中心的度假套餐和医疗转诊服务,该套餐和服务面向德国和奥地利有哮喘病和过敏症状的游客。

可以说,高地陶恩健康度假区研究是循证健康旅游对目的地产生潜在影响的一个恰当例子,它为特定目标市场提供了一种定义明确的产品,让人们在休闲环境中也能感受到养生疗效。此外,本案例还阐释了旅游目的地产品开发的过程和面临的问题。

基于自然资源的旅游目的地开发:萨尔茨堡高山健康度假区

第二个案例研究基于2012年启动的一个政府主导项目,该项目旨在评估萨尔茨堡自然资源在健康旅游方面的潜力。据此,人们选定了200个与健康旅游发展相关的医疗资源,在资源分布图上进行定位并对其旅游潜力进行评估。然后,旅游景点针对天然养生资源提出旅游战略,其中包括供给侧和供需模式(如当地常见的疾病情况)(Steckenbauer,2013;Winklmayr and Hartl,2013)。这一分析结果为萨尔茨堡高山健康度假区(Alpine Gesundheitsregion Salzburger Land)的发展奠定了基础,政府主导的健康旅游发展战略旨在将该地区打造成欧洲主要的健康旅游目的地。在与相关领域(例如旅游、研究、保健服务、区域发展等领域)合作中,开发和推广了基于医学理论的健康旅游产品,该旅游产品分为三个主题:"高山水疗与健康""自然与健康"和"医疗保健"。每一个主题都有健康旅游发展的相应资源和针对特定目的地的独特销售主张。景点明确的竞争优势就在于此,因为产品核心是建立在特定区域资源之上的,无法移动,也无法复制。

目前,萨尔茨堡高山健康度假区联合13个合作伙伴(可以是旅游目的地、酒店或企业),提供针对风湿病、压力劳损等10种特定疾病的健康旅游产品(Salzburger Land Tourismus GmbH,2016)。萨尔茨堡高山健康度假区战略的特点是医学研究和科学、旅游业和地区发展机构之间会不断进行交流。这一层面的跨学科互动促进了产品质量的提高,培养了专业精神,促进了专业化发展,并保证了旅游服务在发展的各个阶段都能科学地进行。此外,它还促进了部门和组织间的合作,并以此推动区域旅游的发展,创建新的健康旅游价值链(Gschwandtner,2014)。

这一项目在2013年获得了奥地利国家级奖项——"创新旅游旗舰项目"(BMWFW,2013),并因此提高了该国对循证养生资源的投资,以及以提高健康旅游创新能力和知识基础为目的的知识转移计划的需求。例如,萨尔茨堡高山健康度假区目前正在参与两个欧盟区域间的项目,目的是根据本章所述的模式开发可持续健康旅游产品和服务链。第一个项目"诺德健康之旅"(Trail for Health Nord)(Interreg V-A-Austria-Germany/Bavaria 2014—2020,AB40)侧重于人口变化和人口对健康旅游供求的影响。在与研究机构、旅游目的地和中间组织的跨界合作中,逐渐产生了面向日益扩大的老年市场的健康旅游新概念。

萨尔茨堡帕拉塞尔苏斯医科大学生态医学研究所进行了一项随机对照临床试验

($n=140$)，该试验为以上三个旅游地区的产品开发奠定了基础。这项研究考察了登山和在特定地区的天然泉水中进行水疗对65—85岁人群免疫系统的潜在影响。旅游人力资源理念为该项目地区的循证健康旅游提供支持，该理念的重点是员工培训和留住人才，以及网络推广和知识转移运动（Trail for Health Nord，2016）。"健康共赢（WinHealth）"（萨尔茨堡高山健康度假区目前参与的第二个欧盟区域间项目）的目标是对阿尔卑斯山冬季的健康旅游潜力进行可持续性评估。该项目于2016年启动，满足了阿尔卑斯山地区发展创新的、对环境负责的旅游概念的需求，以应对显而易见的气候变化和多变的客户需求（Interreg V-A-Italy-Austria 2014—2020，ITAT2015）。在此背景下，给以自然资源为基础的健康旅游带来了多种发展机遇。

在一项跨国合作中，人们正在开发冬季健康旅游创新项目，项目的重点在于科学地证明冬季天然养生资源和运动对健康的潜在益处，以及基于区域和中小型企业的资质认证和知识转移。此外，传播健康概念也在计划之中，旨在提高人们对高山的健康价值的认识。通过这种方式，健康旅游将会成为阿尔卑斯山冬季可持续旅游的一大战略发展要素（Pichler和Hartl，2016）。

萨尔茨堡高山健康度假区发展健康旅游来推动目的地资源和能力的可持续发展，这不仅体现在区域和国家层面，也体现在欧盟政策层面。例如，在欧盟宏观区域战略——阿尔卑斯山区域战略（EUSALP）计划内，健康旅游现已被视为提高阿尔卑斯山地区经济发展潜力的战略。事实上，自然和景观、养生气候和高质量的环境是健康旅游长久繁荣的先决条件。虽然这要求欧洲采取跨部门合作和多层次共同治理的办法，但萨尔茨堡仍然发挥主导作用。萨尔茨堡州在欧盟公共卫生和旅游联盟第二行动小组内设立了"健康旅游"分组（EUSALP，2017）。该跨行动小组由（欧盟阿尔卑斯山旅游协会）各成员国的专家组成，致力于将健康旅游作为阿尔卑斯山新型可持续旅游战略的核心加以整合。这样，也有助于自然保护，因为以自然资源为基础的健康旅游所产生的可观经济效益可以反哺当地自然资源保护（Salletmeier等，2016）。

与前一个案例类似，最初的"萨尔茨堡高山健康旅游度假区"方案（以及目前开展的两个前期项目）显示，明确以医疗和商业为健康旅游发展重点的方法（Steckenbauer等，2017）可对旅游目的地的发展产生积极影响。

以自然资源为基础的健康旅游产品的可持续性

过去几年，旅游业的迅猛发展对旅游目的地产生了相当大的负面影响，旅游业的可持续性发展受到了高度重视（Peris-Ortiz和Álvarez-García，2015）。因此，可持续性标准是利用自然资源开发具有区域联系的旅游产品（如健康旅游）的重要条件。根据世界旅游组织和联合国环境规划署（2005年）的要求，旅游业可持续发展必须满足以下要求：

（1）最大限度地利用对旅游业发展有推动作用的环境资源，维持当地基本生态系统，并保护自然遗产和生物多样性；

（2）尊重当地的社会文化，保护其现存的文化遗产和传统价值，促进文化间的相互理解和包容；

（3）保证长期可行的经济运作方式，社会经济利益要公平且惠及所有利益相关者，包括稳定就业和制造创收机会，以及向当地提供社会服务，并帮助当地脱贫。

更具体地说，世界旅游组织和联合国环境规划署（2005）设定了可持续旅游发展的12个目标：①经济可行性；②地方繁荣；③就业质量；④社会公平；⑤游客满意度；⑥地方管理；⑦社区福祉；⑧文化丰富性；⑨物质整体性；⑩生物多样性；⑪资源效率；⑫环境良好。

原则上来说，本研究讨论的循证健康旅游能够实现这些目标。但是，也需要在这一领域开展进一步的研究（如 Hartl 等，2010、2013；Baumgartner 和 Luther，2013；Steckenbauer 等，2015），本研究提出，循证健康旅游方法有利于开发可持续旅游产品，有以下几点原因。

首先，循证健康旅游产品建立在自然资源的基础上。由于目的地的旅游产品需要利用自然资源（例如景观、疗养温泉、瀑布和洞穴），所以这些产品不仅需要依靠自身的可行性和开发力度，也依赖于自然资源。因此，产品提供者必须负责且高效地利用和保护这些资源，因为这是其产品的资源基础。这能最大程度地加强对自然资源的认识和保护，也有助于提高健康旅游产品所处环境的可持续程度。

其次，基于区域自然资源的健康旅游以开发区域价值链为目标。这些区域价值链不仅包括旅游和养生领域的供应商，还包括当地商店和其他服务供应商。这有助于价值链在当地的融合，并为当地人提供新的工作机会。以健康为导向的游客满意度还取决于旅游目的地内养生服务的有效性和显著性。只有在当地利益相关者提出类似建议的情况下才能实行。因此，地方和区域利益相关者在产品上的合作既是健康旅游实现的条件，也有利于健康旅游产品在目的地内持续产生社会效益和经济效益。

最后，利用自然资源产生可持续经济价值的可能性，也是针对自然保护地内不断增加的发展压力（如人工休闲设施）进行政治层面讨论的重要基础。事实上，可以说，与会对自然和空间造成不可逆转的压力和产生距离感的其他旅游方式相比，以自然资源为基础的健康旅游有助于保护自然和文化遗产（Smith 和 Puczkó，2008）。这方面的一项重要要求是将自然资源的所有权和管理权纳入价值链，例如，产地陶恩健康之旅公司拥有高地陶恩国家公园的管理权。为了证明这些假设，我们进一步分析了上述可持续发展的相关案例。表 6-1 总结了定量分析的结果。

表 6-1 可持续性案例分析结果

维度	高地陶恩健康度假区	萨尔茨堡高山健康度假区	诺德之旅	健康共赢
经济可行性	−+	++	++	++
地方繁荣	++	++	++	++
就业质量	+	++	++	++
社会公平	n. a.	??	n. a.	n. a.
游客满意度	++	++	+	+

续表

维度	高地陶恩健康度假区	萨尔茨堡高山健康度假区	诺德之旅	健康共赢
地方管理	++	+	++	++
社区福祉	+	+	++	++
文化效率	+	n.a.	+	++
物质整体性	n.a.	n.a.	n.a.	++
生物多样性	??	+	??	++
资源效率	++	+-	++	++
环境良好	++	++	+	+

注：++,代表力强；+,代表；-,不代表；n.a.,不适用；??,无法根据可用信息进行评估。

目前欧盟的两个项目仍处于执行阶段，无法对成果进行最后评估。因此，评估是对项目目标和行动计划的评估。这里应当指出的是，这两个项目都是优先执行"自然和文化资源的可持续评估"。因此，在项目批准之前，它们已经通过各自欧盟宏观战略的管理当局对可持续性指标进行了预评估。通过案例比较，我们发现这些举措有助于旅游目的地社会文化、经济和环境的可持续发展，促进了使游客和当地居民共同受益的健康旅游产品的开发。就后一类而言，将所有相关区域的利益相关者纳入产品开发决策过程，以及大力重视知识转让和资格认证能够增加和改善当地就业机会，有助于减少农村地区经常出现的由于岗位不足而导致的人口外流现象。

结论

循证健康旅游可以为高山地区旅游目的地的可持续发展作出积极贡献。受地理位置限制的自然资源，比如未遭破坏的宁静景色、草药植物、水域和沼泽，越来越被视为吸引游客的关键产品(Erfurt-Cooper 和 Cooper,2009；Chang 和 Beise-Zee,2013)。然而，世界各地的旅游目的地之间的竞争日益激烈，这表明需要在确保高质量和真实性的前提下打造独特卖点(Lohmann,2010；Leichtfried 等,2011；Smith 和 Puczkó,2014)。本章案例介绍了循证健康旅游如何通过提供经过医学证明且对特定目标市场具有积极养生效果的服务和产品，为旅游目的地提供增长动力。这些高质量产品，一方面遵循循证医学原则，另一方面依据专业旅游知识进行开发，因此需要医学研究、健康旅游开发者及旅游业界密切合作，并进行知识交流(Populorum,2008；Loh,2014)。医学研究与旅游产品设计之间的最佳联系描述得仍不全面(Pikkemaat 和 Weiermair,2007)。

作者的研究对这一领域作出了贡献，作者在本章描述的实践案例的基础上提出了开发循证健康旅游产品的过程模型(Steckenbauer 等,2015)。这个模型整合了医学案例和商业两个维度，目的是开发既科学又经济可行的产品。因此，本研究认为这一概念框架有可能成为开发循证健康旅游产品的法宝。然而，本研究承认这一模型有待进一步验证。迄今为止，关于健康旅游产品开发的讨论尚未充分纳入可持续性维度(Hartl 等, 2010, 2013; Baumgartner 和 Luther, 2013; Steckenbauer 等, 2015)。对选定案例的定量分析填补了这一研究空白，也表明有必要进一步探究以自然资源为基础的健康旅游和可持续旅游产品与目的地开发之间的潜在关联。

尽管基于案例的分析只能作为说明性例子(Yin, 2011)，未来还需要进行更系统的分析，但这些案例表明，利用自然资源发展健康旅游，能够满足旅游产品开发过程中可持续性这一重要维度的要求。

参考文献

[1] Armaitiene A., Bertuzyte R. and Vaskaitis E. (2014) Conceptual framework for rethinking of nature heritage management and health tourism in national parks. *Procedia - Social and Behavioral Sciences* 148, 330-337.

[2] Augustin M., Franzke, N. Beikert, F. C. et al. (2013) Allergies in Germany - prevalence and perception by the public. *Journal der Deutschen Dermatologischen Gesellschaft* 11, 514-520.

[3] Baumgartner, C. and Luther S. (2013) Öko-und Nachhaltigkeitsmanagement im Gesundheitstourismus. *Script*, Bremen.

[4] Bell, S., Tyrväinen, L., Sievänen, T. and Simpson, M. (2007) Outdoor recreation and nature tourism: a European perspective. *Living Reviews in Landscape Research* 1, 2-46.

[5] BMWFW (2013) Mitterlehner: Drei Leuchtturmprojekte im Tourismus ausgezeichnet. Available at: http://www.bmwfw.gv.at/Presse/Archiv/Archiv2013/Seiten/Mitterlehner Drei Leuchtturmprojekteim Touris musausgezeichnet.aspx (accessed 21 November 2017).

[6] BMWFW (2016) Österreichischer Innovationspreis Tourismus geht an Projekte aus Salzburg und Tirol. Available at: http://www.bmwfw.gv.at/Presse/Archiv/Archiv2016/Seiten/BMWFW-％C3％96sterreichischer-Innovationspreis-Tourismus-geht-an-Projekte-aus-Salzburg-und-Tirol.aspx (accessed 21 November 2017).

[7] Bocking, C., Renz, H. and Pfefferle, P. I. (2012) Prevalence and socio-economic relevance of allergies in Germany. *Bundesgesundheitsblatt Gesundheitsforschung Gesundheitsschutz* 55, 303-307.

[8] Bowler, D. E., Buyung-Ali, L. M., Knight, T. M., Pullen, A. S. (2010) A systematic review of evidence for the added benefits to health of exposure to natural environments. *BMC Public Health* 10, 456.

[9] Campbell, D. E. and Mehr, S. (2015) Fifty years of allergy: 1965-2015. *Journal of Paediatrics and Child Health* 51, 91-93.

[10] Capaldi, C. A., Dopko, R. L. and Zelenski, J. M. (2014) The relationship

between nature connectedness and happiness: a meta-analysis. *Frontiers in Psychology* 5,976.

[11] Chang,L. and Beise-Zee,R. (2013) Consumer perception of healthfulness and appraisal of health-promoting tourist destinations. *Tourism Review* 68 (1), 34-47.

[12] Craig,J. M. , Logan, A. C. and Prescott, S. L. (2016) Natural environments, nature relatedness and the eco-logical theater: connecting satellites and sequencing to shinrin-yoku. *Journal of Physiological Anthropology* 35,1.

[13] Cyril,S. , Oldroyd, J. and Renzaho, A. (2013) Urbanisation, urbanicity, and health: a systematic review of the reliability and validity of urbanicity scales. *BMC Public Health* 13,513.

[14] Denicolai, S. , Cioccarelli, G. and Zucchella, A. (2010) Resource-based local development and networked core-competencies for tourism excellence. *Tourism Management*,31,260-266.

[15] Dustin,D. L. , Bricker, K. S. and Schwab, K. A. (2009) People and nature: Towards an ecological model of health promotion. Leisure Sciences 32,3-14.

[16] Dwyer, L. , Edwards, D. , Mistilis, N. , Roman, C. and Scott, N. (2009) Destination and enterprise manage-ment for a tourism future. *Tourism Management*,30,63-74.

[17] Erfurt-Cooper,P. and Cooper,M. (2009) *Health and Wellness Tourism: Spas and Hot Springs*. Channel View Publications,Bristol,UK.

[18] EUSALP (2017) EUSALP-EU Strategy for the Alpine Region. Action Group 2 - To increase the economic potential of strategic sectors. Available at: http://www. alpine-region. eu/action-group-2 (accessed 21 November 2017).

[19] Gaisberger,M. , Šanovil, R. , Dobias, H. , Kolarž, P. , Moder, A. , Thalhamer, J. , Selimovil, A. , Huttegger, I. , Ritter, M. and Hartl, A. (2012) Effects of ionized waterfall aerosol on pediatric allergic asthma. *Journal of Asthma* 49, 830-838.

[20] Gladwell,V. F. ,Brown,D. K. ,Wood,C. ,Sandercock,G. R. and Barton J. L. (2013) The great outdoors: how a green exercise environment can benefit all. *Extreme Physiology & Medicine* 2,3.

[21] Gschwandtner, C. (2014) Alpine Gesundheitsregion SalzburgerLand. Presented at the Tag der Tourismus-wirtschaft, 28 October 2014, Zell am See, Austria.

[22] Hartl, A. , Granig, P. , Steiner, M. , Klingbacher, M. and Ritter, M. (2010) Nutzung natürlicher Gesundheitsres- sourcen—Möglichkeiten und Grenzen. In: Granig, P. and Nefiodow, L. A. (eds) *Gesundheitswirtschaft: Wachstumsmotor im 21. Jahrhundert*. Gabler, Weisbaden, Germany, pp.

272-302.

[23] Hartl, A. , Grafestätter, C. , Prossegger, J. et al. (2013) Health effects of alpine waterfalls. *Symposium for Research in Protected Areas*, pp. 265-268.

[24] Hohe Tauern Health (2016) Hohe Tauern Health—Aufatmen für Asthmatiker und Allergiker. Available at: http://www.hohe-tauern-health.at/ (accessed 21 November 2017).

[25] Höhne, M. (2015) Tourismus und Naturerleben. Springer VS, Weisbaden, Germany.

[26] Illing, K.-T. (2008) Gesundheitstourismus und Spa-Management. Oldenbourg, München.

[27] Kellert, S. and Wilson, E. (1993) The Biophilia Hypothesis. Island Press, Washington.

[28] Kolarž, P. , Gaisberger, M. , Madl, P. , Hofmann, W. , Ritter, M. and Hartl, A. (2012) Characterization of ions at Alpine waterfalls. *Atmospheric Chemistry and Physics* 12, 3687-3697.

[29] Land Salzburg (2012) RWF Projekt Hohe Tauern Health - RegioStars Award Finalist 2012. Available at: https://www.salzburg.gv.at/wirtschaft_/Seiten/hth-regiostars.aspx (accessed 21 November 2017).

[30] Lee, C.-F. and King, B. (2006) Assessing destination competitiveness: an application to the hot springs tourism sector. *Tourism and Hospitality Planning and Development* 3 (3), 179-197.

[31] Leichtfried, V. , Möller, C. , Raggautz, M. and Schobersberger, W. (2011) Evidenz-basierter Gesundheits- tourismus. In: Krczal, A. , Krczal, E. and Weiermair, K. (eds) *Qualitätsmanagement in Wellnesseinrich-tungen*. Schmidt, Göttingen, pp. 155-168.

[32] Loh, C.-P. (2014) Health tourism on the rise? Evidence from the Balance of Payments Statistics. *The European Journal of Health Economics* 15, 759-766.

[33] Lohmann, M. (2010) Nachfragepotenziale im Gesundheitstourismus—Chancen und Herausforderungen im Quellmarkt Deutschland.

[34] Lundback, B. , Backman, H. , Lotvall, J. and Rönmark, E. (2016) Is asthma prevalence still increasing? *Expert Reviews in Respiratory Medicine* 10 39-51.

[35] Lunt, N. , Hardey, M. and Mannion, R. (2010) Nip, tuck and click: Medical tourism and the emergence of web-based health information. *The Open Medical Informatics Journal* 4, 1-11.

[36] MacKerron, G. and Mourato, S. (2013) Happiness is greater in natural environments. *Global Environmental Change* 23, 992-1000.

[37] Mitchell, R. (2013) Is physical activity in natural environments better for mental health than physical activity in other environments? *Social Science & Medicine* 91,130-134.

[38] Nieuwenhuijsen,M. J. , Kruize, H. , Gidlow, C. et al. (2014) Positive health effects of the natural outdoor environment in typical populations in different regions in Europe (PHENOTYPE): a study programme protocol. *BMJ Open* 4,e004951.

[39] Pechlaner,H. and Fischer,E. (2004) Alpine Wellness—Auf dem Weg von der Kernkompetenz zum Produkt. In: *Jahrbuch 2003/2004 Schweizerische Tourismuswirtschaft.* Institut für Öffentliche Dienstleistungen und Tourismus,St Gallen,Switzerland,pp. 265-283.

[40] Peris-Ortiz, M. and Álvarez-García, J. (ed) (2015) *Health and Wellness Tourism. Emergence of a New Market Segment.* Springer,New York.

[41] Pichler,C. and Hartl, A. (2016) Interreg V-A Italia-Österreich 2014-2020: WinHealth - Nachhaltige Inwertsetzung gesundheitstouristischer Potenziale im Alpinen Wintertourismus. Projektantrag. Institute of Ecomedicine, Paracelsus Medical University Salzburg,Salzburg,Austria.

[42] Pikkemaat,B. and Weiermair, K. (2007) Innovation through Cooperation in Destinations: First Results of an Empirical Study in Austria. *Anatolia: An International Journal of Tourism and Hospitality Research* 18(1),67-83.

[43] Polaine, A. ,Lovlie,L. and Reason,B. (2013) *Service Design: From Insight to Implementation.* Rosenfeld,New York.

[44] Populorum,M. A. (2008) Qualitätssicherung im Gesundheits-und Wellnesstourismus- Möglichkeiten und empirische Befunde. In: Kyrer, A. and Populorum, M. A. (eds) *Trends und Beschäftigungsfelder im Gesundheits-und Wellness-Tourismus.* Lit Verlag,Berlin.

[45] Ritchie,J. R. B. and Crouch,G. I. (2003) *The Competitive Destination.* CABI, New York,USA.

[46] Rulle, M. , Hoffmann, W. and Kraft, K. (2010) Erfolgsstrategien im Gesundheits-tourismus: Analyse zur Erwartung und Zufriedenheit von Gästen. Schmidt,Berlin,Germany.

[47] Salletmeier,C. ,Hartl,A. ,Pichler,C. et al. (2016) EUSALP Action Group 2, Sub-Group 'Health Tourism'-An EU-makroregional strategy for the valorization of the Alpine region as globally attractive health promoting place. Action Plan. Salzburg,Austria.

[48] SalzburgerLand Tourismus GmbH (2016) Alpine Gesundheitsregion SalzburgerLand,Marketingbeiratssit-zung. Hallwang.

[49] Smith,M. and Puczkó,L. (2008) *Health and Wellness Tourism.* Butterworth-

Heinemann, Oxford, UK.

[50] Smith, M. and Puczkó, L. (2014) Future trends and predictions. In: Smith, M. and Puczkó, L. (eds) *Health, Tourism and Hospitality: Spas, Wellness and Medical Travel*, 2nd edn. Routledge, New York, pp. 203-227.

[51] Steckenbauer, G. C. (2013) *Touristische Potenzialabschätzung natürlicher Heilvorkommen in Salzburg*. Krems, Austria.

[52] Steckenbauer, G. C., Tischler, S. and Hartl, A. (2015) Entwicklung eines Prozessmodells zum Aufbau gesundheitstouristischer Produkte: Case Study Hohe Tauern Health. In: *Wegbereiter—Karrierepfade durch ein Fachhochschulstudium*. 9. Forschungsforum der österreichischen Fachhochschulen, Tagungsband. Hagenberg, Austria.

[53] Steckenbauer, G. C., Tischler, S., Hartl, A. and Pichler, C. (2017) Destination and product development rested on evidence-based health tourism. In: Smith M. K. and Puczkó, L. (eds) *The Routledge Hand-book of Health Tourism*. Routledge, Abingdon, UK.

[54] Trail for Health Nord (2016) Interreg V-A Bayern-Österreich 2014-2020: Trail for Health Nord - Gesundheitstouristischer Kompetenzaufbau für Regionen und Betriebe. Available at: http://www.trail-for-health.com/ (accessed 21 November 2017).

[55] United Nations (2015) *World Urbanization Prospects: The 2014 Revision*. United Nations, Department of Economic and Social Affairs, Population Division, New York, USA.

[56] UNWTO and UNEP (2005) *Making Tourism More Sustainable—A Guide for Policy Makers*. UNWTO, Madrid, Spain.

[57] Vahrner, A. and Strozzi, M. (2014) Mehr Gesundheit für Tirol-Urlauber - Expertenrunde. *Tiroler Tageszei-tung*.

[58] van den Berg, A. E., Maas, J., Verheij, R. A. Groenewegen, P. P. (2010) Green space as a buffer between stressful life events and health. *Social Science & Medicine* 70, 1203-1210.

[59] Wilson E. O. (1984) Biophilia. Harvard University Press, Cambridge, USA.

[60] Winklmayr, M. and Hartl, A. (2013) Erfassung, Analyse und Potentialabschätzung der Wirkung natürlicher Heilvorkommen in Salzburg. *Salzburg: Land Salzburg, Abteilung für Wirtschaft und Tourismus*, 36-48.

[61] Yin, R. K. (2011) *Applications of Case Study Research*. Sage, Thousand Oaks, USA.

[62] Zelenski, J. M. and Nisbet, E. K. (2014) Happiness and feeling connected. *Environment and Behavior* 46, 3-23.

7. 案例研究：参与性学习和通信技术是提高乡村健康旅游目的地国际声誉的法宝

阿莱西奥·卡维奇、伊曼纽·弗龙托尼、罗伯托·皮尔迪卡、基亚拉·里纳尔迪、乔万娜·贝特拉和克里斯蒂娜·桑蒂尼

■ 引言

　　2016年5月，马切拉塔大学（University of Macerata）与皮切诺（Piceno）地中海饮食法实验室在费尔莫（Fermo）（意大利马尔凯大区）联合举办了国际学生竞赛，欧洲5所高等教育机构的学者和学生齐聚一堂。这次活动的理念是基于地方的体验性合作学习法在促进旅游业发展上具有重大潜力。

　　皮切诺（Piceno）地中海饮食法实验室是受到欧盟资助下的与马切拉塔大学合作参与的美食城市项目，该项目旨在创建以美食为卖点的城市品牌。该项目与多个利益相关者合作，这样能汇总地区内现有的可利用资源。结果显示，虽然费尔莫没有特产，但它是七国研究的实验地点之一。该研究是历时较久的研究之一，主要调查饮食和生活方式如何长期影响不同国家和文化背景人群的心血管疾病情况（http://www.sevencountriesstudy.com/）。此外，2013年，联合国教科文组织将地中海饮食法列入"人类非物质文化遗产代表名录"，将与该饮食文化有关的"技能、知识、仪式、象征和传统"，以及分享和消费食物作为地中海地区文化认同和社区建设的基础（UNESCO，2013）。

　　因此，利益相关者同意将地中海饮食法作为推广费尔莫地区的主品牌。他们的想法是通过关注美食产品和制法吸引游客前来了解和体验地中海饮食生活方式，这种做法促进了当地的发展，而且既有趣又有益于健康和福祉。从概念上讲，联合国教科文组织的认可、地中海科学饮食法的历史根源以及皮切诺（Piceno）实验室开展的活动之间的协同作用一方面有助于缩小文化和美食旅游之间的差距，另一方面也能拉近健康旅游和养生旅游之间的距离。虽然人们一直认为美食旅游是一种重要的文化旅游产品，但很少有人将其概念化为一种生活方式，并以此打造一个健康旅游目的地的平台（Gross和Brown，2006；Henderson，2009）。因此，除了有助于增加游客的文化和福祉体验的价值之外，当地生活方式的重要作用是增加了当地的福祉，这一点不仅体现在经济方面，而且体现在社区的方面。

在此背景下,利益相关者商定开展一次国际学生竞赛。学生们通过社交媒体宣传地中海饮食法及相关健康益处,在宣传费尔莫地区方面发挥了积极作用。

这场为期5天的活动召集了学者、学生和当地企业家,利用信息和通信技术工具(ICT)实时对费尔莫地区进行宣传。这种体验式的学习将帮助学生了解如何将地中海饮食烹饪和生活方式与费尔莫地区联系起来,目的是在社交媒体上推广地方品牌。

本章以案例研究的形式介绍了这一活动。从活动设计理念和相关经验教训出发,探讨了这种基于社交媒体的体验式学习对地区曝光度的影响。鉴于作者本人积极参与了活动的规划、实施和评估,故本章涉及的研究方法属于行动研究。本研究的主要目的是探讨参赛者,即被视为教育类游客的学生,如何利用他们的社交渠道分享和评估经历,以及分析怎样帮助一个地方成为最受欢迎的景点,并为该地推广提供重要的启示。为此,我们利用社交平台(推特、脸书、Instagram)上的照片和帖子包含的地理位置信息提取用户数据。将对游客数字足迹进行的跟踪、收集和分析都作为对游客和利益相关者有价值的信息来源。

本章包括引言在内,共分为五节。第二节介绍了本研究的理论背景,特别是教育学框架和国际学生竞赛中使用的信息和通信技术工具。第三节介绍了国际学生竞赛的举办背景,选择举办这类活动的理由,以及在竞赛背景下相关信息和通信技术工具的测试情况。第四节介绍并讨论了研究结果。最后一节强调了本研究的主要发现和启示。

理论背景

教育学框架

高等教育机构和大学正面临着新的挑战,人们越来越期望它们能在多个方面发挥重要作用,比如参与科学决策、沟通、研发和服务(Trencher等,2013)。在此背景下,根据第三次会议的原则和欧盟的相关建议,各大学对学生创业的重视程度也有所提高(Etzkowitz 和 Leydesdorff,2000;European Commission,2004;Rasmussen 和 Sørheim,2007)。

几位学者展示了过去十年中教育机构新职能的出现过程。特伦彻(Trencher)等人(2013,2014a,b)概述了大学积极共建可持续性进程的情况。考虑到可持续性挑战广泛存在,大学可以参与社会变革进程和思想的长期发展,这对可持续发展而言迫在眉睫。斯内登(Sneddon)等人(2006)强调广泛开展教育、辩论和公众参与的必要性,以促进公众态度、期待和社会价值观的改变。这些方面有助于增强利益相关者和社区的能力,且与可持续性发展有关。有人指出:"辅导、促进参与性调查、行动学习和研究等学习方法是探讨可持续性议程的途径。"(澳大利亚环境与可持续性研究所,2007)这表明我们有必要重新考虑大学和高等教育机构的角色及其教学方法。

欧盟委员会和学术界一致认为,为了促进某个区域的可持续发展,有必要让所有利益相关者参与进来,这也表明以社区为基础的参与方式正逐渐取代自上而下的方法

(Kavaratzis 和 Hatch,2013;URBACT,2013)。地方参与不仅能促进能力提升,提高已实施的可持续发展项目的效率和效力,还能"重新分配权力,授予目的地社区权力,创造社会资本,强化地方特性"(Idziak 等,2015,p.1343)。

旅游业方面,墨菲(Murphy,1985)引入了社区参与的概念作为可持续旅游发展的基本方面之一。这些考量提出了一个有关创业指导的方式方法以及地方社区参与的关键问题。若干研究表明,在指导创业者时,传统的教学方法不如参与式的教学方法有效(Bennett,2006)。一些学者认为,以行动为导向的方法可以改善利益相关者之间的交流,促进知识传播(Johannisson 等,1998;Gibb,2002;Rasmussen 和 Sørheim,2006)。

要想满足这种新型教育需求,基于问题的学习方法(PBL 教学法)或许可以作为一种解决方案。PBL 教学法依赖于一种以学生为中心和以自我为导向的教育方法。从这个意义上说,它属于教学方法中的积极学习法,学生参与是提高对领域、理论或技能理解的关键(Paris,2011)。PBL 教学法的一个重要社会维度是学习需要通过理解核心概念,同时鼓励学生高度融入课堂或户外等激励性学习环境(Agnew,2001;Donnelly,2010)。虽然这方面最初的目的是希望教育者推动学生之间的合作,不过它也让学术界以外的人参与其中,例如各方可以与学生互动,激励学生,拓宽视野,从而形成和实施可持续教育方法(Savin-Baden,2004)。

和 PBL 教学法类似,旅游教育中采用的基于位置的学习法(LBL 教学法)也将空间和经验维度纳入了考量范围(Croy,2009)。其核心思想是有效学习发生在"真实世界"。克罗伊(Croy)和霍尔(Hall)(2003)讨论了 LBL 教学法在旅游业学位课程中的作用,指出学生对某一目的地参与度的调查结果,有助于合作伙伴理解和规划该地区旅游业。LBL 教学法的原则建立在观察是知识发展的关键因素这一思想之上,与任(Ren)等人曾讨论的创新夏令营中的学生经历差不多(2014)。

在社会环境中使用通信工具

用户生成数据收集和数字足迹

监测和跟踪所谓的用户生成数据意味着观察、记录和分析环境(比如城市、开放空间、农村地区等)动态。更广泛地说,是分析生活在这些空间中的人们的行为(Girardin 等,2008)。此外,移动设备极大改变了人们与周围环境互动的方式,移动设备的功能不断强大,它们能够感知环境和锁定用户位置,这在将数据收集主流化方面发挥着关键作用。这是一个属于数字足迹的时代,这些足迹记录了个人的日常活动,可以作为数据进行统计,并直接从用户那里提取空间指数。这些按地理位置定位的信息源使利用大量且不断更新的空间和时间数据成为可能。

收集数字足迹的优势体现在不同领域,如安全、城市管理、零售业和文化遗产(García-Palomares 等,2015)。在旅游方面,收集和分析数字足迹可以让研究人员深入了解游客在目的地的视角和行为。如今,旅游体验与数字方法密切相关。事实上,游客在制定新的旅行计划时往往要先依靠网络,网络提供了更多的机会,用户反馈是旅行决策的主要标准之一。安排好行程之后是旅行体验,游客在网上收集照片,分享感悟。最后,当照片和旅行体验被分享给朋友或其他潜在游客时,其他游客也因此得出结论。(Wang 等,2012)

在过去十年中,餐饮在旅游业中变得越来越重要,游客特别喜欢与世界各地的朋友和陌生人在网上分享烹饪经验。这项活动可以转化为一种社交媒体大赛,目的是在网上展示谁拥有最独特的餐饮体验。对数字足迹的跟踪、收集和分析有助于增加游客对某地的了解程度,并为他们提供有价值的信息,帮助他们作出决定。

积极参与数字活动的各方、旅游业和酒店经营者很容易就能获得用户反馈,从而对服务质量进行评估,全世界的用户也都能看到这些反馈。旅游数据对目的地而言至关重要,特别是在规划、预测旅游需求、营销、衡量经济影响和制定标准等方面。数字足迹可分为被动和主动两种。被动足迹是通过与基础设施(例如能够在位置日志中生成条目的移动电话网)互动留下的。当用户发布照片、消息和传感数据时,主动足迹就产生了,它来自用户自身。在这项研究中,我们只分析了主动足迹。

教育工具提供了一种系统,可以自动收集学生制作的多媒体数据,然后根据其社会影响对这些内容进行分类,这表明社会多媒体内容不仅可以被视为一种促销手段,也可以被看作收集用于地方品牌营销的高质量媒体内容的方式。

基于用户生成数据的 AR 应用

增强现实(AR)技术正在成为旅游业强大的前沿技术之一(Pierdicca 等,2016)。AR 是基于位置信息探索现实世界的一种自然选择,因为信息可以叠加到显示器上,与用户的视角相同。配备了支持 AR 的移动设备,能够轻松根据周围环境进行定位,很容易地访问城市环境中兴趣点(POI)的附加信息。

将 AR 应用于旅游的核心理念是增强用户对现实和周围环境的感知。事实上,在陌生的环境中,快速检索信息对游客决策至关重要。通过位置服务访问相关内容,不仅方便了这一过程,还改变了游客感知目的地的方式,创造了难忘且独特的旅行体验(Scarles,2016)。移动设备在全球范围内的使用取代了传统的向导、指南和地图。这主要是因为内置摄像头、全球定位系统(GPS)传感器和互联网在语境信息的帮助下为我们带来了体验公共空间的新方法。有了情境感知服务,游客就能获得互动信息,即使他们对某个地区知之甚少,也能轻松体验。

国际学生竞赛案例研究

背景:调查领域与学生竞赛方式

费尔莫市有约 3.8 万名居民,它是费尔莫省的省会城市,是马尔凯地区(意大利中部地区)39 个省级城市的示范点。整个费尔莫省有 18 万居民,面积约 800 平方千米,整个地区从西比利尼山脉(Sibillini Mountains)一直延伸到亚得里亚海(Adriatic

Sea),人口密度为230人/平方千米。受全国和地区影响,当地鞋类和皮具行业发展出现下滑。当地农作物种植面积广,主要农产品为谷物、蔬菜、葡萄、橄榄和牲畜。特别是旅游业和美食旅游业,构成了费尔莫省和整个马尔凯地区发展的基本轴心。然而,与意大利其他地区相比,该地游客人数仍然有限。2012年前往费尔莫的游客总数为82759人次,过夜游客为889627人次。与3万人次的过夜游客相对应的是,只有5400人是国际游客。当地的旅游旺季是7月和8月,这两个月的入境人数占全年入境人数的34%。(资料来源:http://www.urbistat.adminstat/it/it/demografia/dati-sintesi/fermo/109/3)。

  费尔莫省的农业旅游部门是该地区美食和乡村旅游发展的基石,在过去20年里推动了食品和葡萄酒产业的发展。很多人认为,葡萄酒和食品供应链是支持葡萄酒和美食旅游发展的重要支柱。为此,在过去25年里,费尔莫市资助和支持了"Tipicità",一个每年在费尔莫工业区举行庆祝活动的旅游节,当地的美食和葡萄酒每年吸引1万多名游客慕名前来。

  2013年,费尔莫市参与了一个欧洲项目,通过URBACT项目实现其美食旅游目标,该项目涉及建立一个由五个欧洲"美食城市"组成的网络,其目的是共同制定和实施相关战略,将美食作为推动城市发展的法宝(URBACT,2013)。活动包括促进城市管理者、决策者和从业人员之间的经验交流和学习,并协助决策者和从业人员制定和执行长远的地方行动计划。地方行动计划代表了整个城市项目的最终成果,即一份为解决特定需求而拟定的战略性文件,包括分析问题和给出可行的、持久的解决方案。

  国际学生竞赛的提议正是在费尔莫的利益相关者与马切拉塔大学的对话中提出的,并以此作为一种可行的方式:①从美食城市项目开始让利益相关者参与其中;②从现实世界的问题和挑战出发培养学生;③依靠地中海饮食这个主品牌来推广整个费尔莫地区;④利用欧盟资助的美食城市项目开展知识交流和活动。在地方行动计划的创建过程中,费尔莫美食旅游的弱点也逐渐显现:费尔莫地区没有标志性的旅游产品,所以无法在其美食文化的基础上塑造城市品牌。另一方面,费尔莫的优势在于它是开展七国研究的地点之一。皮切诺地中海饮食实验室的成立正是为了给这些发现提供支持。

竞赛不仅是一个基于位置的学习社区,也是一个数字足迹测试小组

  马切拉塔大学和皮切诺地中海饮食实验室组织的这场活动是一场为期五天的国际学生竞赛。不同国家和地区的学生团队将在竞赛中争夺奖项。这场比赛以教育性、趣味性和创造性为基础,学生有机会在各种场所(历史剧院和建筑、葡萄酒厂、农业旅游设施)参与课程和体验学习活动,这些活动的重点是探寻信息和通信技术(社交/网络)在地方品牌推广方面的潜力。这些活动包括:①由学术界主持的研讨会;②对费尔莫地区的葡萄酒厂和农场进行实地考察;③品鉴会和烹饪表演;④与当地公立和私营利益相关者举办会议和讲习班;⑤在历史古镇和村庄举办以民俗为主题的晚宴和活动。比赛的具体流程如表7-1所示。

表 7-1 国际学生竞赛活动

5月3日——坎波菲洛内	
19:00	学生组队
19:30	参观迪·路西柯(Di Ruscio)酒厂
20:15	用餐
5月4日——费尔莫	
9:30—13:30	国际学生地中海饮食和地方品牌竞赛介绍 阿莱西奥·卡维奇(Alessio Cavicchi)教授——马切拉塔大学
	地中海饮食实验室:背景与发展方式 马切拉塔大学塞布丽娜·托马西、宝拉·法里内利、索菲亚·马扎里尼、费德里卡·巴尔多尼、基亚拉·埃莱菲、特雷萨·贝托尼尼(Sabrina Tomasi, Paola Farinelli, Sofia Mazzarini, Federica Baldoni, Chiara Aleffi, Teresa benito ini)——马切拉塔大学研究生
	区域创新战略的组成部分:美食 马切拉塔大学阿莱西奥·卡维奇(Alessio Cavicchi)教授——马切拉塔大学
	美食、健康与乡村品牌:将食品作为非物质文化遗产促进可持续发展 奇亚拉里·纳尔蒂(Chiara Rinaldi)教授——马切拉塔大学及哥德堡大学
	学生竞赛是一个临时的集体学习环境,旨在培养实践社区 焦万纳·贝特拉(Giovanna Bertella)——挪威特罗姆瑟大学
	ICT,社交网络和地方品牌:理论和工具 马切拉塔大学埃马努埃莱·弗朗蒂尼(Emanuele Frontoni)教授——马尔凯理工大学
15:30	城市漫步
17:00	参观玛丽·皮雅(Maria Pia Castelli)酒庄
18:00	离开
18:30	到达达·贝尼托(Da Benito)饭馆
19:00	开展主厨活动
	第一组在厨房活动
	第二组参加地中海饮食讲座并与当地企业家会面
20:15—22:45	吃晚饭 当地企业家短暂出席
5月5日——蒙特乔治	
08:45	市长问候
9:30—13:30	美食旅游:开发与营销,唐·盖茨(Don Getz)教授——卡尔加里大学
	旅游目的地的发展:粮食生产者网络——挪威东南大学学院
	葡萄酒声誉和全球产地,克里斯蒂娜·桑蒂尼(Cristina Santini)教授——罗马圣拉斐尔大学

续表

13:30	吃午饭
15:00	城市漫步
16:30	参观养猪场
18:00	到达达·贝尼托饭馆(Da Benito)
18:30	开展主厨活动
	第一组在厨房活动
	第二组参加地中海饮食讲座并与当地企业家会面
20:15—22:45	吃晚饭 当地企业家短暂出席
5月6日—彼得里托利	
08:45	市长问候
9:00—13:30	美食家的美食活动:计划内的活动在美食旅游的重要性 汤米安德森(Tommy Andersson)——瑞典哥德堡大学
	后工业社会的伦理、休闲和事件管理 芭芭拉·莫斯尔(Barbara Maussier)教授——西班牙圣安东尼奥天主教大学
	食品标签计划及其对区域发展的影响 玛蒂娜·查卢波瓦(Martina Chalupova)——伊赫拉瓦理工学院
13:30	吃午饭
15:00	城市漫步
16:30	参观福特格里尼(Fontegranne)农场
17:30	离开
18:00	到达达·贝尼托(Da Benito)饭馆
18:30	开始主厨活动
	第一组在厨房活动
	第二组参与地中海饮食小型讲座及与当地企业家会面
20:15—22:45	吃晚饭 当地企业家短暂出席
5月7日—阿曼多拉	
8:45	市长问候
9:00—13:30	学生小组合作和展示
13:00	吃午饭
15:00	城市漫步
16:30	参观福特格里尼(Fontegranne)农场
17:30	离开
18:00	到达达·贝尼托(Da Benito)饭馆
18:30	开始主厨活动
	第一组在厨房活动
	第二组参与地中海饮食小型讲座及与当地企业家会面
20:15	吃晚饭 当地企业家短暂出席,结束派对

除学生外，其他参与者还有学者（学生导师和主要发言人）和当地利益相关者（企业家、公共机构代表）。每一组都确立了具体的活动目标。学生（特别是国际学生）的目标是：①发现美食、活动和地方品牌之间的联系；②了解美食在可持续发展中的潜力；③提高应对目的地管理挑战的能力；④了解信息和通信技术在地方品牌活动方面的潜力；⑤探寻意大利的文化、生活方式和美食。

学者的目标是促进实践社区的形成，从而使人们能够有机会分享知识和经验，同时规划未来的研究和教学活动。

利益相关者的目标是规划创新发展路径，借助通信技术支持的实时广告和地区宣传提高目的地的国际声誉。竞赛用于测试上节介绍的通信技术工具。这里，国际学生被看作一群活跃于数字世界的游客，他们被明确要求在比赛中留下数字足迹。此外，人们还探讨了 AR 工具在发现山谷中主要 POI 移动的潜力。为此，我们使用了 Layar®，这是一个用于存储兴趣点（POI）的服务器端 AR 框架和一个由可以检索每个 POI 相关信息的应用程序组成的前端。图 7-1 对应用程序的结构进行了简要描述。（与 UGD（用户生成数据）和 AR 相关的）细节将在下一节中讨论，初步研究结果也将在下一节呈现。

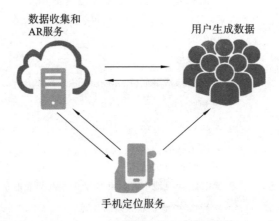

图 7-1　学生竞赛使用的通信服务结构

云服务具有双重作用，包括存储 AR 应用中显示的内容和收集用户在体验过程中留下的 UGD。箭头的方向表示用户之间的双向信息交换。

对地方声誉的潜在影响和结果

数据

在学生竞赛中，我们测试了来自 10 个欧盟国家的 50 名用户的数字足迹，用户年龄从 24 岁到 42 岁不等，重点分析用户在脸书、Instagram 和推特上发布的内容。我们通过筛选在 ♯ 费尔莫国际学生竞赛（♯ iscfermo）和 ♯ 地中海饮食（♯ mediterraneandiet）等话题下发布的内容来识别数据。

测试的主要目标是收集和测量数据和相关视角,以证明所收集数据的质量和完整性可用作低成本地方品牌推广项目的基本数据,并为用户生成的定位 AR 旅游应用提供支持。数据是通过一个名为 Key-Hole® 的网络服务收集的,可以跟踪推特和其他社交平台上的特定标签关键字。因此,只要正确设置参数,就有可能发现与照片、地点、演出和社会分享活动相关的信息。表 7-2 给出了一些测试期间收集的数字足迹、数据和视角的例子,还对数据进行了离线处理,以收集与福祉密切相关的数据子集。

表 7-2 显示,即使用户数量很少,共享通信的影响也非常大。多媒体数字足迹和位置的总数足以作为推动新举措以及新型数字和多媒体移动应用的基础。

表 7-2 社交媒体活动的特点和数量

特点	特点描述	总数据量
推特	用特定话题筛选出的测试期间发布的推特总数	258
发布 Ins	用特定话题筛选出的测试期间发布的 Ins 总数	196
发布脸书	用特定话题筛选出的测试期间发布的脸书总数	363
整体影响	分析浏览帖子用户总数(好友数、粉丝数等)占发布特定话题帖子用户总数的 25%	873920
互动总量	互动者总量(用户分享、点赞、转发)在测试期间所有的帖子都经过特定的标签过滤	3546
图片	测试期间在特定的话题下发布的不同图片的数量(不包括表情符号和小分辨率内容)	413
视频	测试期间在特定话题下发布的视频数量(帧数超过 30 帧且不包括脸书和苹果系统直播内容)	37
定位	经过过滤的,测试期间在社交帖子上发布的不同 GPS 定位信息的数量(来自 Instagram 上的照片或包含 GPS 定位地理编码的帖子)	331(来自 14 个不同定位地点)

测试表明,数据收集框架能够共享和使用多媒体数据,以及费尔莫地区 14 个主要地点的全球定位。平均每个地点有 24 个多媒体内容可供使用。测试用户将其内容与人工注释进行比较,结果显示大约 76% 的内容适合进行高质量推广,多媒体内容也产生了巨大的经济影响。初步总结表明,即使 5 天内只有 50 个用户使用,人们也有可能通过收集数据来描述、本地化和覆盖 40 个不同地点的多媒体内容。这也表明该种方式的成本极低,而且能及时且强效地促进产品推广。

鉴于研究者们想要深入了解生活方式和福祉的关联方式和挖掘数据的过程,我们将收集到的有关生活方式和福祉的数据按不同语义进行了分类,类别包括友谊、文化遗产、食品、饮料、生活方式、福祉和其他未分类的内容。对数据进行分类是为了得出每一类数据影响所占的百分比(浏览帖子的用户、好友、粉丝等的总数占发布特定话题帖子用户总数的 25%,按大类进行分组)。结果如图 7-2 所示,表明绝大多数多媒体内容与生活方式、饮食和福祉相关。

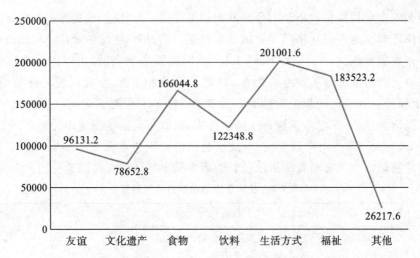

图 7-2　每个单一类型数据的影响(整体影响的数据总量是 873920,见表 7-2)

从 AR 体验的角度来看,我们有可能监测到学生使用这项技术的情况。该应用程序显示了上下文信息(即音频、档案图像、Web 源等),并采用用户视角将增强内容以 AR 模式显示。这些小组成员的反馈总体上是积极的。

收集和使用数字足迹的潜在益处

收集数字足迹数据的益处已经显现。

(1) 新的数据来源:社交媒体的数据是公开的,这为研究人员和营销人员提供了一种全新的数据利用方式,这是从未有过的。每一篇帖子、每一次对话、每一次访问网站或应用程序,用户都会留下一些信息。这些数据远不止简单的人口统计,人们可以收集各种细节信息,比如个人的偏好、想法、情绪、活动和社交网络等。

(2) 最新数据:过去,数据是历史性的,因为它要求一个人将信息输入一个可以随时引用的记录系统。社交媒体数据不仅具备这种历史视角,还具有最新的主流媒体视角。当这些数据结合在一起时,受众就能形成完整的概念,甚至可以利用其中的一些数据来预测用户未来的行为。

(3) 代表性数据:数字足迹数据可能是用户的最佳代表,因为这是用户的理念、态度和行动的流动记录。没有任何数据来源能像它这样呈现个人生活中的细节。不同组织可以利用这些数据了解一个人。

尽管数据有许多优点,但也有一些局限需要考虑,这些局限包括需要强大的实时大数据分析技术、缺乏新技术人员(如数据科学家)、隐私和网络安全问题等。社交媒体的本质是不断更新、不断移动的数据流。为了确保数据的有效性,在数据产生之时就要进行收集。通过这项研究,我们打算在一个更普遍的地方品牌框架内展示数字足迹管理的方式。这种框架和方法使人们能够将大数据精简成对 UGD(用户生成数据)有意义的片段,进而得出一组分析性和过滤性特征,例如关键词过滤器(例如词云、情绪和情感),这些特征可以让用户快速获得与心仪体验有关的信息,还可以影响用户,使用户获取与某地点有关的新鲜且高质量的多媒体内容。这在 UGD 策略的实时内容共享当中起到了促进作用,未来可以由机器人自动实施和监控,使低预算的地方品牌项目也负担得起。

结论

本章通过调查在费尔莫国际学生竞赛期间产生的 UGD,展示了实时社交媒体推广活动的影响。实时数据仪表能够跟踪有多少人发布了既定话题,以及转推、点赞和发布的数量。人们通过这一过程,既可以了解这篇帖子的浏览量,也可以预测在社交媒体的网络结构下这一特定帖子带给人们的印象。此外,通过收集用户的转推信息,某一事件或经历可以在很短的时间内通过网络传播到全世界,因此,人们可以监测特定活动的影响。最后,我们还测试了 AR 工具发现 POI 的潜力。AR 作为一种交互式服务,能帮助人们通过即时访问上下文信息来查找流程。通过整合 UGD 和使用户外 AR 用户的数字足迹,我们可以收集为了解游客的行为及其视角所需的所有信息。除了这些与信息和通信技术有关的因素外,这项研究还展示了一些有趣的内容,包括基于地点的参与式教育在旅游教育中的潜力。

利益相关者已经对这一分析结果,连同对社交媒体工具和学生期末项目的描述进行了讨论。企业家和当地利益相关者也获得了促进旅游业发展的知识,以及游客和网络用户对该地区的评价。学生们扮演了推动者的角色,帮助各方认识到他们需要解决的短板和应该抓住的机会,从而使企业家有机会获得最年轻群体即时、直接的经验反馈。此外,学生能够在网上实时宣传该地区,并通过通信技术工具和经验学习将学术理论应用于实际。他们有机会理解和支持通过社交媒体来推广旨在加强地中海饮食和烹饪之间联系的地方品牌,前往费尔莫地区的游客能体验当地人的生活方式,有利于身体健康和福祉。

当地及其社区的美食、健康、福祉和文化特征是根据地中海饮食品牌发展美食旅游的必要资产。本研究表明,借助技术工具可以有效地探讨以上概念之间的联系。将地中海饮食当作一种生活方式而不仅仅是食物,现代技术可以帮助旅游经营者进行观察,经营者在一定程度上可以采取当地的生活方式,以便更深入地了解游客的生活和体验目的地的方式。

现有信息在新媒体领域开启了关于发展可持续旅游方案的讨论。然而,这只是第一步,一项纵向研究正在对旅游业发展的长期反馈进行检测和评估。因此,这一经历有力地提高了利益相关者的网络化能力,也加强了他们与研究人员及大学的关系。同时,还有助于提高学生的批判性思维能力和以问题为中心的项目处理能力。

参考文献

[1] Agnew,C. (2001) Editorial: Evaluating changes in learning and teaching. Journal of Geography in Higher Education 25(3),293-298.

[2] Bennett, R. (2006) Business lecturers' perceptions of the nature of

entrepreneurship. International Journal of Entrepreneurial Behavior and Research 12(3),165-188.

[3] Croy,W. G. (2009) Location-based learning: Considerations for developing and implementing destination- partnered authentic-experiential learning. Journal of Hospitality and Tourism Education 21(1),17-23.

[4] Croy, W. G. and Hall, C. M. (2003) Developing a tourism knowledge: Educating the student,developing the rural area. Journal of Teaching in Travel and Tourism 3(1),3-24.

[5] Donnelly, R. (2010) Harmonizing technology with interaction in blended problem-based learning. Computers and Education 54 (2),350-359.

[6] Etzkowitz,H. and Leydesdorff, L. (2000) The dynamics of innovation: from National Systems and "Mode 2" to a Triple Helix of university-industry-government relations. Research Policy 29,109-123.

[7] European Commission (2004) Communication from the Commission to the Council, the European Parliament, the European Economic and Social Committee and the Committee of the Regions - Action Plan: The European agenda for Entrepreneurship http://eur-lex. europa. eu/legal-content/EN/TXT/? uri=celex:52004DC0070 (accessed 22 November 2017).

[8] García-Palomares,J. C. ,Gutiérrez,J. and Mínguez,C. (2015) Identification of tourist hot spots based on social networks: A comparative analysis of European metropolises using photo-sharing services and GIS. Applied Geography 63,408-417.

[9] Gibb, A. (2002) In pursuit of a new 'enterprise' and 'entrepreneurship' paradigm for learning: creative destruction, new values, new ways of doing things and new combinations of knowledge. International Journal of Management Reviews 4(3),233-269.

[10] Girardin,F. ,Calabrese,F. ,Dal Fiore,F. ,Ratti,C. and Blat,J. (2008) Digital footprinting: Uncovering tourists with user-generated content. IEEE Pervasive computing 7(4) 78-85.

[11] Gross, M. J. and Brown, G. (2006) Tourism experiences in a lifestyle destination setting: the roles of involve- ment and place attachment. Journal of Business Research 59,696-700.

[12] Henderson,J. C. (2009) Food tourism reviewed. British Food Journal 111(4), 317-326.

[13] Idziak,W. ,Majewski,J. and Zmy5lony,P. (2015) Community participation in sustainable rural tourism expe- rience creation: a long-term appraisal and lessons from a thematic villages project in Poland. Journal of Sustainable Tourism 23(8-9),1341-1362.

[14] Johannisson, B., Landstrom, H. and Rosenberg, J. (1998) University training for entrepreneurship—an action frame of reference. European Journal of Engineering Education 23 (4),477-496.

[15] Kavaratzis, M. and Hatch, M. J. (2013) The dynamics of place brands an identity-based approach to place branding theory. Marketing Theory 13(1), 69-86.

[16] Murphy, P. (1985) Tourism: A Community Approach. Methuen Inc., London, UK.

[17] Paris, C. M. (2011) Social constructivism and tourism education. Journal of Hospitality, Leisure, Sport and Tourism Education 10(2),103-108.

[18] Pierdicca, R., Frontoni, E., Zingaretti, P., Malinverni, E. S., Galli, A., Marcheggiani, E. and Costa, C. S. (2016) Cyberarchaeology: improved way findings for archaeological parks through mobile augmented reality. In: International Conference on Augmented Reality, Virtual Reality and Computer Graphics. Springer International Publishing, New York, USA, pp. 172-185.

[19] Rasmussen, E. A. and Sørheim, R. (2006) Action-based entrepreneurship education. Technovation 26(2),185-194.

[20] Ren, C., Gyimóthy, S., Trandberg Jensen, M., Križaj, D. and Bratec, M. (2014) Proximity of practice: student- practitioner collaboration in tourism. In: Alsos, G. A., Eide, D. and Madsen, E. L. (eds) Handbook of Research on Innovation in Tourism Industries. Edward Elgar, Cheltenham, UK, pp. 325-348.

[21] Savin-Baden, M. (2004) Understanding the impact of assessment on students in problem-based learning. Innovations in Education and Teaching International 41(2),223-233.

[22] Scarles, C. (2016) Mediating the Tourist Experience: From Brochures to Virtual Encounters. Routledge, London, UK.

[23] Sneddon, C., Howarth, R. B. and Norgaard, R. B. (2006) Sustainable development in a post-Brundtland world. Ecological Economics 57 (2), 253-268.

[24] The Australian Research Institute for Environment and Sustainability (ARIES) (2007) Frameworks for sustainability. A National Review of Environmental Education and its Contribution to Sustainability in Australia - Key Findings, Vol. 1. ARIES, Macquarie University, Sydney, Australia.

[25] Trencher, G. P., Yarime, M. and Kharrazi, A. (2013) Co-creating sustainability: cross-sector university collaborations for driving sustainable urban transformations. Journal of Cleaner Production 50,40-55.

[26] Trencher, G., Yarime, M., McCormick, K. B., Doll, C. N. and Kraines, S. B. (2014a). Beyond the third mission: Exploring the emerging university function of co-creation for sustainability. Science and Public Policy 41(2), 151-179.

[27] Trencher, G., Bai, X., Evans, J., McCormick, K. and Yarime, M. (2014b). University partnerships for co-designing and co-producing urban sustainability. Global Environmental Change 28, 153-165.

[28] UNESCO (2013) Mediterranean diet. Available at: https://ich.unesco.org/en/RL/mediterranean-diet-00884 (accessed 16 March 2018).

[29] URBACT (2013) The URBACT II Local Support Group Toolkit. Available at: http:www.urbact.eu (accessed 16 March 2018). Wang, D., Park, S. and Fesenmaier, D. R. (2012) The role of smartphones in mediating the touristic experience. Journal of Travel Research 51(4), 371-387.

8. 探索医疗志愿旅游如何促进海地的健康和福祉

珍妮弗·汤姆森、玛格丽特·肯尼曼

▌引言

作为描述游客在旅行中提供志愿服务的术语,志愿旅游在改善旅游目的地的条件方面被越来越频繁地提及。更具体地说,医疗志愿旅游旨在满足当地的医疗和公共卫生需求。作为一个长期面临公共卫生挑战的国家,海地一直是志愿旅游(尤其是医疗志愿旅游)的热门地区。自然灾害频发又使海地面临更大的挑战。"托起海地的明天"(HUFH)组织是人道主义医疗组织的代表,该组织自 2010 年海地大地震以来就源源不断地向海地输送志愿者,以改善当地居民的营养不良和用水卫生条件差的情况。本章我们通过 HUFH 进行了焦点小组访谈,并利用访谈结果探讨医疗志愿旅游与海地健康和福祉之间的联系。随着 HUFH 持续进行灾后救济,该组织必须对其实施项目的优缺点进行评估,使之适应海地社会和环境的变化。因此,我们认为适应能力强弱是决定项目长期影响的大小和成功与否的因素之一。本章的最后就加强志愿旅游组织的适应能力和增进当地社区的健康福祉提出了建议。

过去几十年,海地政治动荡,经济停滞,2010 年遭遇大地震,2016 年又遭到飓风袭击,对海地造成了更大的破坏。此外,该国还面临严峻的卫生挑战,50%的人无法获得安全和优质的食物(世界粮食计划署,2015),每年有 50%的死亡病例是霍乱、伤寒和腹泻等疾病造成的(Sentlinger,n.d.),疾病根源在于恶劣的水环境。而在旅游业发展方面,海地是加勒比海群岛中游客数量最少的岛屿(Thermil 和 Sheaffer,2004;Séraphin 等,2013)。

然而,旅游业能在应对社会、经济和环境挑战方面发挥作用,也能在海地重建基础设施和灾后恢复时为当地提供一些机会(Kolbe 等,2013;Séraphin 等,2013)。虽然海岛旅游因无法解决可持续性问题而受到批评,但志愿旅游和生态旅游等替代旅游形式越来越受欢迎(Thermil 和 Sheaffer,2004;Séraphin 等,2013)。对于面临公共卫生危机的国家来说,志愿旅游的工作重心应更多地甚至完全放在医疗问题上。海地的情况就是这样,该国明显需要公共援助以改善大部分人口的健康状况。本章将探讨医疗志愿旅游增进海地健康福祉的方法及其适应性的重要性,以确保项目满足当地社区的需要。

图 8-1 是医疗志愿旅游和其他旅游类型关系图。

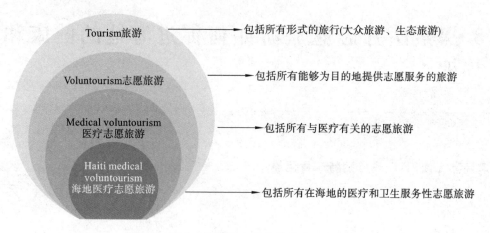

图 8-1　医疗志愿旅游和其他旅游类型关系图

健康和福祉

健康和福祉是社会不可分割的组成部分。根据世界卫生组织的要求(2014,P18),"不论其种族、宗教、政治信仰、经济或社会状况如何,都能享有其能达到的最高健康标准是每个人的基本权利之一"。虽然医疗和公共卫生领域在解决急性和慢性病方面取得了巨大进展,但不同国家和地区可用的医疗资源和面临的健康问题都存在很大差异。例如,导致儿童夭折的主要原因之一是痢疾,这是一种可以预防和治疗的疾病,主要是由生活环境不卫生和饮用水不干净引起的。营养不良则会引发发展中国家人口的营养不足、缺乏矿物质及维生素,以及发达国家的人口肥胖等多种健康问题(世界卫生组织,2017a)。在全球范围内,有 45% 的 5 岁以下儿童死于营养不良(世界卫生组织,2017a)。

全球大多数最贫穷的国家都依赖国外的财政和技术支持(世界卫生组织,2014)。医疗产业要适应不断变化的社会、环境和经济情况,战略的制定要涵盖所有公共卫生领域,正确处理卫生公平和社会正义问题(世界卫生组织,2014)。世界卫生组织意识到包括非政府组织、公民社区、基金会、学术机构和私营部门在内的多方已经参与并影响了全球公共卫生(世界卫生组织,2014)。通过将上述非传统伙伴纳入全球公共卫生战略计划,新的机遇出现了,其中就包括增进发展中国家健康福祉的志愿旅游组织。

志愿旅游

志愿旅游的定义是"有意识地将志愿服务与最佳传统旅游要素(即艺术、文化、地理、历史和娱乐要素)无缝结合"(Voluntourism.org,2014)。在过去 20 年里,志愿旅游日益成为一种潮流(Sin,2009;Alexander,2012;Wearing 和 McGehee,2013;McGehee,2014)。随着人们对志愿旅游的需求不断增长,志愿旅游组织的市场也不断扩大,其中就包括一系列有利于旅游目的地可持续发展和增进福祉的活动(McGehee,

2014)。

积极参与志愿旅游可以为游客和接待游客的地区带来许多益处(Wearing,2001；McIntosh 和 Zahra,2007)。志愿旅游短暂但充实的经历加深了志愿者、研究员和当地人之间的关系(McGehee 和 Santos,2005),志愿者在与当地社区成员接触时自身也得到了成长(Barbieri 等,2012)。志愿旅游的独特环境和沉浸式体验也有助于改变个人对社会和生态问题的看法乃至全球对社会和生态问题的看法,增强个人的信心和学习能力,从而提高积极性(Wearing,2001；McGehee 和 Santos,2005)。最后,志愿旅游可促进当地社区的可持续发展和自然资源保护(Wearing,2001)。

志愿旅游面临的挑战可能会造成负面影响(Sin,2009；Guttentag,2011、2009；Atkins,2012；McGehee,2014；Taplin 等,2014)。这些挑战包括志愿者和工作人员的不满情绪(Atkins,2012),志愿者的旅游动机不纯(Sin,2009),能力不足或语言不通,与当地人融合不紧密(Guttentag,2009),以及社区对志愿旅游服务的依赖程度过高等问题(Guttentag,2011)。减少负面影响的措施包括制订明确的战略计划,计划包括具备当地语言能力的辅助商,志愿者长期且持续的流动,以及做到对志愿者和委员会公开透明(Barbieri 等,2012)。

医疗志愿旅游

在志愿旅游分类当中,医疗志愿旅游是指"专业卫生人员前往另一国家提供医疗服务"(McLennan,2014,p163)。大多数医疗旅行都有一个特定的重点(Murray,2015)。例如,有的侧重于牙科问题、营养不良等疾病,有的则与教育和疾病预防有关(McLennan,2014)。大多数医疗志愿者来自美国、加拿大、英国和澳大利亚(Murray,2015),志愿者旅游团体通常以贫困人口为救助目标(McLennan,2014)。旅行救助可以针对特定的年龄、种族或性别,行程持续时间和地点也各不相同。

虽然方案各不相同,但所有医疗志愿旅游的目标都是改善目的地的卫生状况。许多医疗志愿旅游组织因成功解决了卫生问题而受到赞扬(Murray,2015)。这些经验为志愿者提供了在全球卫生背景下工作的经验,有利于他们的学习(McLennan,2014)。此外,许多志愿旅游者提到,志愿经历的价值不仅是个人成长和专业技能的提升(Godfrey 等,2014),还为当地提供了医药产品资源以及专业技术(McLennan,2014；Loiseau 等,2016)。

但是,人们对医疗志愿旅游也有诸多批评,比如执行任务的志愿者经验不足或不合格,等等(Wallace,2012；Godfrey 等,2014；McCall 和 Iltis,2014；Staton,2015；Kushner,2016)。也有人怀疑,短期的志愿旅游活动能给当地带来多少影响(Godfrey 等,2014；McCall 和 Iltis,2014；McLennan,2014；Staton,2015；Kushner,2016；Loiseau 等,2016)。比如,志愿旅游加大了当地对志愿者的依赖性和对资源的竞争(McLennan,2014；Staton,2015；Loiseau 等,2016)。此外,志愿者对当地文化和安全隐患的无知也可能带来问题(McCall 和 Iltis,2014；Loiseau 等,2016)。最后,志愿者的动机与组织的目标之间可能存在脱节(McCall 和 Iltis,2014)。许多志愿者"以自我为中心",他们做志愿者的目的仅仅是想丰富履历,顺便游山玩水,娱乐自己

(McLennan,2014;Bruni,2016)。

医疗志愿旅游缺乏恰当的协议和相关道德准则(Murray,2015)。国际志愿旅游的一些做法就很好,包括为志愿者做好行前准备(McCall 和 Iltis,2014;Murray,2015;Loiseau 等,2016),增加停留时间和次数,招募有特殊技能(包括语言能力和文化敏感性)的志愿者(Loiseau 等,2016),以及与当地社区密切合作以确保能准确了解当地需求(Murray,2015;Loiseau 等,2016)。

海地医疗志愿旅游

海地吸引的救济和支援当地发展的机构是最多的,该地也是志愿旅游的主要目的地(Kolbe 等,2013)。目前,有1万多个非政府组织在海地(Kao,n.d.)开展工作,其中一些团体在2010年地震前就在那里,但许多团体只负责紧急救援,后续才追加相关援助。各团体之间有一定的协调性,但也有人认为海地的志愿旅游团体太多,会争夺同类资源(Kao,n.d.)。

尽管志愿旅游不断发展,需求也很高,但对该领域的研究有限(Alexander,2012;Wearing 和 McGehee,2013),对医疗志愿旅游的研究更是少之又少(Godfrey 等,2014;McLennan,2014;Loiseau 等,2016)。此外,大多数海地民众缺乏对旅游影响的认识。目前也没有针对海地志愿旅游的研究(Thermil 和 Sheaffer,2004;Kolbe 等,2013)。医疗志愿旅游要实现目标,必须监测自身影响并适应变化。我们对海地如何看待志愿旅游与公共卫生之间的关系仍然知之甚少。

恢复能力和适应能力

恢复能力和适应能力属于应对变化的能力(Armitage,2005)。这两种能力起源于生物科学,现已扩展到组织经营和政府治理领域(Folke 等,2002)。恢复能力包括社会生态系统能够处理的变化量,系统的组织能力和适应能力(Folke 等,2002)。组织需要适应意想不到的变化,培养组织记忆,利用不同的策略进行跨领域工作(Folke 等,2003)。然而,尽管人们已经认识到恢复和适应能力的重要性,却尚未在医疗志愿旅游领域对这两个概念进行挖掘探索。

研究目标

为了填补医疗志愿旅游文献中的空白,更好地理解医疗志愿旅游组织的适应能力和影响,我们与医疗人道主义组织 HUFH 合作进行了案例研究。我们的研究目标是:

(1)明确海地四个社区的公共卫生挑战;
(2)明确 HUFH 应对这些卫生挑战的优势和困难;
(3)划定区域,使 HUFH 可以调整行动以更好地满足社区需求。

HUFU(托起海地的明天)

HUFH(托起海地的明天)是一个人道主义医疗组织,通过治疗病人,在伙伴医院安排医疗护理,以及向海地卫生工作者和社区成员教授知识等直接援助,向当地提供初步诊断、产科和眼科门诊服务。具体来说,HUFH 每年派出 10—12 个医疗队,为海地的 40 多名专业医疗人员和社区卫生工作者提供支持。HUFU 对地方志愿者的领导人进行能力培养,帮助他们成为志愿方案的协调员。

HUFH 营养不良救助方案是一个以治疗和教育为基础的计划,旨在减少 6 个月至 5 岁儿童的急性营养不良情况。该方案有两个主要目标:①确认和治疗儿童急性营养不良;②向家庭或抚养者普及营养充足的重要性。

研究方法

海地北部各社区的志愿者进行了焦点小组讨论,以评估 HUFH 方案的有效性。HUFH 在海地不同的社区开展工作,包括城市中心、渔村、农业城镇和乡村地区。因此,人们在 HUFH 提供帮助的四个社区的诊所或诊所外举行了焦点小组会议。

地区描述

沙达(Shada)以海地角环境最差的贫民窟而闻名,这里居住着大约 2.5 万人。2011 年,HUFH 提供资金对沙达诊所进行了翻修重建,这是当地唯一一个每月可为大约 400 名病人提供服务的廉价诊所。最近,美国国际开发署还对该诊所外方圆一英里的区域进行了清理和整修。

伯德米林(Bod me Limbe)是海地北部沿海巴斯林(Bas Limbe)地区的 16 个渔村之一,约有 600 户居民。整个巴斯林地区都缺乏基础设施,大多数家庭没有电,许多家庭不通水。2008 年,伯德米林(Bod me Limbe)建了一个卫生所,为广大社区提供服务。该地区已开始致力于水源卫生管理和海岸清理。

博伊斯兰斯(Bois de Lance)是一个位于海地角东南 15 英里的农业社区,距莱蒙内德(Limonade)3 英里,约有 2.2 万人口。这里的主要收入来源是种植农作物和饲养牲畜。当地面临的主要困难包括饮用水匮乏、伤寒和霍乱肆虐等。"门户开放教会"(Open Door Ministries)是一个位于博伊斯兰斯社区的宗教组织,该组织经营着一所学校、一家诊所和一个近期成立的孤儿院。HUFH 向该组织建立的诊所普及专业医疗知识。

朱里托(Jolitrou)是 HUFH 最新成立也是最偏远的诊所,位于大北大河地区(Grande Riviere du Nord)约 2 英里外,该地区有 1.4 万名居民。如果没有诊所,当地人要步行 4 小时才能前往最近的医疗机构。这里的道路崎岖难行,有时还因河水上涨而无法通行。因此,这家诊所为这个与世隔绝的地区提供了基本的教育和健康护理。

参与者

焦点小组的参与者为18岁以上的成年海地公民,他们目前居住在这四个社区内。她们大部分是营养不良患儿的母亲,膝下都至少有一个营养不良患儿。在某些情况下,也有男子和作为家庭主要抚养人的年长妇女参与。每个焦点小组大约有10—15名成年人。由于该研究是探索性研究,而且关系到交通、金钱、时间、适用性和天气等多种不可预测的因素,因此无法控制符合特定标准的参与者的具体人数。

数据收集和分析

当地的HUFH工作人员从四个社区招募了焦点小组参与者。在海地工作过的HUFH工作人员和专业人员一起设置了焦点小组问题,他们采用了双重翻译法来确保焦点小组问题清单翻译的准确性以及检查翻译错误(Agrusa等,2011)。一到达现场,焦点小组就用克里奥尔语(Kreyol)与当地人及训练有素的口译员一起工作(Thermil和Sheaffer,2004)。他们雇用的口译员用克里奥尔语进行提问,再用英语回答问题,方便了研究人员与当地社区成员之间的交流和讨论。焦点小组的会议时间平均持续60—90分钟,会议包括参与者、1—2名口译员和2名研究人员,他们在回答过程中提出问题并做笔记。所有焦点小组会议都是在十分嘈杂的环境中进行的,因此无法对会议内容进行录音和转录。为了解决这一问题,一名主要研究人员负责提出问题并做笔记,再由辅助研究人员做详细笔记。详细笔记的内容不仅参照对方的回答,还辅以研究人员自己的观察。当主要研究者和译员为了理解对方回答的意思而需要协商时,也会做笔记。

在焦点小组得出结论后,研究人员会反复确认他们的笔记,并与口译员协商以保证准确性。他们采用多阶段迭代法对数据进行了有根据的分析,该方法用于对主要专题和分专题的数据进行编码。研究人员开发了一个编码框架,然后对每个编码区域进行了系统分析。有两名研究人员参与了编码过程,以确保编码间的可靠性。

研究结果

分析所有焦点小组的笔记之后,研究人员提出了几个主题,主要与HUFH营养不良的解决方案和水卫生问题有关。这些主题是针对每个社区的不同情况提出的,并配合HUFH的整体行动进行讨论。虽然没有直接引用参与者的话,但现场记录总结了他们的想法,捕捉了他们的情感态度。

沙达

来自沙达的参与者知道营养不良是多种因素造成的,比如当地人主动或不得不选择先养活最大的孩子,或者由于缺钱根本无法养活孩子。参与者就麦笛卡浓缩花生酱项目（Medika Mamba）给出了积极反馈，该方案使当地居民的健康状况有所改善，如腹泻病例减少，一些人的病态肤色发生改变等。但是也有人滥用麦笛卡浓缩花生酱项目来养活年长的兄弟姐妹，或将其作为收入来源，一些参与者对出现这种情况感到难过，并解释说，他们希望人们正确使用这种治疗方式。此外，参与者表示，他们正在从HUFH工作人员那里学习更好的谋生手段。他们表示，等孩子们完成了麦笛卡浓缩花生酱项目，他们会尽力为孩子们提供健康食品，如蔬菜和鸡蛋。参与者表示，由于沙达社区的居民生活在城市，不亲自种植粮食，所以他们从市场上购买食物，主要是大米、豆类、香蕉、玉米、鱼类、土豆和鸡蛋。

在水资源方面，沙达居民表示他们一般从卡车取水，尽管他们不清楚卡车是从哪里取的水，又是如何运输水的。他们还说，取水通常要排很长的队，领来的水也常常不够用，而且他们要带着水走很久才能到家，这个过程也需要运输协助。来自沙达的参与者还用水桶收集雨水，用来洗澡做饭。人们有时候会用氯来给水消毒，但又拿不准氯的使用剂量。

沙达居民在垃圾处理方面也面临类似的问题。沙达社区有三个土厕所，但远不够当地居民使用。由于厕所排队队伍很长，人们经常在公共厕所随地大小便，或者把他们的排泄物装进袋子扔进水里。虽然他们知道到把排泄物扔进水里很危险，但厕所实在过于拥挤，这一现状与常识冲突。

伯德米林

伯德米林的参与者解释道，有些家庭经常照顾孤儿。在这种情况下，孩子越来越多，就会出现妇女喂养不过来或者缺乏食物的状况。然而，伯德米林的参与者一致认为，在食物供应方面他们对所有孩子一视同仁。他们都支持实施麦笛卡浓缩花生酱项目，并注意到这种治疗方法给了他们的孩子"力量"，他们的体重增加了。然而，去诊所看病是最大的问题。对许多参与者来说，长途跋涉和高额的出行费用使每周去诊所看病变得愈加困难。他们还担心一旦麦笛卡浓缩花生酱项目结束，他们就不得不寻求其他方式养活子女。这些人去市场时也只买芭蕉、香蕉、大米、玉米和豆类，很少买肉。他们还在小花园里自己种植香蕉、芭蕉和胡萝卜。

伯德米林的居民同样担心水资源供应问题。他们说虽然村里有一口井，但井水是咸的，甚至有人说用井水洗澡会出疹子。买水需要花钱运输，所以他们通常从巴斯林（该地区较大的城市）取水，然后自己用氯净化水。氯是他们唯一的选择，因为他们没有过滤器，也不能烧水（因为木炭太贵）。他们也希望学习其他的净水方法，如使用过滤器，但是现在最主要的问题是取水困难。

在废物处理方面，大多数人去洗手间上厕所，但还是有人跑到山上方便。对此，他们解释说因为只有一个厕所，而且实在太远了。除人类排泄物以外的其他垃圾也是令伯德米林头疼的问题，90%的塑料瓶垃圾都被海水冲到了岸边。该社区成员解释，他们为了清理当地海滩付出了很大的努力。

博伊斯兰斯

总体来说，来自博伊斯兰斯地区的参与者对麦笛卡浓缩花生酱项目表示满意，并认为工作人员很好地满足了他们的需要。然而,有些人并不知道,在整个治疗阶段中,除麦笛卡花生酱以外,他们还要给孩子喂食常规食物。他们还表示,他们了解共用或滥用麦笛卡花生酱的危险,除了需要治疗的儿童之外,他们不会将治疗方案用于其他人群。

虽然他们在营养不良项目方面积累了积极的经验,但在麦笛卡浓缩花生酱项目援助结束之后,他们仍然很担忧继续供养孩子的问题。一些人提到,他们的子女已经参与过这一项目,还想再参加一次,因为他们认为自己支付不起维持健康饮食和充足营养的费用,有些人甚至希望该项目能借钱给他们购买粮食。

有些参与者解释道,他们曾经自己种植粮食,但由于缺少雨水,近年来已经无法耕种,许多人现在从市场上购买食物,有些人还要为此长途跋涉。他们一般购买大米,因为大米是最便宜的,手头充裕时也会购买玉米、豆类和香蕉。听起来他们像是在应对环境因素(例如缺少雨水)造成的农业困境,但他们希望HUFH能在麦笛卡浓缩花生酱项目结束后继续给他们提供粮食。

社区居民们知道不能把雨水当作生活用水。他们会在雨天收集雨水,但只会用于灌溉庄稼和农业生产,这样他们就可以挣钱送他们的孩子接受教育。然而,该社区只有三口井,他们学着用氯净化水。他们说,有时会因为使用了过量的氯而感觉不舒服,所以很愿意学习如何使用过滤器来净化水。

在博伊斯兰斯,社区内没有厕所,所以大多数人通常挖个洞就地解决,然后在排泄物上放上轮胎或者砖块。人们都希望社区内能有一间厕所,因为他们想要干净的饮用水,但对于共用厕所,人们却喜忧参半。他们列举了诸如住得太远、厕所维护和地点选址等很多问题,他们建议由地方领导和委员会来规划建设。

朱里托

来自朱里托的参与者认为,儿童营养不良是"不健康的食物"和母乳喂养不足造成的。他们知道该项目能够救助重病儿童,因此对麦笛卡浓缩花生酱项目非常满意。参与者们明白麦笛卡浓缩花生酱项目是一种医疗产品,情况允许的时候,他们用果汁、香蕉、花生和鸡蛋等进行补充治疗。然而,由于资金有限,一些家庭只给孩子吃麦笛卡花生酱项目提供的食物,还有一些家庭承认与其他孩子共享了麦笛卡花生酱项目的援助。由于这些原因,参与者请求在提供麦笛卡花生酱项目的同时也提供更多的食物,以便养活家里年龄较大的孩子和其他家庭成员。身处一个极度偏远的地区,朱里托的居民习惯种植庄稼,他们想依靠自己满足自身的食物需求。但是,如果农田无法得到灌溉,那这一切都是空想。

说到水,朱里托没有方便的水源,人们常常要花15分钟在山上挖一个洞用来储水。在水质净化方面,他们也很难获得净水药片和漂白剂,无法消毒的水有时会致病。他们希望打一口井,但对井的位置和维护问题存在分歧。还有人说,山上很难取水,所以他们希望用管道把水通到山上。

这里的社区没有厕所,只有有钱人才有私人厕所。普通人通常去河里方便,但这会传播霍乱。即使他们已经走得离河很远,但也不是每次都有时间挖坑,所以径流又会把排泄物带回河里。有些人希望家家都有厕所,这样就不需要维护社区厕所。还有人说,社区厕所对外地人是有利的,因为当地人不愿意和他们共用自己的厕所。

讨论

这四个社区的环境各不相同,在营养不良、水卫生和废物处理方面面临着不同的机遇和挑战。虽然 HUFH 的首要目标不是解决所有问题,但焦点小组总结了这些问题能为 HUFH 创造的机会,使组织能够调整日后努力的方向,帮助社区更好地实现健康目标。

营养不良

根据焦点小组对麦笛卡花生酱项目的讨论,两个社区的参与者都提到了营养不良问题。首先,来自沙达的参与者关注了滥用和非法销售浓缩花生酱援助物品的问题。HUFH 会加剧滥用援助的风险,并严重影响儿童的康复。伯德米林社区的交通运输也是一个不容忽视的问题,亟待解决,许多参与者由于居住地偏僻无法完成该项目。提供交通援助或启动流动的浓缩花生酱援助项目可以提高民众的参与度,预防疾病复发。

博伊斯兰斯和朱里托社区的居民的担忧更多与治疗后维持饮食健康有关。由于环境因素会影响他们作物的收成和赚钱养家糊口的能力,因此这种担忧被放大了。对于那些在授受了浓缩花生酱援助后知道如何保持子女健康的参与者来说,他们最终也会受到农业生计环境和经济因素的影响。这就向社区的合作医疗专业人员提出了挑战:面对这些外部因素的影响,如何继续为社区提供教育和护理?一种方法是编写教育材料,同时考虑到不同季节能为这些社区提供的不同资源。此外,与专业公共卫生人员合作,根据海地实际可获得的粮食资源,帮助当地社区成员从浓缩花生酱援助过渡到可持续的饮食方式,比如修建生产季节性食物的社区菜园,帮助人们持续获得营养。

水清洁和废物处理

总体而言,四个社区的参与者似乎都意识到水污染造成的风险和潜在健康隐患,但仍存在两个主要问题:①无法获得干净的水;②每个社区的特有基础设施都加剧了废物处理的难度。因此,医疗和公共卫生专业人员的指导干预远不止教育民众认识干净的水的重要性和向社区提供临时医疗产品。

为帮助社区获得水资源,医疗志愿旅游组织可以通过合作给当地提供更多的运水车,并分散取水点,以防民众为取水排长队或长途跋涉。下一步是在社区打水井和实施长期方案,以减轻民众对运水车的依赖。更多的水井和其他供水项目启动,维护原有水井也同样重要。有关正确使用氯的普及教育和分发过滤器应与这些措施同时进行,以使更多的人获得干净的水。

在废物处理方面,各社区的建议略有不同。对于沙达这样人口较稠密的地区,社区公厕供不应求。有一种解决办法是增加额外赞助的土厕,将土厕设在人们习惯当作公厕的区域(例如靠近水的区域)。另一种可能的办法是制造可生物降解的废物袋,分发到社区各处,这样可以集中垃圾,防止水污染,并提供肥料堆肥。对于博伊斯兰斯和朱里托来说,赞助修建社区厕所并与社区合作决定厕所的位置和维护。最终,这些与水卫生和废物处理有关的举措可能首先由医疗志愿旅游组织启动,但最终目标是让海地人民有能力维护该项目,HUFH在其任务说明中也明确了这一点。

HUFH 的适应能力与进步

在非营利组织的发展周期中,HUFH已经过了初创期和成长期,进入了成熟期(Lester等,2003;Male,n.d.)。HUFH也意识到适应的重要性,并希望能成功度过这个阶段,成长为更强大、更专业的组织。因此,HUFH利用焦点小组的调查结果为增强适应能力和战略规划提供依据,在这些规划中,他们探讨了以下问题:①如何平衡小组成员意见与会议制定的项目目标;②如何改善项目,提高效率,从而获得更大的利益;③如何衡量项目影响。在探讨了这些问题之后,他们发现了许多需要,包括重新审查主要任务,重组和振兴董事会和领导班子,加强对项目、人事、财务和市场营销的监督,以提高人们对组织的认识。接下来的章节将讨论 HUFH 如何更好地适应社区不断变化的需求,以及一个成熟的组织所面临的挑战。

从危机应对到长期医疗的进步

HUFH 是为应对 2010 年的大地震而成立的,最初的工作重点是提供紧急援助,为医疗机会有限的人群提供健康护理。HUFH 带来了药品和生活用品,但在志愿旅行结束后影响却不大,而且该组织与海地医学界的协调能力有限。然而,随着时间的推移,这种情况发生了巨大的变化。

随着地震后急需的医疗需求减少,HUFH目睹了数十万海地人长期遭受的极端贫困,他们无法获得足够的食物、清洁水源、卫生设施和医疗保健。因此,HUFH的使命开始变化,从一个只是每周派团队来工作的组织转变为一个具有更多使命的组织,它致力于提出可持续的方案,对当地产生积极影响。

HUFH对志愿旅游的危险和出现的问题有敏锐的认识。他们开始思考:我们是在帮助群众,还是在伤害他们?怎样才能使我们的工作开展?如何帮助海地工作人员学会管理这些项目?为了帮助 HUFH 提高适应能力以及获得成功,最重要的也许是倾听海地同事和他们所服务的社区的意见。

HUFH董事会的新主席投入了大量时间和资源,与志愿旅游团队一起在海地工作和访问。此外,她还与海地各小组保持沟通,并定期与卫生部进行交流,以确保HUFU工作的必要性和相关性。HUFH开始关注自身影响,以及他们的努力在哪些方面能为大多数人带来最大利益。其中包括提高方案的效率,以及培训社区保健工作人员和医务人员,再由他们培训其他人员,由此使影响成倍扩大。

志愿旅游团队的转变

HUFH 的志愿者队伍也在经历转型。HUFH 从作为大型诊所外延服务的医疗志愿者小组中,选取了有针对性的小组,他们重点关注某一领域,如儿科、眼科、宫颈癌、高血压、营养不良或清洁饮水等。全球卫生方案当中有很多年轻但缺乏经验的医疗工作者(Wallace,2012;Godfrey 等,2014;McCall 和 Iltis,2014;Staton,2015;Kushner,2016)。HUFH 的志愿者必须坚持"托起海地的明天"的核心价值观:①互利教育;②相互尊重;③社区协商与合作;④该地区人口的可持续性。这些年轻的志愿者在教员和海地医生护士的监督下工作。通过提供社区教育和进行符合道德规范的研究项目帮助社区受益,也是该方案的一部分。这份希望能够激励下一代并激励开展协调研究,以了解社区问题。

伙伴关系

加强与其他海地医疗组织(例如,希望健康行动、儿童医药和食品、克鲁登(Crudem)基金会、海地妈妈宝贝、海地第二英里、保罗·切斯特(Paul Chester)儿童希望基金会)及海地卫生部的联系提高了 HUFH 的效率。三家医院合作使 HUFH 能够扩大对外科和内科病人的护理范围,并与能够提供手术的组织合作,扩大了 HUFH 的范围和影响。虽然 HUFH 的工作重点仍然集中在医疗方面,但也有一些辅助方案,能直接增进它们所服务社区的健康福祉。例如,为了解决水卫生问题,HUFH 的小组为社区修理和建造了水井,并提供了过滤器和氯片。此外,HUFH 小组还协助社区进行清理工作,并向社区捐助。

在过去的七年里,HUFH 学习和适应了复杂的人道主义医疗工作。HUFH 一直努力应对全球卫生的挑战,更重要的是,它意识到志愿旅游可能弊大于利。作为一个成功的组织,HUFH 必须能够适应和发展,以满足不断变化的环境。HUFH 的目标是在更完善的医疗基础设施下,为海地管理方案的成功实施奠定基础。将海地人民的需要放在本组织和志愿人员的需要之前,对实现这一目标也至关重要。

局限性

任何研究都有一定的局限性,在对研究的结果进行探究时要明确这一点。首先,研究人员对焦点小组参与者的控制是有限的,因为他们是根据实际情况来招募的。因此,四个社区的焦点小组参与者之间存在差异。未来的研究可以根据参加 HUFH 项目的时间长短或人口统计分组来选择参与者。另一个局限是无法记录或转录焦点小组的讨论内容。这是研究者在今后的研究中应考虑的一个非常重要的因素,以便在回应研究问题时能够参考参与者的意见。他们在回答时所用的确切词汇和说话的语调、音量可以从多个方面反映他们在回答问题时的情绪。尽管未来的研究应该在能够控制外界噪音和干扰的空间内进行,但从研究人员记录和口译员的详细记录当中仍能听到受访者的声音。最后,由于医疗方案是根据海地社区的具体情况设定的,因此本研究向其他志愿旅游医疗组织推广时有一定的局限性。

结论

随着医疗志愿旅游越来越受欢迎,对这种旅游形式的积极和消极影响及其对健康福祉的总体贡献的批判性评估也成了重点问题。派遣志愿人员执行医疗任务的组织与其他任何组织一样,其适应能力是决定任务的长期可持续性的重要因素,这也能给当地群众的健康状况带来积极影响。HUFH 为其他医疗组织提供了许多经验教训,这些教训与困难但必要的远景规划和优先过程有关,尤其是对这样一个成熟的组织来说。本章通过 HUFH 的研究,希望能为其他类似的志愿者组织提供一些指导,这些组织正面临自身使命的变化。以下关键词展现了 HUFH 当前领导层在改善医疗志愿旅游方面取得的实际成果:

(1) 任务很重要:志愿旅游组织要有明确的任务,并得到员工、志愿者和当地社区的支持。重要的是,医疗目标应与任务相一致,并能定期进行评估以适应不断变化的社会和环境。

(2) 志愿者很重要:通过技能、动机和文化水平来招聘志愿者,这对于短期旅行的成功和项目的成功至关重要。没有志愿人员,何来志愿旅游?但志愿旅游可能会因志愿人员的错误组合而失败,这些志愿人员可能缺乏足够的专业知识或经验,或不能满足国际和发展中地区的独特医疗需求。

(3) 深度和广度:一个组织能做的有限。虽然卫生与生活和社区的许多方面都有关,但单一组织不需要考虑广度的问题,而应该与目标互补的组织进行合作。将重点放在某些人群和社区或特定的健康领域对长期可持续性具有战略意义。

(4) 长期投资:面对医疗志愿旅游只为社区提供短期援助的批评,必要的解决方法就是对开展志愿医疗旅游的社区和国家进行长期投资。志愿旅游不仅是对危机的一种反应,还可以是对当地社区的长期投资,因此最终的结果可能是当地不再需要医疗志愿者组织。

除实践意义外,本研究还为志愿旅游领域提供了理论参考。HUFH 展现了志愿旅游组织的适应能力,以及它们对卫生社区的贡献。为了提高志愿旅游组织应对内部和外部变化的恢复能力,进行自我评估并从社区及其合作伙伴那里获得反馈是十分必要的。志愿旅游和医疗志愿旅游面对的批判和挑战,则需要通过更好地了解健康问题、当地文化、环境和志愿者加以解决。通过承认变化并积极主动地应对变化,医疗志愿旅游可以实现其长期目标并维持医疗服务成果,而不是仅仅为慢性病提供临时解决办法。

参考文献

[1] Agrusa, J., Kim, S. S. and Wang, K. C. (2011) Mainland Chinese tourists to Hawaii: their characteristics and preferences. Journal of Travel and Tourism Marketing 28(3), 261-278.

[2] Alexander, Z. (2012) International volunteer tourism experience in South Africa: an investigation into the impact on the tourist. Journal of Hospitality Marketing and Management 21(7), 779-799.

[3] Armitage, D. (2005) Adaptive capacity and community-based natural resource

management. Environmen- tal Management 35(6),703-715.

[4] Atkins,S. G. (2012) Smartening-up voluntourism: SmartAid's expansion of the Personality-focused Performance Requirements Form (PPRF). International Journal of Tourism Research 14(4),369-390.

[5] Barbieri,C.,Santos,C. A. and Katsube,Y. (2012) Volunteer tourism: On-the-ground observations from Rwanda. Tourism Management 33(3),509-516.

[6] Bruni,F. (2016,August 13). To get to Harvard,go to Haiti? The New York Times. Retrieved from https://www.nytimes.com/2016/08/14/opinion/sunday/to-get-to-harvard-go-to-haiti.html (accessed 15 April 2017). Folke, C.,Carpenter,S.,Elmqvist,T.,Gunderson,L.,Holling,C. and Walker,B. (2002) Resilience and sustainable development: Building adaptive capacity in a world of transfomations. AMBIO: A Journal of the Human Environment 31(5),437-440.

[7] Folke,C.,Colding,J. and Berkes,F. (2003) Synthesis: building resilience and adaptive capacity in social-ecological systems. In: Berkes,F.,Colding,J. and Folke,C. (eds) Navigating Social-Ecological Systems: Building Resilience for Complexity and Change. Cambridge University Press,Cambridge,pp. 352-387.

[8] Godfrey,J.,Wearing,S. and Schulenkorf,N. (2014) Medical volunteer tourism as an alternative to back- packing in Peru. Tourism Planning and Development 12(1),111-122.

[9] Guttentag,D. A. (2009) The possible negative impacts of volunteer tourism. International Journal of Tourism Research 11,537-551.

[10] Guttentag,D. A. (2011) Volunteer tourism: As good as it seems? Tourism Recreation Research 36(1),69-74.

[11] Kao,C. (n. d.). Haiti's multi-billion dollar humanitarian aid problem. Available at: http://www.huffingtonpost.com/young-professionals-in-foreign-policy/haitis-multi-billion-doll_b_8207494.html (accessed 15 April 2017).

[12] Kolbe,A. R.,Brookes,K. and Muggah,R. (2013) Is Tourism Haiti's Magic Bullet? An Empirical Treatment of Haiti's Tourism Potential. Igarapé Institute,Rio de Janeiro,Brazil.

[13] Kushner,J. (2016) The voluntourist's dilemma. The New York Times Magazine. Available at: https://www.nytimes.com/2016/03/22/magazine/the-voluntourists-dilemma.html?_r=1 (accessed 15 April 2017).

[14] Lester,D. L.,Pamell,J. A. and Carraher,S. (2003) Organizational life cycle: A five-stage empirical scale. International Journal of Organizational Analysis 11(4),339-354.

[15] Loiseau,B.,Sibbald,R.,Raman,S. A.,Darren,B.,Loh,L. C. and Dimaras,

H. (2016) Perceptions of the role of short-term volunteerism in international development: views from volunteers, local hosts, and community members. Journal of Tropical Medicine, 2016, 2569732.

[16] Male, R. I. (n. d.). Life cycles of nonprofit and nongovernmental organizations. Available from http://www.richardmale.com (accessed 15 April 2017).

[17] McCall, D. and Iltis, A. S. (2014) Health care voluntourism: addressing ethical concerns of undergraduate student participation in global health volunteer work. HEC Forum 26(4), 285-297.

[18] McGehee, N. G. (2014) Volunteer tourism: evolution, issues and futures. Journal of Sustainable Tourism 22(6), 847-854.

[19] McGehee, N. G. and Santos, C. A. (2005) Social change, discourse and volunteer tourism. Annals of Tourism Research 32(3), 760-779.

[20] McIntosh, A. J. and Zahra, A. (2007) A cultural encounter through volunteer tourism: towards the ideals of sustainable tourism? Journal of Sustainable Tourism 155, 541-556.

[21] McLennan, S. (2014) Medical voluntourism in Honduras: "Helping" the poor? Progress in Development Studies 14(2), 163-179.

[22] Murray, J. S. (2015) Ethical considerations: pediatric short-term medical missions in developing countries. Issues in Comprehensive Pediatric Nursing 39(1), 1-11.

[23] Sentlinger, K. (n. d.). Water in Crisis-Haiti. Available at: https://thewaterproject.org/water-crisis/water-in-crisis-haiti (accessed 15 April 2017).

[24] Séraphin, H., Butler, C. and Vanessa, G. G. B. (2013) Entrepreneurship in the tourism sector: a comparative approach of Haiti, coastal Kenya and Mauritius. Journal of Hospitality and Tourism 11(2), 72.

[25] Sin, H. L. (2009) Volunteer tourism—"involve me and I will learn"? Annals of Tourism Research 36(3), 480-501.

[26] Staton, M. L. (2015) 7 reasons why your two week trip to Haiti doesn't matter: Calling bull on "service trips". Available at: http://almost.thedoctorschannel.com/14323-2/ (accessed 15 April 2017).

[27] Taplin, J., Dredge, D. and Scherrer, P. (2014) Monitoring and evaluating volunteer tourism: a review and analytical framework. Journal of Sustainable Tourism 22(6), 874-897.

[28] Thermil, A. R. and Sheaffer, A. L. (2004) Perceptions of Haitians toward tourism development in rural Haiti. Symposium - Proceedings of the 2004 Northeastern Recreation Research Symposium, GTR- NE-326, 200-208.

[29] voluntourism. org (2014) Definition of voluntourism. Available at: voluntourism. org (accessed 4 February 2015).

[30] Wallace, L. J. (2012) Does pre-medical "voluntourism" improve the health of communities abroad? Journal of Global Health Perspectives Aug(1), 1-5.

[31] Wearing, S. (2001) Volunteer Tourism: Experiences that Make a Difference. CABI Publishing, New York, USA.

[32] Wearing, S. and McGehee, N. G. (2013) Volunteer tourism: A review. Tourism Management 38, 120-130. World Food Programme (2015) Haiti. Available from http://www1. wfp. org/countries/haiti (accessed 12 November 2017).

[33] World Health Organization (2014) Twelfth General Programme of Work 2014-2019: Not merely the absence of disease. Retrieved from http://apps. who. int/iris/bitstream/10665/112792/1/GPW_2014-2019_eng. pdf (accessed 15 April 2017).

[34] World Health Organization(2017a). Malnutrition. Available at: http://www. who. int/mediacentre/factsheets/ malnutrition/en/ (accessed 2 June 2017).

9. 地点象征、记忆和志愿收入计划之间的关系：石坦崖贴纸活动

邓肯·马森、艾玛·波普

引言

自 1951 年英国峰区国家公园成立以来，英国国家公园管理机构在保护和管理英国最热门、景色最宜人的自然区域方面发挥着越来越多样且复杂的作用。虽然《国家公园和乡村开发法案》(1949)和修订后的《环境法》(1995)最初出台时，就支持建立一套类似于保护、机遇、享受和社会福祉的结构化原则，但国家公园所处的大环境是随时变化的，容易受到宏观和微观变化的影响。现在，所有国家公园的关注点都集中在确定公园与人之间所谓的"紧张关系"上（Barker 和 Stockdale，2008）。从许多方面来说，英国国家公园的管理部门关注这一紧张关系不足为奇，因为"空间界线"一词产生于 1932 年的 Kinder Trespass 等社会运动，由此引领了 1949 年英国的立法变革。自此，旅游业的民主化程度有所提高，国家公园旅游的国内和国际市场也不断发展壮大。

由于英国国家公园近期在数据收集上遇到了困难，因此最近的游客数据较少，2009 年至 2012 年的预测表明，每年约有 7300 万游客为英国经济带来超过 55 亿英镑的收入（数据来自 nationalparks.gov.UK）。同样值得注意的是，近几十年来，各种群体的娱乐需求不断增加，游客前往景点（如自然景色和遗产）的积极性也越来越高（Jepson，2015）。和其他国家公园一样，峰区国家公园也是通过融入独特的元素来加强自身的象征性。白色的石灰岩山谷、暗峰露出的砂砾岩与沼泽地形成了鲜明的对比，进一步增强了当地旅游业的美学性质和独特景观效果。从区域上看，历史上峰区一直位于英国中部地区的工业中心地带，自古以来就是大曼彻斯特和英格兰北部地区之间的一道屏障。因此，这种美学与该地区的工业历史密不可分，而这种关系也强化了峰区的象征意义，库克（Cook，1996）热情地阐述了这种关系：

> ……不是风景使它们与众不同，而是湍急的溪流、煤田和工业革命等结合在一起形成了工业城镇，这一工业城镇网络又与山谷结合……这一独特性通常来自山顶的景色：一边是工业化景观，或者至少是工业化的前期景观；另一边是黑泥炭和绿宝石沼泽的高原，一直延伸到荒野联盟保护区的

上游……(1996,p.147)

这种说法加强了象征意义之间的联系,加上历史和当代的微观和宏观变化也给国家公园带来了不可避免的压力。这无疑要求人们用新方式来理解景点的重要性,以及利益相关者对景点的解读如何有助于未来的管理。本章将这一点作为中心原则进行探讨,尤其关注该地区的象征性和亲和力是如何通过不同的娱乐团体形成的,以及这种象征性对管理的作用,例如鼓励参与志愿收入计划(VIS)(即游客为公园捐赠资金)。

石坦崖的背景和贴纸

峰区国家公园距离英国第五大城市谢菲尔德仅 6 英里(约 9.66 千米),公园的石坦崖北李斯庄园每年接待游客超过 50 万人次(峰区国家公园管理局,2017)。该地景色的重点包括:

景区支持多种娱乐活动,包括登山、散步、观鸟、骑单车、山地车、露营、骑马、悬挂式滑翔及高崖跳伞。

峰区国家公园是环颈鸫的重要栖息地,据说这种鸟能体现"人与这里重要自然景观保护的脆弱关系"。

被视为登山运动的发源地,凭借 1200 多条登山路线和抱石运动(有垫子但没有绳索或其他保护设备的低层攀岩运动)而闻名世界。

具有文化意义,不仅与文学名著有关,还是电影拍摄场地(包括《傲慢与偏见》的拍摄地点)(来自 http://www.peakdistrict.gov.uk/visiting/stanage-and-north-lees)。

该地的另一个独特之处是曾有过公众提供管理经费的历史。石坦崖论坛和指导小组成立于 2000 年,当时利益相关者认为"公园管理局的停车场收费计划"是在"向娱乐征税",这架收费机器正在"使乡村逐渐城市化"(Bramwell 和 Cox,2009,p.197)。论坛制定了 2002—2012 年管理计划,被认为具有里程碑意义,因为它是第一个与游客合作的公共财产管理计划(峰区国家公园管理局,2016)。2013 年在公园表示可能出售石坦崖之后,人们发起了一项请愿,要求将石坦崖保留为公共所有。人们担心峰区国家公园管理局可能会因为经费不足而疏忽了对景区的保护和开发(英国登山协会,2013)。有人预测登山者们不愿再把资金投入到石坦崖(英国登山协会,2014),石坦崖贴纸的推出(英国登山协会,2015)打消了人们的疑虑。石坦崖贴纸于 2015 年春季推出,售价 15 英镑,所得收益全部用于国家公园,同时贴纸买家可以享受一年的免费停车和露营折扣优惠。截至 2016 年 1 月,贴纸收入为 6300 英镑(石坦崖论坛指导小组,2016),这笔款项主要用于改善景区、鸟类保护、林地管理和游客信息管理(峰区国家公园管理局,2015)。

上述观点提到了地理邻近、地点连通以及对个人和环境的益处,这建立起了游客与公园之间的关键联系。因此,有必要进一步探讨这种联系的起源和自然环境保护的观念。理查森(Richardson)和谢菲尔德(Sheffield)(2015)进一步强调了人和地之间的互利关系,他还强调,与自然建立联系要先了解个体差异,"因为那些联系更紧密的人往往更关心环境并从中获益更多"(p.166)。布莱克利(Bleakley,2016,p.9)提出转变态度对认识自然的重要性很有必要,"我们的自我意识过剩,又面临生态危机,所以需要恢复对周围世界的敏感——我们要感知它的呼喊和欢乐,它的苦难和美好"。萨克(Suckall)等人强调了认识地方的苦难和美之间的关系。(2009,p.1197),"正如罗尔斯顿(Rolston,2002)所说,'美丽和责任'之间是有联系的,一个人如果觉得某个地方很美,就更容易感受到保护它的责任"。

探索游客记忆不仅能帮助理解场所依恋,而且在可持续管理中可以直接利用这一倾向,这暗示了自我与生态,美丽与责任的融合。

地点象征、归属感和叙述

"美与责任"的结合,增强了个人阐释和集体意义,使景点更具有意义和象征性(Milligan,1998)。因此,各种群体出于各种有形和无形的原因赋予景点价值(Halpenny,2010)。这表明,旅游不是纯粹的视觉消费,而是游客可以参与进来并进行自我反思的活动,在旅游过程中,旅游景点也不只是可以开展活动的场所(Meethan,2006)。目的地的管理者还可以通过创造体验来影响场所依恋等概念的产生,游客在体验时也带着情感,体验过程允许游客自我表达、实现成长和形成意识(Tsai,2012),这进一步证明了空间和场所的区别和重要性。场所依恋的多维性还包括场所效果、人与场所之间的情感关系;场所依恋、功能与场所互动;地方社会纽带、人际关系和地方认同,以及自我与场所之间的联系(Ramkissoon等,2012)。

普拉桑斯基(Proshansky,1978,p.155)曾经将地方认同定义为体现能决定与物质环境相关的个体特征的个人维度;地方认同的实现需要依靠与个人维度相关的复杂因素,包括与环境有关的个人有意或无意的想法、信仰、偏好、感觉、价值观、目的和行为趋向,地方认同就整合了这两部分。地方认同概念的出现最终要归因于人的情绪反应;个人可以通过亲身感受环境当前面临的威胁来造福环境(Clayton 和 Myers,2009)。因此,地点管理者不仅可以鼓励这种依恋情绪,而且,本章也探讨了如何利用场所意义来鼓励人们参与环境保护,特别是通过志愿捐款这种方式。这或许与峰区国家公园有特别的联系,在那里人们有大量机会参与娱乐活动和冒险,人们之所以会参与,可能为了传达冒险的"自我形象"(Ewert 等,2013)。它还强调了如何通过选择生活方式来体现社会身份的重要性,这代表了消费行为的独特价值(Zografos 和 Allcroft,2007)。

地点价值也会受到个人对自然的看法的影响。极端的人类中心主义把环境看作商品,较为温和的人类中心主义关注的是自然对人类的价值,但更侧重于自然对个人成长的益处(Cocks 和 Simp-Son,2015)。一个支持人类中心主义的人可能会因为环境保护带来的好处而支持环保(即保护人类娱乐的场所),而一个支持生态中心主义的人则纯粹是基于对自然的尊重(Xu 和 Fox,2014)。布吕格(Brügger)(2011)等人进一步阐述了这一点。他们指出,有些人承认个人的(环境)亲和力,并将积极经验转化为生态承诺;而另一些人则将人性格当中保护环境的观念看作解释。这与管理概念和个人在自然环境中的幸福感产生了共鸣,使人们产生了为环境福祉做出贡献的想法(Willis,2015)。因此,在现代管理中,环境和个人福祉是不可分割的,要将生态与自我,以及场所与自我融合,通过归属感潜在影响人们为景观福祉做贡献的能力。

地点互动和成就是影响志愿捐赠的变量

景点的娱乐环境可能是依赖情感产生的来源,它源于功能意义或情感象征意义(Schreyer 等,1981)。这意味着景点作为娱乐场所的功能意义与情感意义之间的区别和潜在的相互关系,即消费决定更多基于个人联系,而这种个人联系具有多重意义。符号互动论和以上三个前提可以为我们提供一种方式,帮助我们理解地点的含义:人们对事物的行为是基于事物对他们的意义,这种意义产生于社交过程以及个人对此进行阐释的过程(Blumer,1986)。理解这种意义以及与地点有关联的价值可以使这种象征形成一个循环,游客是社会互动的一部分,这种社会互动又利用景点内部的生态互动来创造意义共享。

志愿收入计划

多年来,国家公园管理者一直在"付费入场"的做法上反复纠结(White 和 Lovett,1999)。虽然这种做法在美国不同地区的执行差异很大,但在英国(由于国家公园边界的性质、执行历史、与行动主义和侵入运动的关系等),国家公园管理者普遍认为这种讨论无益于解决环境管理中固有的资金难题。最近,人们越来越多地提到类似志愿提供资金的做法。这一做法的核心是人们的基本需求,即了解国家公园的游客如何通过多样化的方法明白他们目前在环境保护投资方面的作用和责任。至少从理论上讲,国家公园的"付费入场"可以通过自愿投资来实现,这也体现了当代旅游和娱乐的慈善性和利他性。

旅游业中的利他主义合作并不新奇(Fennell,2006),而且这种合作正在全球范围内得到越来越多的关注。盖尔奇(Gelcic)等人(2013)强调了全球生态脆弱地区(城市和自然地区)都面临着难以获得资金对景区进行有效管理的问题。这营造了一种竞争环境,在这种环境中潜在的收入来源正在减少,但养护管理和可持续计划的要求却越来越高。因此,游客的利他行为成为获得资金的有效方法也不足为奇。随着这种认识的提高,用于描述这种非强制性经济投入的术语数量也越来越多。从本研究的目的出发,这些概念被归类为与政治参与有关的单个VIS(志愿收入计划)术语,例如:

(1) 小额捐款;
(2) 志愿捐款机制;
(3) 环境服务的付费机制;
(4) 社会行动主义;
(5) 个人捐赠;
(6) 个人筹资;

(7) 志愿服务。

最重要的是，上述概念表现了主客体与环境之间互惠互利的关系。不仅能刺激经济，而且还有助于主客关系发展，具有社会效益。诺威利（Novelli）等人（2016，p.826）支持这一观点，他建议举办后现代慈善活动，为社区项目带来更多价值，而不是把钱一下子捐掉，这样还能增强地方社区的能力，为可持续创新活动提供小额融资。查韦斯（Chaves，2007，p.13）进一步阐述道，环境服务付费机制是一种灵活的补偿机制，通过这种机制，服务提供者可以得到来自享受者的报酬。对游客来说，这种好处源于提供服务或参与体验，同时又有利于当地居民和环境。而且，这种活动是自愿的，而不是强制性的资金捐助，这一点至关重要。在这里，人们认为这种志愿投资是旅游体验中潜在的强大激励因素，有利于进一步了解人们的行为对增进福祉有什么作用，而这又反过来加强了游客行为中利他主义和利己主义之间的关系，也利于研究志愿收入捐赠时人们的具体动机。旅游经历的互惠性质自然重要，帕拉斯克维蒂斯（Paraskevaidis）和安卓提斯（Andriotis）（2017，p.27）将其称为旅游消费中的"互惠"与"真实"利他行为的对比。"真正的利他主义"的本质在这里是指我们对真正的利他行为的认识会随着时间而变化。从本质上讲，国家公园内娱乐和旅游的性质取决于利益相关者之间的接触（Murphy，2014），这体现了环境管理团体将志愿收入计划纳入整体娱乐体验的必要性。这一行动是具有前瞻性的，因为它开始质疑影响国家公园现代娱乐活动的因素，以及需求如何能够鼓励游客的利他行为。这体现了人们在看待什么能激励游客为志愿收入计划做出贡献这一问题时的潜在思维转变。卡德纳斯（Cárdenas）和卢（Lew）（2016）研究了人们为加拉帕戈斯群岛物种恢复计划捐款的意愿，该研究强调了以往为环境事业提供捐助的重要性，认为这对于今后的捐助具有积极意义，这也许就确定了真正的利他主义和互惠利他主义之间的模糊界限，因为它们反向确定了人们考虑为环保捐款时的"参与动机"（能够相互联系的娱乐活动）对游客具有重要价值（Cárdenas和 Lew，2016，p.7）。

这种志愿收入计划在实施的过程中并不是一帆风顺的。Heldt（2010）开展的工作就证实了在瑞典进行小额捐赠时遇到的困难。人们认为，最初该计划参与度低是由于营销和宣传不力，以及很少从游客（这里指滑雪者）的角度理解该计划。这确实表明了一个基本论点，即参与志愿收入计划（VIS）的成功与否取决于向用户提供的关于资金使用情况的信息类型。莱西（Lacey）等人（2016）提出，慈善旅游业也需要考虑志愿行为守则和认证计划，以提高志愿捐款的重要性。

已有的文献为本章的观点提供了支撑，即慈善旅游的概念可以应用于国内旅游景点，如英国峰区国家公园的石坦崖。对这样一项政策成功实施可能性的初步探索是从研究如何克服最初挑战开始的。

石坦崖贴纸销售计划旨在满足用户保护独特景观（纽曼在峰区国家公园管理局，2015）的愿望，这也暗示了人们参与社会管理和财务管理的意识——加强了利他主义和娱乐，以及个人和地方福祉之间的联系。

研究方法

本研究在设计中采用了混合方法,实施了两个主要方面。这里的综合平衡法能帮助研究者了解游客在石坦崖的游览记忆,同时也提供了与志愿收入计划有关的数据。研究者也与峰区国家公园管理局展开合作,问卷的一部分包括人口统计信息,石坦崖贴纸的购买决定以及对景区管理的看法。为了更深入地理解石坦崖的象征性质以及对个人体验的解读,问卷还采用了叙述法和图片诱导法。对地点记忆和依恋进行理解和主题分析是本章的重点。研究者从北李斯石坦崖的推特账户中抽取了调查对象,该账户提高了该地的知名度,尤其提高了在特定群体(石坦崖论坛指导小组,2016)中的知名度,以及在代表各种娱乐群体的特殊"文化把关人"(例如英国登山协会)当中的知名度。他们也在其他社交媒体账户上分享了问卷,由此产生了滚雪球的抽样方法。寻求调查表的质量反馈的目的是获得更多的答复。这期间我们获得了189个可用的数据集,每一个数据集展现了受访者的自身经历,主要是通过以下方式。

进行开放式讨论,要求他们描述在石坦崖最重要的记忆。

要求受访者从五张照片中选出一张对他们最有意义的照片,并说明原因。

对景观的解读不仅来自环境的物理属性,也"与符号、意义、话语和叙述有关,这些都储存在人的头脑中,构成理解甚至读懂景观的基础"(van Marwijk 等,2007, p. 62)。这种个人叙述赋予生活经历以意义,并通过意义的内容,而不是意义的多少来研究一个地方被重视的程度(Stewart,2008)。从表面上看,了解和共享多个用户群体(如石坦崖游客)之间的不同价值观可以改变人们对自然的看法,从而促进景区的可持续管理,因为共同的价值观是受到众人认可的,有助于推广石坦崖贴纸活动的"我们要保护"的宣传语,还能增强人们的包容性。可以说,传递记忆也会传递对景观的各种解读,目的是将其转化为志愿收入计划,刺激用户为景观维护捐款。

为了理解与石坦崖相关的故事和象征意义,研究者通过图片诱导法明确地将景观图像纳入研究(见图9-1);洛夫勒(Loeffler,2004, p. 537)曾用此方法"调查户外体验的内在重要性"。这也被认为是一种替代体验的方式,弥补在线调查问卷产生的人与地点之间的空间差距。这些照片选自石坦崖的推特账户,由现场管理员拍摄,是根据文献为本研究特意挑选出来的,与研究目的无关。

但问卷也有局限性,即无法激发调查对象的回答欲望,尽管这本身很有趣,尤其是在社交媒体上,特别是在推特这样短而快的信息传递平台上回答。不限定回答长度的自由似乎催生了一种更自愿的记忆建构和意义表达。以下各部分介绍并讨论了从主要数据收集中得出的结论。

待考虑的新主题

熟悉度和标志物的建立

在189名受访者中,只有35人(19%)购买了石坦崖贴纸。通过观察两大主要游客群体发现,登山者比步行者买得多:登山者占了购买人数的43%($n=22$),而步行者只占6%($n=4$)。有趣的是,对于这一计划以及为鼓励参与VIS(志愿收入计划)而进行的这项研究来说,不买贴纸的游客主要是因为不知道有这种产品(这种情况占了55%)。毋庸置疑,这表明向不同用户群体推广VIS(志愿收入计划)对于初期收入至关重要(Heldt,2010)。这表明,我们还有更多的机会利用文化把关人了解游客(包括线上和线下)的感受,特别是娱乐动机可能源于价值认同和与志同道合者之间的包容性(Ewert等,2013)。

(a) 石坦崖种植园

(b) 石坦崖边沿顶部的景色

(c) 薯条店扶壁

(d) 路边停车点

(e) 石坦崖之极

图 9-1 石坦崖

(a) 石坦崖种植园:展示了活动(例如攀岩)场所的物理属性和"石坦崖边沿"的景色;(b) 石坦崖边沿(Stanage Edge)顶部的景色;石坦崖顶部的"标志性"景观;(c) 薯条店扶壁:该地综合了石坦崖的自然、野生动物、攀岩或抱石路线等各个方面;(d) 路边停车点:展现了景点的损坏情况,面临的管理问题和保护问题,以及"我们需要保护"的概念;(e) 石坦崖之极:它代表了石坦崖在旅游和人类遗产方面的历史文化意义。

虽然本章注重游客的主观叙述(而不是整体调查数据),但有趣的是,影响石坦崖未来发展的反而是该景点日益增长的人气。这点很重要,因为虽然游客数量增加会对环境造成负面影响是共识,下文材料也讨论了地点的象征性质在用户交流方面的强大内涵。但是从根本上说,正是这种双重性质给石坦崖带来了重大挑战,包括游客增加造成的环境破坏保护管理(Murphy,2014)。这可能需要人们重新思考,是否要明确已经造成的环境破坏,从而有效鼓励人们投资志愿收入计划。

图9-2展示了从受访者对地点的深刻记忆中提取的主题,并提供了研究切入点,以便更深入地探究叙述主题的内容,即旅游促进因素或地点属性、游憩标志/记忆、景观及视角。尽管有人们经常提到的主题,但思考它们的不同意义还是很有趣的;石坦崖提供了大量的娱乐产品,激发了人们的游览欲望,同时也呈现了各种相互关联但较少提及的主题。这些主题可以是经验的"增强剂",帮助人们在共享的象征景观中创造记忆(Milligan,1998)。

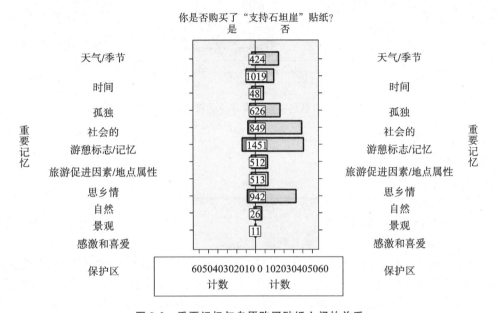

图 9-2　重要记忆与自愿购买贴纸之间的关系

图9-3显示,同样,按照记忆,贴纸购买者和非购买者中按比例选择了相同的三个图像(图9-1(a)、图9-1(b)、图9-1(c)),进一步暗示了使用记忆生成象征地点的类似过程。这些展示了石坦崖独特的景观和自然资源,可以说是通过照片中的象征手法,为个人记忆提供了参考点。

大众熟知的独特记忆

从主题上看,在探究照片选择的原因时,会发现一些有趣的内容,这些内容乍一看可能会被当作矛盾。然而,这些主题突出了参与娱乐活动和观赏景点之间的关系。在独特和熟悉这两个组成部分之间存在着双重性,通过这项研究,人们有更充分的理由将这些有趣因素纳入鼓励志愿捐赠计划。

图 9-1(a):我立马认出这是石坦崖的景致,脸上浮现出笑容。(徒步者)

图 9-1(a):这表现了石坦崖的壮观,它让我想起了自己是多么热爱沿着山顶奔跑,耳边响起的是环锁的声音。(跑步者)

图 9-1(a)和图9-1(b)都给人一种熟悉感。图 9-1(a)是在石坦崖种植园区内拍摄

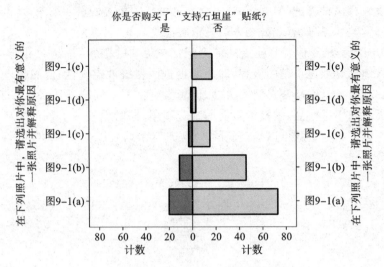

图 9-3 自愿购买贴纸与照片选择之间的关系

的,主人公在仰望种植园的巨石和裸露的砂砾石,游客的叙述在以下层面表现出了熟悉的感觉,这很有趣:

(1) 通过旅游活动熟悉;
(2) 通过其他用户群体的所见所闻熟悉;
(3) 通过回忆满足感熟悉;
(4) 通过与网站相关的个人/家庭历史熟悉。

从这个意义上来说,石坦崖作为旅游娱乐场所的象征性在每次游览的各个时间点都得到了加强,但也难免会有一些因素对此产生影响(气候、旅游团体规模、一天中的时间、季节等)。然而,在每一次具体参观时,通过不断熟悉的过程,石坦崖的标志性特征得到了强化。关于如何按"之前—当时—事后"三个阶段来促进环境保护,特别是在鼓励游客参与保护方面,引发了有趣的讨论。这可以促使人们回忆熟悉的经历,感受这些经历的价值,促进与自我和环境的联系(Greenaway 和 Knapp,2015)。

虽然图 9-1(a)与攀岩和抱石运动的联系最紧密,但有趣的是,其他游客对图 9-1(a)也很熟悉,特别是散步者和登山运动员。目前,石坦崖景区的压力之一是旅游团增加,旅游团的多样性同时也是游客场所依恋的一部分(一种期望),这一点也很重要。尽管人们追求孤独的感觉,但数据表明,孤独是意料之外的心情,就像晴天的夜晚一样,我们是否能经历这些有时要看运气。

景色是对体验的强化

通过独特元素构建记忆使人们对石坦崖景观美的认识不尽相同,对美的反思性诠释不仅源于自然景观,也与符号和叙事有关(van Marwijk 等,2007)。与石坦崖边沿的标志性景观的回忆和启发形成对比的是,许多重要的记忆都体现了特定环境是如何使景观变得独特的,其中包括日落、阳光和孤独的清晨等典型元素,体现着石坦崖旅游体验的"最强"象征性:

清晨,一个人孤独地听一只雄性乌鸫鸟对着巢里的配偶唱着轻柔的歌。(鸟类观察家)

我和妻子一起喝着酒看日落。(登山者)

最令人难忘的是当山谷云雾缭绕,只看得见像岛屿的山顶。雪中的景色随即呈现。(散步者)

重要记忆也包含一些"不完美"的成分,以下受访者的评论就是证明:

冰雹和风中的宁静与孤独。(跑步者)

我们冒着暴雨和猛烈的西风从莫斯卡走到雷德米雷斯,虽然穿了雨衣,但还是湿透了。(散步者)

这些例子突出了英国气候的多样性对旅游体验,以及对随后的记忆和地点的重要性。从物理层面来说,景观是由气候条件塑造的,气候还在旅游体验上塑造景观(Jepson,2015),并由此塑造了我们对场所的象征记忆。作为一个旅游和娱乐场所,石坦崖广泛践行将美与气候结合的做法。更有趣的是探讨通过多种方式欣赏同一地点时季节性体验的意义,及其与可持续管理和环境保护所需的多样性之间的关系。

娱乐体验刺激:设定目标和建立标志

用户对环境的适应程度可能会影响户外体验,这种情况被称为游客—环境匹配(Tsaur等,2014)。有一位受访者提到了这一概念,他在谈到图9-1(a)时说:

图9-1(a):作为一个登山者,在胡克斯停车场看到的几乎是石坦崖最具标志性的景色。(登山者)

以上陈述有许多含义,体现了场所意义是如何产生的,特别是受访者的摄影选择。"标志性"一词的使用强化了石坦崖这一特定区域对攀岩爱好者们的象征性质(这一主题源自许多游客记忆),表明石坦崖已被视为攀岩的发源地。(资料来源:http://www.peakdistrict.gov.uk/visiting/stanage-and-north-lees)

"几乎"和"作为一个登山者"这两处表达,表明这里需要突出强调用户群体之间的区别,即石坦崖的哪些区域可以被认为是标志性区域。对"胡克斯停车场"的描述进一步提到了游客的个人体验,他们在哪里停车,以及这如何影响他们对景点的看法,这帮助我们构建了场所的象征意义。游客的看法是其他受访者记忆中的特征,即他们如何在来之前"寻找",如何在离开时"回顾",通过前后参与娱乐活动来加强地点印象。

通过对同一幅图像的不同解读,"契合"的程度差异尤为明显。"这说明了我游览石坦崖的原因";"攀登"体现了某种程度的可替代性;最具标志性的区域是攀岩区域,而不是整个景区。相反,其他人则将同样的景观描述为"世界上最美丽的岩石之一",他们认为石坦崖具有更大范围的意义,将美学融入到对物理属性的解读中,为娱乐提供了载体。

值得关注的是,这是否表明像石坦崖这样的景点对一些人来说只是进行娱乐活动的场所?布德鲁克(Budruk)和斯坦尼斯(Stanis)(2013,p.59)指出了一个有趣的难题,即"旅游景点是不是从获得某种体验的场所变成了一个仅仅因为其自身价值就受到重视的场所?"对游客记忆进行的主题分析表明,游玩与景观审美之间存在着相互关系,这在大部分受访者的旅游记忆中都有体现。但值得注意的是,越来越多的用户将他们的象征性记忆建立在了地点的主要价值上,将景点作为满足需求、实现目标和具有标志性意义的"娱乐场所"。人们参与娱乐活动历来包括不断实现目标的过程。对于像专业步行者和山地自行车手这样的人来说,这一过程包括将石坦崖作为其中一个目标。因此,正是在这种情况下,才有可能解释诸如"我第一次骑自行车沿石阶到种植园",以及"我从 20 世纪 80 年代至 21 世纪初一直行驶在这条历史悠久的罗马大道上"之类的评论。

这对攀岩者来说也差不多,但成功登上"石坦崖边沿"具有重要价值,因为攀登者要穿越数千条单节路线和巨石,从入门路线到技术上最困难的路线,都要经历重重危险。许多路线对于攀岩者、传统攀岩者、抱石运动者来说都是具有标志性的,因此成功攀登这些路线也具有特殊价值。各种标志物的可实现性与场地的标志性,加强了娱乐活动的成就对象征性欣赏这一概念的重要程度。在景点内推广 VIS(志愿收入计划)时的预期做法是利用景点的重要性及独特性,因此我们在考虑增加内容时提到了环境脆弱性。然而,这次调查中提出的观点认为,由于娱乐活动中的成就是通过游客记忆凸显的,且与景点明显相关,因此在推广诸如志愿捐款等保护计划时,我们应该赋予它们价值。有趣的是,只有一小部分的受访者强调了景观的重要性和深刻记忆中保护环境的必要性之间的关系。

这进一步弱化了该地在以下情况中的可替代性,即场所属性、娱乐成就和个人进步相结合的情况,例如:

> 可列举的太多了。像许多登山者一样,我在我攀登过的路线上打勾。我在路线旁边记下了日期和同行者。我只需要打开我的石坦崖旅游指南,看看这些带有记号的攀登路线,就能看到日期和简短的笔记,还有在石坦崖的回忆……(登山者)

从这个意义上来说,"美"(逃到户外、孤独、风景)与娱乐的"责任"(实现成就、进步)是平衡的。正是这两个概念之间的相互联系为游客提供了最佳体验,使攀岩这样的活动"远不止是一种活动,而是转化成了一种有意义的体验和一种理解世界的方式"(Brymer 和 Schweitzer,2015,p.137)。从"这是我第一次攀岩,那一刻我意识到石坦崖是我想长久停留的地方"这样的回答中可以看出这一点,这句话彰显了旅游场所的象征意义,是为了创造个人象征意义。从一个重要的标志("我的第一次攀登"),到通过回忆那段经历而产生持续的亲近感("我成功地攀登了以前攀登失败的一条路线,现在它是我最喜欢的路线"),这一过程不仅承认提到了我们需要参考的发展的基准点,而且揭示了未来旅游发展的前景(图 9-1(a) Care-less Torque)。

这里再次突出了与景观的持续关系,即景观能够提供持续的成就感和依赖感(Tsaur 等,2014)。一些受访者在围绕特定记忆进行符号建构时的困难进一步证明了这一点:

谁说Terazza裂缝和L&R不可征服,只要你步行去看看那些山道,就会发现在檐口挖的隧道两年前就贯通了！(登山者)

太多的美好时光。和怀特·万德(White Wand),布拉德·皮特(Brad Pit)一起,人的本性就是如此。(抱石运动员)

最后,正如下面的引文所说,娱乐活动能帮助人们确立新的人生目标,这象征性地暗示了娱乐活动对景点的价值：

图9-1(b)：因为这幅图展示了石坦崖的规模。它对我来说不仅仅是一件事或是一段记忆,它已经深入我的生活。(登山者)

研究者在考虑如何将分析应用到鼓励人们参与VIS(志愿收入计划)时,补充了卡德纳斯(Cárdenas)和卢(Lew)(2016)的观点,即环保捐赠的历史和与地点的关系会影响志愿捐赠。当游客在石坦崖游玩时,他们进行的不仅仅是一项活动,而且是一系列的户外体验,这进一步增强了象征意义,以及游客与景点的密切联系。这一过程可以影响其他游客群体的带头人,但更重要的是有助于理解和描绘个人或团体在某地的旅游史,这也有助于鼓励人们志愿参与保护。

结论

本章提出,通过传递记忆重温快乐时刻,能让人们明白回忆对游客、其他群体以及环境保护的价值。因此,人们认为自我、生态/美和责任的概念是场所通过记忆展现了个人过往的成就和庆祝时刻,然后反过来通过展现与游客的密切联系来展现场所的重要性。另外,鼓励游客分享旅游故事可以帮助人们认识"美丽与责任"之间的关系,从而自发为景区捐款。VIS(志愿收入计划)的使用率越来越高,顺利的话,景区可以利用游客志愿捐款实现自我管理。然而,提高游客对志愿收入计划的重视明显存在困难,特别是在国家公园仍然依赖公共投资才能生存的情况下。这种投资方式强调要通过公共财政渠道,且在税收支付的观念已经普遍存在的背景下进行,影响游客"捐款"的动机。

购买石坦崖贴纸为景区保护提供了支持,而只有通过游客对景点的依赖感才能激发游客自愿参与的意愿,因为游客会有一种"我们必须保护它"的感觉。本研究进一步探讨了为什么要保护石坦崖,同时结合了景点的历史和美学,这些景色成为游客来此游览的关键推动因素,同时也是如今该地旅游业重要的推动因素(例如娱乐目标和成就),这些因素在当代社会似乎越来越重要。它们不仅增强了游客体验,也说明了为什么我们都应该参与保护。这里提出的论点是,这种通过个人成就与象征地点建立起来的联系可以用来增强人们志愿保护脆弱地区的意愿,这些地区也有越来越多的旅游团体参与进来。因此,VIS(志愿收入计划)强调个人成就与记忆之间的联系,以及这种联系对环境保护的重要性。虽然所有户外娱乐都有固定的周期(季节性的需求变化,参与率的增加和减少等),但是要注意,石坦崖作为一个象征地点,它的受欢迎程度总是需要更高的群体使用程度(即更高的人气)和社会需求才能得以巩固和保持。只有进一步研究游客选择景点的动机,才能探索鼓励人们志愿参与环境保护和进一步实施保护环境的新方法。

参考文献

[1] Barker, A. and Stockdale, A. (2008) Out of the wilderness? Achieving sustainable development within Scottish national parks, *Journal of Environmental Management* 88, 181-193.

[2] Bleakley, S. (2016) *Mindfulness and Surfing*. Ivy Press, Brighton, UK.

[3] Blumer, H. (1986) *Symbolic Interactionism: Perspective and Method*. University of California Press, Oakland, USA.

[4] Bramwell, B. and Cox, V. (2009) Stage and path dependence approaches to the evolution of a national park tourism partnership. *Journal of Sustainable Tourism* 17(2), 191-206.

[5] British Mountaineering Council (2013) *Stand Up For Stanage*. Available at: https://www.thebmc.co.uk/stand-up-for-stanage (accessed 20 August 2016).

[6] British Mountaineering Council (2014) *Stanage: A Question of Trust* [online]. Available at: https://www.thebmc.co.uk/stanage-a-question-of-trust (accessed 20 August 2016).

[7] British Mountaineering Council (2015) *The British Mountaineering Council-Stanage*. Available at: https://www.thebmc.co.uk/modules/RAD/viewcrag.aspx?id=150 (accessed 24 February 2016).

[8] Brügger, A., Kaiser, F. G. and Roczen, N. (2011) One for all? Connectedness to nature, inclusion of nature, environmental identity, and implicit association with nature. *European Psychologist* 16(4), 324-333.

[9] Brymer, E. and Schweitzer, R. (2015) Phenomenology and extreme sports in natural landscapes. In: Elkington, S. and Gammon, S. (eds) *Landscapes of Leisure: Space, Place and Identities*. Palgrave Macmillan, London, pp. 135-146.

[10] Budruk, M. and Stanis, S. A. W. (2013) Place attachment and recreation experience preference: A further exploration of the relationship. *Journal of Outdoor Recreation and Tourism* 1, 51-61.

[11] Cárdenas, S. A. and Lew, D. K. (2016) Factors influencing willingness to donate to marine endangered species recovery in the Galapagos National Park, Ecuador. *Frontiers in Marine Science* 3, 60.

[12] Chaves, L. G. (2007) *Payment Mechanisms for the Management and Conservation of Natural Resources in the Tourism Sector in the Caribbean*.

Inter-American Development Bank, Washington DC, USA. Available at: https://publications.iadb.org/handle/11319/2452 (accessed 20 August 2016).

[13] Clayton, S. and Myers, G. (2009) *Conservation Psychology: Understanding and Promoting Human Care for Nature*. John Wiley and Sons, Hoboken, USA.

[14] Cocks, S. and Simpson, S. (2015) Anthropocentric and ecocentric: an application of environmental philosophy to outdoor recreation and environmental education. *Journal of Experiential Education* 38(3), 216-227.

[15] Cook, D. (1996) True grit. In: Wilson, K. (ed.) *The Games Climbers Play* 4th edn. Baton Wicks, Leicester, pp. 146-150.

[16] Ewert, A., Gilbertson, K., Luo, Y. C. and Voight, A. (2013) Beyond "because it's there": Motivations for pursuing adventure recreational activities. *Journal of Leisure Research* 45(1), 91-111.

[17] Fennell, D. A. (2006) Evolution in tourism: The theory of reciprocal altruism and tourist-host interactions. *Current Issues in Tourism* 9(2), 105-124.

[18] Gelcich, S., Amar, F., Valdebenito, A., Castilla, J. C., Fernandez, M., Godoy, C. and Biggs, D. (2013) Financing marine protected areas through visitor fees: Insights from tourists willingness to pay in Chile. *Ambio*, 8, 975-984.

[19] Greenaway, R. and Knapp, C. E. (2015) Reviewing and reflection: connecting people to experiences. In: Prince, H., Humberstone, B. and Henderson, K. A. (eds) *Routledge International Handbook of Outdoor Studies*. Routledge, Abingdon, UK, pp. 260-268.

[20] Halpenny, E. A. (2010) Pro-environmental behaviours and park visitors: The effect of place attachment. *Journal of Environmental Psychology* 30(4), 409-421.

[21] Heldt, T. (2010) Financing recreational infrastructure with micropayments and donations: A pilot study on cross-country ski track preparations in Sweden. *Scandinavian Journal of Hospitality and Tourism* 10(3), 386-394.

[22] Jepson, D. (2015) The lure of the countryside: The spiritual dimension of rural spaces of leisure. In: *Landscapes of Leisure*. Palgrave Macmillan UK, London, pp. 202-219.

[23] Lacey, G., Weiler, B. and Peel, V. (2016) Philanthropic tourism and ethics in charitable organizations: a case study in Central Kenya. *Tourism Recreation Research* 41(1), 16-25.

[24] Loeffler, T. A. (2004) A photo elicitation study of the meanings of outdoor adventure experiences. *Journal of Leisure Research* 36(4), 536-556.

[25] Meethan, K. (2006) Introduction: Narratives of place and self. In: Meethan,

K. , Anderson, A. and Miles, S. （eds） *Tourism Consumption and Representation: Narratives of Place and Self*. CABI, Wallingford, UK. Milligan, M. J. （1998） Interactional past and potential: The social construction of place attachment. *Symbolic Interaction* 21(1),1-33.

[26] Murphy,S. A. （2014） *Sustainable Tourism Development in UK National Parks: Principles,Meaning and Practice*. St John University,York,UK.

[27] Novelli, M. , Morgan, N. , Mitchell, G. and Ivanov, K. （2016） Travel philanthropy and sustainable development: the case of the Plymouth-Banjul Challenge,*Journal of Sustainable Tourism* 24(6),824-845.

[28] Paraskevaidis, P. and Andriotis, K. （2017） Altruism in tourism: Social Exchange Theory vs Altruistic Surplus Phenomenon in host volunteering. *Annals of Tourism Research* ,62,26-37.

[29] Peak District National Park Authority(2015) Stanage sticker introduced to raise funds for conservation and recreation. Available at: http://www. peakdistrict. gov. uk/learning-about/news/archive/2015/news/stanage-sticker-introduced-to-raise-funds-for-conservation-and-recreation （accessed 3 July 2017）.

[30] Peak District National Park Authority(2016) Stanage and North Lees Forum. Available at: http://www. peakdistrict. gov. uk/looking-after/projects-and-partnerships/stanage （accessed 20 August 2016）.

[31] Peak District National Park Authority（2017） Stanage and North Lees. Available at: http://www. peakdistrict. gov. uk/visiting/stanage-and-north-lees （accessed 16 June 2017）.

[32] Proshansky, H. M. （1978） The city and self-identity. *Environment and Behavior* 10(2),147-169.

[33] Ramkissoon,H. ,Weiler,B. and Smith,L. D. G. (2012) Place attachment and pro-environmental behaviour in national parks: The development of a conceptual framework. *Journal of Sustainable Tourism* 20(2),257-276.

[34] Richardson, M. and Sheffield, D. （2015） Reflective self-attention: A more stable predictor of connection to nature than mindful attention. *Ecopsychology* 7(3),166-175.

[35] Schreyer,R. ,Jacobs,G. R. and White,R. G. (1981) Environmental meaning as a determinant of spatial behaviour in recreation. In: *Proceedings of Applied Geography Conferences* 4,294-300.

[36] Stanage Forum Steering Group(2016) Stanage forum steering group minutes of the meeting held on 12 January 2016. Available at: http://www. peakdistrict. gov. uk/data/assets/pdf _ file/0009/703539/ PDNP-SFSG-Minutes-2016-01-12. pdf （accessed 24 May 2016）.

[37] Stewart,W. (2008) Place meanings in stories of lived experience. In: Kruger,

L. E. , Hall, T. E. and Maria, C. (eds) *Understanding Concepts of Place in Recreation Research and Management*. General Technical Report-Pacific Northwest Research Station (PNW-GTR-744), USDA Forest Service, Washington DC, USA, pp. 83-108.

[38] Suckall, N. , Fraser, E. D. , Cooper, T. and Quinn, C. (2009) Visitor perceptions of rural landscapes: A case study in the Peak District National Park, England. *Journal of Environmental Management* 90(2), 1195-1203.

[39] Tsai, S. P. (2012) Place attachment and tourism marketing: Investigating international tourists in Singapore. *International Journal of Tourism Research*, 14, 139-152.

[40] Tsaur, S. H. , Liang, Y. W. and Weng, S. C. (2014) Recreationist-environment fit and place attachment. *Journal of Environmental Psychology* 40, 421-429.

[41] van Marwijk, R. , Elands, B. H. and Lengkeek, J. (2007) Experiencing nature: The recognition of the symbolic environment within research and management of visitor flows. *Forest Snow and Landscape Research* 81(1-2), 59-76.

[42] White, P. and Lovett, J. (1999) Public preferences and willingness-to-pay for nature conservation in the North York Moors National Park, UK. *Journal of Environmental Management* 55(1), 1-13.

[43] Willis, C. (2015) The contribution of cultural ecosystem services to understanding the tourism-nature-wellbeing nexus. *Journal of Outdoor Recreation and Tourism* 10, 38-43.

[44] Xu, F. and Fox, D. (2014) Modelling attitudes to nature, tourism and sustainable development in national parks: A survey of visitors in China and the UK. *Tourism Management* 45, 142-158.

[45] Zografos, C. and Allcroft, D. (2007) The environmental values of potential ecotourists: A segmentation study. *Journal of Sustainable Tourism* 15(1), 44-66.

第二部分

健康和福祉,自然保护地和旅游

10. 游客：将健康、福祉和自然环境联系起来

安德烈亚斯·斯克里弗·汉森

■ 引言

  本章的重点是从游客的角度探讨健康、福祉和自然环境之间的联系。具体来说，本章重点研究以下问题：怎样研究健康、福祉和自然环境之间的联系，以及由此产生的知识效益。本章将引入一种研究与健康、福祉和自然环境相关的游客体验的改进方法来探讨这一点。

  福祉和健康是游客游览自然景观的重要原因。从事户外娱乐活动时尤其如此，因为在娱乐过程中，健康、福祉和自然环境之间的联系显而易见。事实上，这种联系就在于这个词本身：在户外活动的同时"再创造"，刺激或改善人的身体和精神状况。大部分与户外娱乐活动有关的文献支持这一观点，认为福祉和健康是游客进行娱乐活动的主要动机（如 Driver 等，1991；Ragheb，1993；Manfredo 等，1996；Driver，2009；Leitner，2012）。有时，这些户外活动也是在户外寻求健康和福祉的生活方式的一部分（Marans 和 Mohai，1991；Frances，2006）。例如，有些人只是想置身于大自然，进行各种传统的户外活动（如采浆果或海滩漫步）。其他时候，健康、福祉与生理需求和刺激有关，在这种情况下，它就出现在娱乐活动和体育活动之间的灰色地带（如皮划艇、潜水、攀岩、越野跑等）。事实上，一些研究人员开始关注娱乐活动"运动化"，其中健康和获得福祉是户外活动的主要动机（Sandell 和 Boman，2013）。很多时候，户外活动是同时结合以上两大因素的，但总是将自然环境作为娱乐活动的活跃部分或框架（Ho 等，2003；Kaczynski 和 Henderson，2007）。

  健康、福祉和自然环境之间的这种联系是以自然为基础的娱乐和旅游的重要部分，也就是说，娱乐和旅游是以自然体验为核心吸引力的（Cordell 等，2008）。特别是自然旅游，长期以来一直得到旅游业的认可。此外，自然旅游作为曾经的小众旅游市场，现在已经和生态旅游和绿色旅游等其他替代旅游形式一样，发展成了一个价值数十亿美元的全球性产业（Balmford 等，2009；Weaver，2008）。自然旅游的核心是体验大自然的狂野、原始和无人踏足之美。换句话说，我们体验的自然必须是"健康的"，即环境状况是良好的。正如德弗里斯（de Vries）等人（2003）和马勒（Maller）等人的论断

(2006)：如果这是游客的户外体验，它可能会使游客体会到同样的健康和福祉。

对健康和福祉的双重关注是自然旅游的基础。此外，这也反映在自然旅游体验在区域层面的管理方式以及旅游业向公众"营销"的方式上，这里的自然通常以纯净、干净和平静的状态构筑起个人对健康和福祉的体验（例如在旅游手册和旅游信息里描绘的自然）。因此，当地管理人员和旅游业如何为游客带来健康和福祉是个值得关注的问题，它揭示了游客在游览自然地区时希望有什么样的娱乐体验。然而，这项工作中有一个重要却经常被忽视的问题：游客是否真正注意到健康、福祉和自然环境之间的联系？如果他们注意到了，这种联系对他们来说又意味着什么？到目前为止，这些问题很少受到地区管理者和旅游规划者的注意。这种情况是不正常的，因为如果没有这方面的知识，管理人员和旅游规划人员就很难确认他们对健康福祉体验的管理和规划是否能使游客满意。因此，更好地理解健康、福祉和自然环境之间的联系已经成为当务之急，因为这方面的知识可用于确定旅游销售和管理人员必须重点保护的旅游体验。然而，这里就提出了一个更基本、更实际的问题，即如何能够从游客的角度研究健康、福祉和自然环境之间的联系。

研究游客体验

研究健康、福祉和自然环境之间的关系绝非易事。因为这种关系植根于个人价值观，所以需要对游客及其所处的自然环境进行更深入的研究，尤其要研究游客置身于自然时的个人感受、印象和感觉，这需要对游客体验本身进行更深入的探究。通过查看户外娱乐和旅游的相关文献可以看出，游客体验是一个备受关注的话题。例如，在20世纪70、80年代，关于游客体验的动机和行为研究取得了重要成果，其中包括所谓的游憩体验偏好量表（REP）(Manfredo等，1996；Driver，2009)。REP量表旨在对娱乐活动的重要体验结果进行概述。可以是体能挑战、获得成就、沉默或孤立的复杂感觉等各种体验，根据游客的大量反馈（如游客和人口调查），将这些感觉分类。还有20世纪90年代和21世纪初的环境心理学研究（如Williams和Patterson，1996；Williams，2007）。与传统动机和行为研究对各种经验结果的广泛接受和量化相反，环境心理学更多地关注实际经验结果本身，包括关注影响游客体验的因素和环境，例如地点、时间，以及可能促成或解释不同体验结果的价值观和社会互动。

两大研究界的研究结果表明，人们是为了健康和福祉而参与自然娱乐和旅游活动。然而，尽管这些研究证实了这种关系的存在，但没有一项研究详细说明了健康、福祉和自然环境之间的联系，即从游客的角度去研究这种联系是如何形成的，游客是什么感觉。这些研究也很少展现游客自身对这种关系的看法，或游客如何表达这种关系的信息。从根本上说，这意味着从游客角度对健康、福祉和自然环境之间关系的性质还不够了解。无论是研究人员、地区管理人员还是旅游规划人员，对这一问题关注不够的一个重要原因是没有选对研究游客体验的方法。通常来说，访客信息，包括游客体验，是通过各种游客监测活动收集的（Kajala等，2007）。常用的监测方法包括标准化问卷和访谈调查。这些方法通常基于定量研究法，目的是收集大量数据。这些数据可以用来研究更广泛的游客主题,如游客活动、动机、概况、满意度等。这项工作经常用来概括结果并将其应用于不同的游客群体或某部分游客(Horneman等,2002)。虽然这些监测方法有助于获得广泛的游客信息,但并不能提供细节,例如游客体验本身的内容或性质(Hansen,2016)。相反,定量方法(如游客焦点小组、访客日记或深入采访)被认为是更有用的监测方法,因为游客的叙述比其他任何定量方法得出的信息都更详细(Czarniawska,2004;Gobster和Westphal,2004;Henderson,2006)。然而,经过更仔细的研究发现,即使是定量方法,在获得足够丰富的信息上也存在局限性(Hansen,2016)。例如,虽然采访或访客日记比任何定量方法揭示的细节都多,但大多数定量方法仍然不能提供具体的信息,以帮助理解这些经历实际上可能是什么,以及游客在旅游体验的过程中对这些经历的看法。为了获得这一层面的信息,我们必须找到一种新的方法,一种比任何既有定量甚至大多数定量方法都更精确的方法。温威(Wynveen)(2012)、汤奇(Tonge)(2013)和汉森Hansen等人(2016)最近引入了一种新的研究方法。他们没有使用传统的游客研究法,相反,温威(Wynveen)等人(2012)、汤奇(Tonge)(2013)和汉森(Hansen)(2016)分别介绍了图片定量方法。前两者的研究是建立在游客受雇拍照法和照片引谈法之上的,在文献中,他们用这些方法研究影响评估(Dorwart等,2010)、目的地图像(MacKay和Couldwell,2004)、景观评估(Heyman,2012)和景观感知(Hull和Stewart,1995)等各个方面。温威(Wynveen)和汤奇(Tonge)的研究目的是探讨游客的地方依赖。汉森(Hansen,2016)的研究与以上两项研究略有不同,他更侧重于研究游客体验质量的内容和性质。此外,他还提到了智能手机,并将其作为一种更新颖的方式,让游客随时捕捉旅游体验的每个瞬间。然而,这三项研究都是基于游客拍摄的照片,以此研究和了解每个游客的独特体验。这需要讨论参与研究的游客和研究人员一起拍摄的照片。换句话说,这种体验是结合图片内容和游客叙述来展现的。

温威(Wynveen,2012)、汤奇(Tonge,2013)和汉森(Hansen,2016)的研究结果值得关注,可以用来回答一些核心问题,例如:游客认为重要的体验是什么样的?游客是如何描述的?哪些方面和环境影响了他们的经历?哪些情况能够促进积极的游客体验,哪些会导致负面体验?解决这些类似的问题,研究人员、管理人员和规划人员就有特殊的机会来研究更多重要游客信息。

本章重点是汉森(Hansen,2016)的研究,特别是如何利用照片法从游客的角度来探究健康、福祉和自然环境之间的联系。

研究:在哪里和如何做

汉森(Hansen,2016)的这项研究针对科斯特海洋国家公园,该公园包括瑞典著名的群岛之一。它位于瑞典西海岸,北部与挪威海洋国家公园接壤。这里是公认的兼具自然和文化特征的场所,并于2009年被确立为国家公园,这些都为该热门景点增添了吸引力。

这项研究开始于2014年夏季,旨在介绍并检验一种名为"游客产出照片"的方法,以研究游客在国家公园的不同体验。研究有以下几个步骤。首先进行目的抽样,以代表该地区的七大娱乐群体样本为基础,招募了41名不同领域的参与者:有露营游客、皮划艇运动者、机动划船运动者、帆船划船运动者、不过夜游客、二手房房主/租房者和常住居民。研究人员现场联系了每个参与者,要求他们在国家公园逗留期间最多拍摄25张与其游玩经历有关的照片,可以是一天(针对不过夜游客)或几周(针对常住居民)内的经历。所有参与者都必须用智能手机拍照,并填写每一张照片的详细信息日志(例如体验的性质和地点)。在约定时间后,还会安排参与者和研究者进行一次访谈,逐一讨论每一幅图片。每次采访都有录音和记录。最后,使用开放轴编码(Henderson,2006)对图片和访谈叙述中的复合信息进行分析。

最终,参与者共拍摄了558张照片。照片内容多样,有的表现了科斯特的自然、社会和文化特征,有的表现了积极和消极的游客体验。结果确定了六大类体验:①自然环境;②社会情境;③文化环境;④娱乐活动;⑤情绪反应;⑥干扰因素。

简言之,游客的自然环境体验与科斯特的自然要素和特征密不可分,比如游客对海洋、岩石和雪橇、海滩以及该地区的植物和野生动物的印象。与社会情境相关的经历大多是与朋友、家人和伙伴之间的互动,比如钓鱼旅行、野餐远足、简单放松或与当地居民相处等。这些照片还展示了国家公园的环境和文化遗产,尤其是老港口的棚屋和客港里的老渔船,这些和品尝美食一样,都是反复出现的主题。娱乐活动也是照片的一个重要主题,并且常常与社会情境结合。汉森(Hansen,2016)描述的娱乐活动涵盖了简单活动(如游泳和日光浴)和更具组织性的活动(如皮划艇和打猎)。一个有趣的类别是情绪反应体验,即让参与者产生强烈情感的体验。例如大海的平静和狂野、多变的天气、色彩斑斓的日落和在特殊地点、特殊时刻的感受,这些都是常见主题。最后,几张照片也表现了人们感受到的干扰因素。这类例子包括在偏远岛屿上发现的垃圾、汽艇发出的噪音、疯跑的小狗,以及人类活动对自然环境造成的破坏。这六类都有详细的描述和图片。

与确定六个主题的方式相同,现在把健康、福祉和自然环境之间的联系作为科斯特的另一重要的体验特质进行探讨。重点在于展示这种联系的内涵,以及游客是如何表现这种关系的。本研究采用描述和解释相结合的方法,通过图片和叙述来探讨这一新的体验。

科斯特的健康、福祉和自然环境

仔细研究游客产出的照片可以发现,其中几幅照片体现了健康、福祉与科斯特的自然环境之间的联系。这种联系并不总在照片中表现出来,但是当照片与游客的叙述相结合时,就更容易识别。特别是游客的照片叙述当中出现的五个不同的主题。

体育活动和锻炼

在图片和叙述中,一个重要的主题是户外体育活动。户外活动经历往往伴随着健康和福祉,活动和锻炼将保持健康和探索自然环境结合起来。例如,可以在群岛上划皮划艇,那里的海、天空和风浪为体育活动提供了绝佳的环境(见图10-1)。

图 10-1　在开阔水域进行皮划艇运动

强身健体是游客参加锻炼的主要动机,他们参加锻炼,不只是为了锻炼身体,更是因为自然环境能够激起人活动和锻炼的欲望。锻炼不一定非得是什么高级的运动,而可以是简单的活动,比如沿着绿茵小道漫步或其他更积极的体验,比如利用地形(如树枝和石头)进行锻炼(见图10-2)。

图 10-2　在林间锻炼

是的,我同意,这与保持积极态度有关,你可以拥有一个积极的假期,而不是懒洋洋地躺在沙滩上……你可以在这里划桨,体验新事物……你可以自己到一些地方,接近很多事物,这一点很特别。(皮划艇爱好者)

公园的自然景观给游客提供了沉浸式锻炼的环境,这反过来促进了游客的健康和福祉。例如,一位参与者描述了她在礁石间玩桨板时感受到的宁静,这几乎变成了一种冥想体验,因为岩石和流水几乎与健身活动融为一体,创造了独特的气氛和体验(见图10-3)。

图 10-3 在水上行走

美食体验

体验当地美食是另一个与健康和福祉有重要联系的主题。这些美食不仅是一种优质的体验,而且还提供了独特的品尝新鲜健康的食物的机会。自然环境为我们提供了"海获",例如刚捕获的螃蟹。

这是一张我在附近森林里的一条小路上拍的照片,路上正好有一根树枝穿过。在这里你可以做一些引体向上的训练。我喜欢在森林里散步,在路上锻炼身体。真是太完美了!(见图10-2)(露营者)

就像在水上行走一样。它非常有趣,是游览岛屿的好方法。你可以去任何地方,看到任何东西。完全安静,完全自由。再一次与大海和天空相遇……你看到时间仿佛在你脚下匆匆而过。你能灵活使用身体的所有肌肉。(见图10-3)(二手房房主)

特别是人们对健康的看法,变成了"吃得健康,身体健康",这一看法促进了福祉。鱼虾来自国家公园内清澈冰冷的水域,看起来、尝起来都更健康。只要食物产自当地水域,那它就是源头优质的健康食品。

因此,自然环境具有双重作用:它既是丰富的和健康的食材的来源,又能打造高质量的美食体验,通过享受尽可能新鲜的美食和欣赏提供食物的环境,可以实现高质量的美食体验。游客只需前往群岛中任意一个偏远岛屿,坐在岩石上,一边享受大海,一边烧烤刚捕获的鲜鱼,就能体验到健康和福祉。

螃蟹……是大海给予我们的。你可以抓一只螃蟹吃。亲近自然的感觉就像重获年轻一样。这跟你去ICA买的东西不同。你可以在晚上花一个小时去钓鱼,然后了解它们是从哪里来的……这使我们与自然更亲近……(见

图10-4)(当地人)

这是科斯特最重要的象征之一,虾的品质一流。在其他任何地方你都找不到和这里一样新鲜的虾。生活中你更需要什么?你总是说要亲身体验自然,感受真实。如果自然消失了,那将是一场悲剧。(见图10-5)(二手房房主)

图 10-4　海获

图 10-5　新鲜捕获的虾

这是我们在马斯卡尔之旅中捕的鲭鱼。我们带了烤肉,然后用柠檬和胡椒烤鲭鱼。我们没有盘子,没有刀叉,就坐在岩石上分享,用手抓着吃。在那里,你会变成一个有自然意识的人,坐在那里,在自然环境中吃东西。你别无所求,因为你已经拥有了你真正需要的一切。(见图10-6)(当地人)

图 10-6　在岩石上烤鲭鱼

感受海洋元素

身处海岸或海上也是直接接触海岸和海洋元素。例如,参与者描述了在科斯特咸水区的体验,以及这种体验是如何与清洁、健康的环境联系在一起的。咸水水域成为身体健康的标志,无论是在触觉上(如进行皮划艇运动或游泳时),还是在味觉和嗅觉上(因为咸水汽总是弥漫在空气中)。这一经历与科斯特的水质有关。特别是人们将公园里清澈的水视为一种品质标志,认为它能对游客产生强大的吸引力。在宁静的日子里,可以潜入水中探索水下的细节,而这又能促进自然品质感和福祉的产生。

平静与放松

到科斯特旅行的另一个重要目的是获得平静和放松。虽然这些感觉的表达方式不同,但它们都与正常的、压力重重的家庭生活形成对比,而在国家公园里,人们可以进行有益健康的简单活动,欣赏美丽的风景(例如,在海滩草地上摘花或在水中浮潜)。

给自己充电与健康的头脑、身体和灵魂有直接联系。在这个过程中,公园里的岩石和大海构成并激发了人内心的宁静和放松,游客也因此获得了健康和福祉。其中一个参与者描述了他最喜欢的地方,就在他的二手房外面。

游客与大自然接触时会产生强烈的感觉。例如,另一名参与者描述了他每天早晨的运动习惯,他会穿过草地、岩石、森林和海滩,所有这些都能带给他自由和幸福的感觉。这几乎变成了一种宗教体验。

> 站在这里,胳膊上沾满盐的感觉真好。(见图 10-7)(皮划艇手)

> 这里的一切都受到海洋的影响。如果你尝过这里的野生草莓,就会知道它们尝起来很咸,这是一件很棒的事情。让你有身处这里的真实感,对吧?这里的一切都很新鲜。(野营者)

> 这里的水很健康,很干净,而且很咸。在这里游泳非常舒服。(帆船手)

> 这里有理想的海水,和南方的水质一样。这里有你想要的盐度。(摩托艇手)

> 一小时前我还在下面游泳,你可以看到水下近 5 米深的地方。我从来没有像今年游泳这么多,水里的盐让我浑身发白。(二手房主)

> 这表现了水的清澈。水很清,你可以看到几米深。你可以看到海鱼、海草和沙子,还有螃蟹在周围爬来爬去。这样的情景在其他地方是很少见的。它让人们感到清新、洁净和健康。(见图 10-8)(摩托艇手)

> 我认为水很干净,也很咸。你可以看到水是多么干净和清澈。你可以在这里看到植物和动物。我在这里潜过很多次水……你能看到这些自然的特展。(见图 10-9)(二手房主)

家庭团聚

最后,健康和福祉的一个重要方面是与大自然进行互动。例如海滩一日游,就是

图 10-7　皮肤表面被盐覆盖　　　　　图 10-8　清澈的水

一种与家人在一起的新方式。这与宅在家里不同,不仅风景不同,而且户外的声音、气味和感觉也不同。有一位参加者就描述了海滩环境是如何让他萌生团聚之感的。

在大自然中的经历会成为人们共同的回忆,每个人都感到心情愉悦,幸福感便由此增强。这些感觉甚至能帮助创造具有特殊意义的地点或时刻,在那里,在大自然中的共同经历是社会纽带的象征。受访者中有两位家长就解释了在公园里的天然港湾里划船是如何给他们带来家庭幸福的。

将健康、福祉和自然环境联系起来

游客的照片和叙述共同构成了在科斯特体验健康和福祉的内容。这些体验是个人层面的,并与个人在感受科斯特的自然环境时产生的健康福祉联系在一起。在这方面要注意的一个重要事项是游客体验之间的不同不好把握,每一个主题其实都是重叠的。例如,图片和叙述都表明体育活动通常能给游客带来平静和放松感,而在社交活动中,游客通常能获得美食体验。也就是说,一种活动并不排斥另一种活动,因为它可能会带来不同的健康和福祉。相反,健康和福祉往往是不同但相互联系的经历的混合体。此外,它们是具有情境的,常常取决于某些条件和环境,比如时间和地点。这些照片很好地证明了这一点,因为它们捕捉到了体验发生的独特时刻,汤奇(Tonge)等人也强调了这一点(2013)。照片不仅捕捉到了游客想要描述的体验,而且还捕捉到了与体验相关的情景。在类似的游客叙述的支持下,研究者对游客体验有了更多的理解。

我本想加上这张照片,它描述了我在这里的一切。平静可以让你在没有压力的情况下做你想做的,你可以慢慢花时间去做。这也是一种探索感、存在感、归属感。你只需要观察它的存在,像那样享受它……然后拍照留念。(露营者)

那田园诗般的碧水、蓝天、水里的小船、小海滩、露出水面的岩石。我可以坐着看上几个小时。它们很漂亮。大自然田园诗般的氛围……是一种和谐的氛围。当你远离内陆的压力来到这里,你会开始放松。(见图 10-10)(当地人)

我不信教,但在这里,我成为自然的信徒。我到这里的时候几乎要哭了,

图 10-9 浮潜自拍

图 10-10 和谐的景色

感觉好极了,我很感动,真的很震撼。沿着整个北科斯特(Nordkoster)走一圈感觉好极了,人们能有很多不同的体验。这里有森林和沙滩海湾,真是太棒了!(见图 10-11)(帆船手)

当你躺在毛巾上享受阳光或者放松的时候,你会听到很多的声音:孩子们的欢笑声、谈话声和嬉戏的声音,父母的谈话声、鸟儿的歌唱和海浪声……你会觉得每个人都很快乐,你只需享受沙滩。(见图 10-12)(当日往返游客)

图 10-11 成为自然的信徒

图 10-12 一起享受沙滩

正如章节主题描述所强调的那样,自然环境在游客产生健康和幸福感的过程中起双重作用。第一个作用是形成重要的游客体验,这可能直接或间接地使游客产生健康和幸福感。对健康和福祉的直接感受通常来自实际利用或享受自然环境的过程,例如在进行体育活动或享受美食时。另一方面,间接感受健康和福祉往往更多地与游客表达的印象和感觉有关,这些印象和感觉在发生的瞬间对游客具有某种意义或重要性,例如在"感受海洋元素""平静与放松"以及"家庭团聚"主题下。换句话说,前两类更多的是主动感受到健康和福祉,而后三类更多的是被动感受到健康和福祉。这一发现与德赖弗(Driver)等人(1991)描述的进行娱乐活动时不同的体验结果一致。

有两个年轻人跟我们同行,我们认识很多年轻人,他们经常待在电脑前。但如果你花两个星期的假期去活动,包括潜水、游泳、浮潜、散步,体验大自然,欣赏风景。我们作为父母,能感受到团聚是一种极大的充实和愉悦。(帆船手)

图 10-13 为游客从崖上一跃而下。

图 10-13　从崖上一跃而下

　　自然环境的第二个作用更多的是与环境本身的体验有关，更确切地说，就是与自然环境状况有关。参与者特别表示，一个生机勃勃、在人们努力下越来越好的自然环境对游客体验具有重要意义。例如在"感受海洋元素"主题里强调过的清澈但咸咸的海水，或在"美食体验"主题里强调的新鲜海鲜的味道。其他重要的游客体验还包括浸入冷水的感觉、沙子在皮肤上的粗糙感，或其他类似的感官感受，比如盐的味道，以及大海的声音和气味。这些经历成为健康自然环境的代名词，促进了个人对健康和福祉的感知。这与德弗里斯（de Vries）（2003）和马勒（Maller）等人（2006）的发现有关，他们建立了个人健康和福祉与环境健康和福祉之间的联系，并将其作为自然旅游活动的一个基本部分。这项研究的不同之处在于，游客的照片和叙述可以帮助研究者更好地理解健康和福祉是如何与公园自然环境中的特质联系在一起的。因此，如果人们发现了这些特质，就能获得健康和福祉，但如果没有发现，或者自然环境受到干扰时，就可能会给游客带来负面感受。

知识和方法效益

　　汉森（Hansen，2016）的研究表明，从游客那里了解他们的经历为研究者提供了一种有趣的途径，有助于理解健康、福祉和自然环境之间的联系。这项工作有几大知识效益。

　　首先，从研究的角度来看，探究游客在户外活动中获得健康和福祉的原因，有利于进一步研究和理解如何利用这一原因为游客打造优质体验。尤其是福祉是一个有趣的研究主题，几乎每一张照片都从某些方面展现了福祉。正如西尼（Cini）等人提到的,这些知识对于旅游动机和游客满意度的研究很有用(2012)。其次,从管理的角度来看,知识也是有用的,但更多的是涉及如何规划高质量的游客体验。通过深入了解游客到某个地方旅游的动机和离开时的体验,地区管理者可以改进相关策略,包括规划有利于增进健康和福祉的自然环境。正如德赖弗(Driver,2009)所言,这是积极经历的重要部分。这样做的另一个好处是,获得优质体验的游客很可能也喜欢自然环境。威廉姆斯(Williams)也强调,这种喜欢可能会促使游客产生责任感,也会使他们更加关注自然环境,因此也会帮助保护环境。换句话说,与健康和福祉有关的经历在自然保护中发挥着积极作用。最后,从行业的角度来看,可以根据研究结果确定行业本身在增进健康和福祉方面的努力是否真正影响了消费者(游客)的旅游体验。如本研究所揭示的,这一点可以通过比较行业内制作的宣传材料与游客的照片和叙述来实现。可以用这种方法回答一些重要的问题,比如:游客的照片和叙述是否与旅游宣传的一致?他们讲的是同一个故事吗?他们的关注点一样吗?通过更好地理解游客在照片中展现的相似点和不同点,行业有机会更好地将营销活动与游客的实际体验相结合。因此,本研究支持并延续了麦凯(MacKay)和库德韦尔(Couldwell)(2004)针对游客照片和目的地图片之间相关性的研究。

局限

本章的研究成果有很多优点,但也存在很大的局限性,这主要与定量研究本身的性质有关。例如,尽管这项研究选取了558张图片,但这些图片仅由41名研究参与者拍摄。因此,研究结果不具有普遍性,必须有更多的人参与进来,或进行更多研究并进行比较。另一方面,定量研究很少概括结果,而是对信息进行"深描"(即大量描述)来进行深入研究。这正是这项研究所做的。另一个限制可能在于研究结果难以推广到其他领域。定量研究通常应用于新兴和特定的领域。因此,本研究的结果可能很难扩展到其他更大的情景中,因为它们只代表了一个特定的领域。为了消除这一限制,必须从其他方面进行研究。从游客的角度来看,这些研究或许会揭示有关健康、福祉和自然环境之间关系的有趣新信息。

下一步规划

本章介绍了健康、福祉和自然环境之间的联系的研究案例。为了进一步提高研究结果的可信度,也为了更好地确定所使用的方法,类似研究必须得到重视。汉森(Hansen,2016)提到,这类研究将切实关注对游客本身经验的研究和学习,这要求研究人员、管理人员和业界与游客直接交流。不过,这项工作目前不是优先事项,至少对管理和专业人士来说不是。然而,考虑到消费者对高质量管理和服务的需求正迅速增长,也许是时候更多地关注本章提到的做法了。至少,它为研究人员、管理人员和旅游规划人员提供了选择,让他们从游客的视角,亲眼见证构成优质旅游体验真正需要什么。

参考文献

[1] Balmford,A. ,Beresford,J. ,Green,J. ,Naidoo,R. ,Walpole,M. and Manica,A. (2009) A global perspective on trends in nature-based tourism. *PLoS Biology* 7(6),e1000144. doi:10.1371/journal.pbio.1000144.

[2] Cini,F. ,Kruger,S. and Ellis,S. M. (2012) A model of intrinsic and extrinsic motivations on subjective well-being: The experience of overnight visitors to a national park. *Applied Research in Quality of Life* 8(1),45-61.

[3] Czarniawska,B. (2004) *Narratives in Social Science Research*. SAGE Publications Ltd,London,UK.

[4] Cordell,H. ,Betz,K. ,Carter,J. and Green,G. (2008) Nature-based outdoor recreation trends and wilderness. *International Journal of Wilderness* 14(2),7-13.

[5] de Vries,S. ,Verheij,R. ,Groenewegen,H. and Spreeuwenberg,P. (2003) Natural environments - healthy environments? An exploratory analysis of the relationship between green space and health. *Environment and Planning* 35(10),1717-1731.

[6] Dorwart,C. E. ,Moore,R. L. and Leung,Y. F. (2010) Visitors' perceptions of a trail environment and effects on experiences: A model for nature-based recreation experiences. *Leisure Sciences* 32,33-54.

[7] Driver,B. L. (2009) *Managing to Optimize the Beneficial Outcomes of Recreation*. Venture Publishing Inc. ,State College,USA.

[8] Driver,B. L. ,Brown,P. J. and Peterson,G. L. (1991) *Benefits of Leisure*. Venture Publishing Inc. ,State College,USA.

[9] Frances,K. (2006) Outdoor recreation as an occupation to improve quality of life for people with enduring mental health problems. *The British Journal of Occupational Therapy* 69(4),182-186.

[10] Gobster,P. H. and Westphal,L. M. (2004) The human dimensions of urban greenways: planning for recreation and related experiences. *Landscape and Urban Planning* 68,147-165.

[11] Hansen,A. S. (2016) Testing visitor produced pictures as a management strategy to study visitor experience qualities - A Swedish marine case study. *Journal of Outdoor Recreation and Tourism* 14,52-64.

[12] Henderson,K. A. (2006) *Dimensions of Choice: Qualitative Approaches to Parks, Recreation, Tourism, Sport, and Leisure Research*, 2nd edn. Venture Publishing,London,UK.

[13] Heyman,E. (2012) Analysing recreational values and management effects in

an urban forest with the visitor-employed photography method. *Urban Forestry and Urban Greening* 11,267-277.

[14] Ho,C. ,Payne,L. ,Orsega-Smith,E. and Godbey,G. (2003) Parks,recreation and public health. *Parks and Recreation* 18,20-27.

[15] Horneman, L. N. , Beeton, R. J. S. and Hockings, M. (2002) *Monitoring Visitors to Natural Areas: A Manual with Standard Methodological Guidelines.* Queensland Parks and Wildlife Service, New South Wales National Parks and Wildlife Service, and Sport and Recreation Queensland. University of Queensland,Gatton Campus,Brisbane,Australia.

[16] Hull, R. B. and Stewart, W. P. (1995) The landscape encountered and experienced while hiking. *Environment and Behavior* 27(3),404-426.

[17] Kaczynski,A. and Henderson,K. (2007) Environmental correlates of physical activity: A review of evidence about parks and recreation. *Leisure Sciences* 29 (4),315-354.

[18] Kajala,L. ,Almik, A. ,Dahl, R. ,Dikšaite, L. ,Erkkonen, J. ,Fredman,P. and Wallsten,P. (2007) *Visitor Monitoring in Nature Areas—A Manual Based on Experiences from the Nordic and Baltic Countries.* TemaNord 2007, Naturvårdsverket,Stockholm,Sweden,p. 534.

[19] Leitner, M. J. and Leitner, S. F. (2012) *Leisure Enhancement* 4th edn. Sagamore Publishing LLC,Urbana,USA.

[20] MacKay, K. J. and Couldwell, C. M. (2004) Using visitor-employed photography to investigate destination image. *Journal of Travel Research* 42, 390-396.

[21] Maller,C. , Townsend, A. , Pryor, P. , Brown, P. and St Leger, L. (2006) Healthy nature healthy people:'contact with nature' as an upstream health promotion intervention for populations. *Health Promotion International* 21 (1),45-54.

[22] Manfredo,M. J. ,Driver,B. L. and Tarrant, M. A. (1996) Measuring leisure motivation: A meta-analysis of the Recreation Experience Preference scales. *Journal of Leisure Research* 28(3),188-213.

[23] Marans,R. and Mohai,P. (1991) Leisure resources,recreation activity,and the quality of life. In: Driver, B. , Brown, P. and Peterson, G. (eds) *Benefits of Leisure.* Venture Publishing Inc. ,State College,USA,pp. 351-363.

[24] Ragheb,M. (1993) Leisure and perceived wellness: A field investigation. *Leisure Sciences* 15,13-24.

[25] Sandell,K. and Boman,M. (2013) Friluftslivets nya aktiviteter. In: Fredman, P. ,Stenseke,M. ,Sandell.

[26] K. and Mossing, A. (eds) *Friluftsliv i förändring. Resultat från ett*

forskningsprogram. *Slutrapport*. Naturvårdsverket, Stockholm, Sweden, pp. 220-236.

[27] Tonge, J., Moore, S. A., Ryan, M. and Beckley, L. (2013) Using photo-elicitation to explore place attachment in a remote setting. *The Electronic Journal of Business Research Methods* 11(1), 41-50.

[28] Weaver, D. (2008) *Ecotourism*, 2nd edn. John Wiley and Sons, Brisbane, Australia.

[29] Williams, D. R. (2007) Recreation settings, scenery, and visitor experiences: A research assessment. In: Kruger, L. E., Mazza, R. and Lawrence, K. (eds) *Proceedings: National Workshop on Recreation Research and Management*. General Technical Report PNW-GTR-698, Department of Agriculture, Forest Service, Pacific Northwest Research Station, Portland, USA, pp. 29-42.

[30] Williams, D. R. and Patterson, M. E. (1996) Environment meaning and ecosystem management. Perspectives from environmental psychology and human geography. *Society and Natural Resources* 9, 507-521.

[31] Wynveen, C. J., Kyle, G. T. and Sutton, S. G. (2012) Natural area visitors' place meaning and place attachment ascribed to a marine setting. *Journal of Environmental Psychology* 32(4), 287-296.

11. 生活体育重塑沿海健康旅游：风筝冲浪在实践当中的复杂性

蒂莫·德里克斯

在健康旅游目的地品牌宣传中引入生活体育

全球普遍认为沿海地区是进行娱乐休闲和体育活动的最佳场所。起初，人们之所以被沿海地区吸引，是因为那里有新鲜的海洋空气、充足的阳光、海景和海滩。由于沿海地区越来越受欢迎，新的旅游目的地也逐渐兴起（Davenport 和 Davenport，2006），这也造成了目的地之间的差异。可能出现的一种差异是对健康旅游关注度的差异。在旅游目的地的品牌差异化中利用生活体育并不少见（例如冲浪运动）。本章基于风筝冲浪展开讨论，将对完善这一知识体系做出贡献。本章将风筝冲浪的具体实践放在优先位置，并进一步将发展与娱乐、目的地品牌、空间规划和自然保护实践联系起来。将风筝冲浪这样的运动应用于沿海健康旅游目的地，这样的举措具有一定的复杂性，需要引起人们的高度重视。

此项研究在荷兰的泽兰省进行，在过去的几年里，该省逐渐发展成为一个沿海健康旅游目的地。泽兰省希望成为人们养精蓄锐的地方。游客来到泽兰省，可以享用健康的食物，还可以体验健康的生活方式，比如步行、骑马或骑自行车等。此外，因为这里拥有得天独厚的漫长的海岸线和大片水域，所以泽兰省在水上运动的开发上也十分具有潜力。

宣传有益健康的水上运动项目，例如风筝冲浪，可以整合海岸的各种优势，使沿海健康旅游目的地更有竞争力。在这方面，对健康的定义与世界卫生组织的定义不同，世卫组织将健康定义为"一种拥有健全的身体、精神和社会福祉的状态"。胡伯（Huber，2014）认为，鉴于慢性疾病患者日渐增加，世卫组织将健康定义为完全的健康显然已不再合适。在胡伯（Huber）对"积极健康"进行研究之后，她提到了影响健康的六大维度。这一定义从完全健康转向面对社会、身体和情感挑战时的适应和自我管理的能力。六个维度包括身体功能、心理功能和知觉、精神/存在、生活质量、社会参与以及日常功能。风筝冲浪通过以上六个维度对健康产生影响。

风筝冲浪是一种流行的运动，让人们在锻炼身体的同时体验自由。一般而言，参与体育运动有助于增强个人的身份认同感（Christensen 等，2013；Barbieri 等，2014），促进身体、心理和社交方面的发展,并帮助维持健康的生活方式(Young,2012)。1990年至2005年,人们注意到乡村休闲娱乐的几个趋势(Sollart等,2006):步行和骑自行车的人数增加,高尔夫和骑马等比较小众的运动也越来越受欢迎。除了这些,新的娱乐方式也出现了,如风筝冲浪运动。这些发展和趋势使得郊区娱乐区域利用程度越来越高。因此,各种允许或禁止在某些地点进行风筝冲浪的规则和条例出现了,这样避免了生态脆弱地区遭到破坏。同时,风筝冲浪运动的流行可能会引起新的矛盾,这种矛盾不仅发生在风筝冲浪者与游客之间,也发生在当地风筝冲浪者与外来风筝冲浪者之间。

本章将会说明,通过风筝冲浪这类运动刺激沿海健康旅游是一个复杂的过程。因其与其他活动紧密联系,受到其挑战。在这项研究中,"实践"被定义为一种常规行为,涉及身体和精神活动(包括物品及使用、设备和适当的服装,以及背景知识)(Solomon,2013)。通过理论实践,人们对日常生活进行研究,从而确定机会实现干预,带来改变(Kuijer,2014)。

要想利用风筝冲浪打造沿海健康旅游,就会面临一个主要的问题,即风筝冲浪是如何与其他实践相关,又是如何与其他实践相斥。为了回答这一问题,我们利用风筝冲浪对自然和社会环境的影响的探索性调查结果以及现有的管理政策,描述了当前风筝冲浪与更理想的风筝冲浪之间的潜在差距。调查所描述的做法与风筝冲浪者旅行中的步骤有关,即在练习前、练习期间和练习后的做法。在描述这一过程时,可以清楚地看到风筝冲浪是如何与自然保护、游客、空间规划者和目的地营销人员的实践活动相关联,又是如何相排斥的。

本章旨在探讨将风筝冲浪作为重塑健康旅游的方式可能存在的复杂性,同时也将分享在泽兰省推进风筝冲浪做法方面的实际意义、研究的局限性和对进一步研究的建议。下一节介绍了自然和社会环境影响方面的理论、管理和政策。

将自然景观作为娱乐活动的背景

在过去的几十年里,户外极限运动越来越受欢迎。运动者寻求的是某种血液沸腾、刺激感和"肾上腺素狂飙"的感觉。从他们的角度看,这种"狂飙"是一种统一的、强烈的、情绪化的心理体验。由自然环境主导,因此起重要作用(Buckley,2002)。如今,游客们度假时去玩水上漂流、峡谷探险、驾驶马车、登山、滑雪、雪上滑板或山地车越野已经司空见惯。这种剧烈的体力和机能活动与游客的身体健康和生活方式密切相关。

风筝冲浪是一项与生活方式相关的极限运动,在过去几年里十分流行。风筝冲浪最早于1986年引入荷兰,当时的风筝冲浪只不过是人们被大型风筝拉过水面这样简单。如今,它是当下热门的水上运动项目,运动者可以通过突然的控制动作让自己离开水面(Miller,2005)。这项运动的流行会给自然和社会环境带来压力,因此需要适当的管理和政策约束,从而减少风险,保护自然价值。

风筝冲浪的自然和社会环境

自然环境可以为生活方式和极限运动提供支持。幸好拥有自然环境的旅游目的地可以利用这些支持来针对某些特定游客。这些地区往往是动植物的栖息地（Turk等，2004）。由于旅游和休闲娱乐在过去十年发展迅速并在世界各地流行，脆弱的生态系统（例如沿海地区和山区）也面临着越来越大的压力（Patthey等，2008）。

亨肯斯（Henkens，2008）的研究显示，水上娱乐活动可能会以某些方式影响自然环境。他提出了五种确定的影响。第一，人类活动（由于人类生活、养宠物和对娱乐资源的需求）影响了鸟类和大型哺乳动物的生存，尤其是一些动物群落。第二，对植被、动物巢穴、土壤造成了破坏，导致海岸侵蚀和水污染。第三，由于兴建停车场、路轨、码头，自然用地减少，导致自然栖息地支离破碎。第四，垃圾堆积、船舶污水、机油泄漏和废气排放又造成土壤、水源和空气污染。第五，采花和捕鱼活动吓跑了动物，故而种群数量也产生了变化。虽然风筝冲浪可能会对自然造成潜在破坏，但对于这种破坏能在多大程度上超过帆船和风帆冲浪等其他水上运动造成的破坏，目前还不清楚。像风筝冲浪这样的新运动可能在未来被证明对自然相对无害（Davenport 和 Davenport，2006）。2012年进行的一项研究对此进行了详细阐述，表明费吕沃湖的自然价值没有受到风筝运动太大的影响，人们也曾在该地区从事他们喜爱的运动（Hanglos，2012）。

由于可供使用的地点有限，而且特定地点为风筝冲浪者专用，所以因空间不足而产生的紧张关系愈加明显。现代极限运动有以下几个特点（Turk等，2004）：独立性、自发性、自我实现性、趣味性，结合了个性与自然体验。大量的户外活动满足了现代社会的需求，这些需求或多或少地体现在户外活动的特征上。当越来越多的人进行户外运动时，冲突是不可避免的。雅各布（Jacob）、施雷尔（Schreyer）（1980）、杰克逊（Jackson）和王（Wong）（1982）以游客之间的冲突为重点，设法研究冲突产生的原因。很明显，娱乐冲突比单纯的娱乐活动差异更为复杂。塞斯福德（Cessford，1995）也赞同这一观点，他认为冲突都与感知有关。雅各布（Jacob）和施雷尔（Schreyer）（1980）将冲突定义为他人行为对游客目标的干扰。他们陈述了四个因素，可以解释娱乐冲突发生的原因，即活动方式、资源专用性、经验模式和对生活方式的容忍度。

娱乐管理和政策

越来越多的户外运动在大自然中开展可能会给管理和政策带来挑战。利益相关者之间的沟通很重要，但可能会出现问题，因为人们对体育运动给大自然造成的影响有不同的认识。以针对山地自行车的政策为例：山地自行车手与其他各方之间就山地自行车道的修建和使用进行全面的沟通是很重要的（Cessford，1995）。荷兰风筝冲浪组织（NKV-Nederlandse Kite-Surf Vereniging）成立于1999年，目的是在荷兰推广风筝冲浪运动。该组织致力于维护荷兰风筝冲浪者的利益，主要负责保证荷兰风筝冲浪地点的开放。他们也是运动安全问题的中间人（Sollart等，2006）。

为了了解极限运动与政策的关系，人们可以选择与生活方式相关的某些运动。另一种方法则是首先考察参与者及其对某项运动的理解，然后考察可能与之相关的生活方式（Tomlinson等，2005）。有人认为，不能仅仅因为没有足够的区域满足户外运动的需求，就禁止游客进入保护地。保护地的管理者在制定政策时应考虑到户外娱乐和体育的需求（Turk等，2004）。

就管理而言，分区可以最大限度地减少户外运动与自然环境之间的冲突和对生态环境的不良影响。亨肯斯(Henkens,2008)指出,要开发水上娱乐分区工具以改善对问题源头的管理。分区既可以是时间上的分区,也可以是空间上的分区。对与水上运动项目有关的野生动物区来说,这可能意味着人们在某些时间段禁止进入整片区域或特定区域。还应让相关利益团体参与分区制定,因为这不仅可以为我们提供支持,还可以显示水上运动所需的发展可能性。除了分区之外,管理部门还可以采用其他的行为规则管理相关区域,就像规定山地自行车运动那样(Jansen,2004)。这些规则涉及废物的处理、其他游客、其他问题、技术、和动植物共存问题。除了山地自行车,管理部门还为其他运动制定规则。这些规则的结构类似,人们根据不同的运动类型进行了调整。风筝冲浪是一项危险运动,尤其是当你不知道如何使用器械的时候。随着风筝冲浪越来越受欢迎,事故发生率也越来越高,从小事故到重伤,甚至死亡,都时有发生(Spanjersberg 和 Schipper,2007)。

为了最大限度地减少户外运动对自然的影响和与游客之间的摩擦,管理措施大多结合了分区和促进交流等方面(Hidalgo 和 Harshaw,2012)。原则上,对自然区域的管理,必须保证能够进行户外活动,同时也要保护自然价值,保证游客体验的质量。适当的信息对于有效地管理一个区域是必要的。合作可以实际帮助解决这一点。鉴于当前趋势和户外运动增加的情况,不仅要研究预防冲突的方法和生态破坏问题,而且要更加认真地对待户外运动政策的实施(Manning 和 Anderson,2012)。有人认为,涵盖自然政策的现有治理结构过于注重自然的物质性质,即认为生物多样性和生态功能至关重要。但从旅游娱乐的角度来看,我们不应只关注物质环境,因为景观也是旅游娱乐活动的背景(Stenseke,2012)。

破解风筝冲浪复杂性的办法

基于实践的研究有助于利用生活体育重塑沿海健康旅游,因为与之相关的社会实践是有历史关联的,涉及两个群体:行为者,他们有自己的生活规律和生活方式;还有资源和基础设施条件(Verbeek 和 Mommaas,2008)。虽然强调了常规性和集体重要性,但这些做法本身是有内在区别和推动力的(Warde,2005)。虽然在旅游业中利用实践理论(Lamers 等,2017),但本章将探讨具体运动实践的构成和联系,为利用风筝冲浪这样一种生活体育重塑沿海健康旅游寻找方法。

实践理论认为,日常活动植根于某些例行程序中,涉及材料、意义和能力的整合(Pantzar 和 Shove,2010)。科勒(Keller)和哈尔基耶(Halkier)(2014)指出,每一种实践都由一系列协调一致的活动组成,每一种活动都有自己的目标和价值。

各种数据是在2014年、2015年和2016年三个不同的研究时期收集的,并且都是由研究人员在作者的监督下收集的。2014年,一个研究小组对泽兰省的25名风筝冲浪者进行了调查,了解他们的旅游体验,并对3名风筝冲浪学校的老板进行了采访,目的是全面了解泽兰省体育运动的开展情况。2015年,研究者基于2014年的研究成果开展了一项更详细的研究,对45名风筝冲浪者进行了调查,他们详细回答了动机、先前的体验、到达场地的便利性、水上的干扰因素、运动期间和之后的体验，以及回忆分享等问题。此外，研究人员还对其中 6 位风筝冲浪者进行了深度访谈。2016 年，我们开展了一项与风筝冲浪生活方式有关的小型健康调查。此次调查通过对相关网站和文献进行分析，使用案头研究的方式对专业人士进行了 8 次访谈。

研究者通过额外的案头研究扩大了先前收集的数据集。在实践理论的启发下，本研究也包含了研究者自己的思考和观察。研究者亲身参与他们所调查的社会实践是研究的前提条件（Schmidt，2016；Lamers 等，2017），因为只有亲身参与，研究者才能获得真实的理解和与实践性质相关的知识技能。这位研究者本身就是一位经验丰富的风筝冲浪者，他经常在泽兰省的沿海水域练习冲浪。此次分析的重点是当前实践与更理想的实践之间的对比（Kuijer，2014），分析过程中会用到研究者自己作为风筝冲浪者的体验。通过分析早期实地研究的数据集、额外的案头研究，以及研究者自己的思考和观察，可以初步探究利用风筝冲浪重塑沿海健康旅游的复杂性。因此，从内行的角度看，以下结果反映了收集和分析的各种数据来源的多样性。

探究风筝冲浪的复杂性

探究风筝冲浪复杂性可以从三个具有不同实践特点、联系和挑战的情境着手。

选择符合条件的地点

度假期间，风筝冲浪者的第二天性就是不断寻找冲浪地点。在理想的情况下，人们能很容易在线查找，比如通过某个区域的风筝冲浪网站或一般的水上运动平台查询。人们可以从网上获得风力和风向信息，并根据风向选定合适的冲浪地点。除冲浪地点以外，障碍物、海流、区域以及风筝的起飞降落地点等与潜在危险相关的信息也很受关注。一旦选定了一个地点，风筝冲浪者们就会互相联系，联系可以通过线上或线下的方式。这些人中有的是游客，有的是本地人。他们会讨论下一次练习的地点，有可能拼车前往。风筝冲浪者如果知道他们要去的地方有学校，可能会感到更安全、更舒适，因为他们习惯向当地人或当地教练询问场地的条件、规则和危险情况。他们可能会乘坐公共交通工具前往他们选择的地点，但更常见的情况是他们带上全部或部分装备开车前往。车辆尽量靠近海滩。遇到需要停车付费的情况，冲浪者会以简易的方式快速停好车，因为他们渴望尽快冲向海滩。他们只要看到同伴的风筝在空中升起，就会兴奋不已，因为这意味着冲浪正在进行，而且风向条件有利。

然而，上述理想情况与泽兰省风筝冲浪游客目前经历的情况有些不同。由于没有单独为风筝冲浪者准备住宿，来访的冲浪游客大多都在晚上遇到就凑巧一同住下。对前往泽兰省的游客来说，最重要的信息门户是当地旅游局网站：www.vvvzeeland.nl。网站主页宣传泽兰省的风筝冲浪运动，网站上还有以前的游客对他们经历的描述，有冲浪者和风筝冲浪者的照片，以及点击进入水上运动部分的选项。该网站有荷兰语、英语和德语可供选择，但网站信息没有全部翻译，只翻译了常见信息。网站上的宣传称这里"有大片开放的水域和海滩，可以进行快速和刺激的水上运动"，"这里有这么多海滩,你总能找到一个风向合适的地方冲浪,如果你想学一些(新的)技巧,那么泽兰省有众多冲浪学校供你挑选"。关于风筝冲浪,有人认为它是一种刺激的运动,布鲁沃斯丹、尼尔特杰扬斯、坎佩兰、弗鲁文波尔德和东堡的特定海滩都允许冲浪。而且所有风筝冲浪海滩都有相应的设施和商店,出租或售卖冲浪装备,它们还提供预订课程服务。宣传语的最后一句包含一个链接,邀请你"观赏风筝冲浪的视频"。如果你点击链接,就会进入一个网站,上面列出了与风筝冲浪有关的公司,还包含某个地点的信息。

整体来说,这里的信息服务不到位,而且很不完整,导致风筝冲浪者只能寻找其他的信息来源。谷歌搜索"风筝冲浪 泽兰省",搜索结果显示的主要是冲浪营业公司的业绩,以及最近(2016年7月)推出的网站"www.surfzeeland.nl"。如果你搜索"风筝冲浪点 泽兰省",这个网站就会跳到页面的顶部。该网站旨在对在泽兰省和荷兰北部和南部岛屿的风筝冲浪点进行全面的总结。上面虽然有关于冲浪地点的信息,但列出的地点不全,而且也不是所有的信息都清晰完整。

不只冲浪者会对风筝冲浪的地点感到疑惑,当地人有时也会很困惑,因为法规的变化,或者因为某些网站上列出的内容和当地一些海滩标志上的内容矛盾。这反映了空间规划面临的困难和挑战,即哪些区域允许风筝冲浪,以及冲浪地点的分区问题。人们认为,风筝冲浪会对自然环境造成不良影响,这种观念加剧了这些不良影响。尽管公共工程、水资源管理部门以及自然组织对决策也有很大的影响力,但一些风筝冲浪者认为,地方规则应由地方政府制定。许多风筝冲浪者不会把当地的规则与对鸟类的影响联系起来,但他们认为,这些规则对鸟类没有什么坏处。目前一些地点被指定为风筝冲浪点,允许人们冲浪。冲浪地点越多,对在泽兰省接受调查和采访的风筝冲浪者来说越有利。

然而,网络上提供的关于这些地点的信息往往不清楚、不准确、不完整,而且缺乏细节。即使它们是由NKV创建并公布在网上的,人们也并不总是能清楚地知道安全规则。这篇文章是用荷兰语写的,很难理解,而且还有错误,后来才修改过来。风筝冲浪爱好者可能会在选择地点时犹豫不决,然后从网上搜索如何到达这个地点的信息。接着,他们会前往那里,结果却发现禁止入内,周围荒无人烟,或者很奇怪的是,地点可用但几乎无人使用,也没有相关设施;又或者是被批准使用的海滩十分拥挤,设施也寥寥无几。

总之,为了满足风筝冲浪者的期待,提高他们的兴奋度,增加他们与大自然接触时的自由感,他们必须了解当地与自然有关的规章制度,同时必须意识到其他可能的危险。

风筝冲浪需要尊重彼此,尊重自然,尊重身心

理想状况下,风筝冲浪者们停好车,走进海滩,就能看到海滩上的欢迎标志。这个标志在地图上代表冲浪区,就像划定其他游客的专属区(比如风帆冲浪者或游泳者的区域)一样。最佳的起点、降落点以及人们必须知道的主要障碍也会标出。除了风筝冲浪信息外,该标志还会显示这一地区的自然发展情况,有助于提高人们对生态价值的认识。标志上也会显示是否有救生员,如果有,就会列出救生员的详细联系方式。

除了这些,还有水温、平均风力和风向的信息。如果地点不是太拥挤,又能平衡海滩活动和水上充满活力的冲浪运动,风筝冲浪者们就会对这个地点感到满意。此外,他们希望能够在这里放松,储存随身物品,吃喝,特别是与人交往。冲浪者在水上的时候需要把一些东西留在海滩上,所以管理很重要,但这也很困难,因为几乎无法辨认哪个风筝或冲浪板属于谁。在风筝冲浪区,学习者最好都穿相同颜色的背心,教练可以穿不同颜色的背心,从而区分学习者和教练。冲浪者整理装备时,会对当前的情况进行交流,以改进准备工作。同时,如果出现危险情况,例如一个初学者以不可取的方式放飞风筝时,他们可以互相警告。其他游客(如游泳者和风帆冲浪者)最好在另一个区域活动。但如有需要,帆板冲浪和风筝冲浪也可以在一处进行。在沙滩上散步的人最好在远处观赏,与风筝保持一定的距离,不要越线。

在互相帮助放飞风筝之后,只要水上有足够的空间,冲浪者就可以练习新的技巧或者来回巡航,那样的场面是很吸引人的。他们互相照看对方,经过的时候笑着挥手向对方打招呼,遵守在适当和必要时让行的规则,如果有人撞坏了风筝,他们会询问对方是否安好,然后捡起风筝,并且与冲浪课程教学区域保持适当的距离。风筝冲浪者只在彩色浮标标示区域活动。

冲浪时,风筝冲浪者会体验到一种极大的自由感,这让他们可以把每天的压力抛在脑后,时刻感到放松。肌肉更有活力,身体状况得到改善,在短暂的休息时间吃点健康的零食也很有益。经过 2 到 4 个小时的风筝冲浪,风筝冲浪者会停止练习,他们筋疲力尽,但感到满足,他们把风筝降下,然后收拾行李。在此期间,他们会分享经验,并坐在海滩上享受彼此的陪伴,帮助其他人放飞和收起风筝。练习结束,风筝冲浪者们会感到放松,因为他们意识到大自然并没有遭到破坏,而是被他们很好地利用,帮助了他们减压和锻炼。同时,他们也没有与其他游客发生冲突。

上述理想情况并不能完全反映泽兰省风筝冲浪海滩上的实际情况。如果冲浪者不熟悉风筝冲浪运动的规则,或不知道哪些海滩允许冲浪运动,他们可以询问当地的教练、学校或其他风筝冲浪者。不过,这些人很可能不在身边,或者无暇顾及。当地的风筝冲浪者可能会因为外来冲浪者的到来而感到恼火,因为他们的到来使本就有限的空间人满为患,景点的游览乐趣也因此减少了。因此,当外地冲浪者向当地冲浪者询问时,可能会感受到对方的不友好。在风筝冲浪者聚集的地方,人们的集体意识似乎很弱,即使人们会互相帮助,也不是因为他们想这样做。如果我们仔细观察他们冲浪水域的情况,就会发现并非每个人都知道或在意安全规则和如何避让他人。几乎每次风向好的时候都会发生或险些发生意外。冲浪的空间很拥挤,尤其在夏季。由于水上空间有限,有经验的风筝冲浪者与初学者和教练距离太近,有时这些人甚至会在他们中间活动。事故不只发生在水上,在海滩上也时有发生,主要发生在风筝降落和放飞时,主要是因为练习者不小心或能力不足。很多放飞区的海滩上都有人散步,他们喜欢观看风筝,但不知道其中的风险。为了安全起见,不宜让非风筝冲浪者进入这一区域。而且偷窃案件频发,小偷从海滩或停放的汽车上偷窃排挡的事时有发生。

在自然保护方面,几乎每一位风筝冲浪者都认为,风筝冲浪运动不会破坏环境。他们认为,扔的垃圾越少代表越爱护沙滩,他们就能享受更长时间的冲浪运动。作为

Natura 2000（欧洲自然保护地和动植物种群保护网络）提到的水上运动，风筝冲浪并不容易被人理解。风筝冲浪被定义为一种新的运动，且不同于风帆冲浪，因此可以根据当地政策为其制定规则。最后，人们假设的风筝冲浪运动对鸟类的负面影响似乎增强了人们的生态保护意识，这对风筝冲浪地点也有影响。对风筝冲浪是否会影响生态环境这个问题，冲浪者的看法是：与风帆、独木舟等其他水上运动相比，风筝冲浪对环境的影响并不大，它们只是规则不同而已。在水上进行了一次有（没有）收获或（不）满意的训练后，并不是所有风筝冲浪者都想要分享经验和在海滩上闲逛，有些人简单地收拾行李后就回到了车里。

促进重点风筝冲浪社区发展

在一场累人的练习之后，风筝冲浪者可能想要洗个澡，换件衣服，吃点东西，喝点水。这些可以在屋内完成，也可以在海滩上完成，前提是要有理由留在海滩上。一个强大的风筝冲浪社区能帮助风筝冲浪者创造和分享回忆。它还能改善社会管理水平，提高人们对规则的认识，如果风筝冲浪者能相互交流并分享经验，那么他们会增进对彼此的了解和对冲浪地点的了解。一个鼓励海边商店、学校或者酒店交流的社区，有利于交流和其本身的规划，也能带给游客更好的体验，提高他们的满意度。社区可以组织活动，可以由当地的风筝冲浪组织发起，并由学校或海滩餐厅提供支持。如果要改变规则，社区可以帮助宣传和提高人们的认识。此外，如果更大的风筝冲浪社区能提高冲浪者对身心健康的关注，那就能够激励他们追求健康，这将改善他们的风筝冲浪体验。而且这样也能与冲浪者的生活方式配合，有助于风筝冲浪者找到并实现身份认同。

一般情况下，滑板运动、冲浪与健康有着内在的联系；冲浪者在运动时身体状况会有所改善，而他们进行冲浪运动又要依赖良好的身体状况。同时，冲浪者的精神状态也很重要，因为这是他们感受自由、感觉失重，将压力抛诸脑后的一部分。世界各地提供冲浪课程的度假村几乎都提供瑜伽课程，因为许多瑜伽姿势可以帮助风筝冲浪者提高在冲浪板上的平衡能力。其他的练习则锻炼手臂和腿部肌肉。此外，身体灵活性的增强也会降低受伤风险。瑜伽里的呼吸练习也对冲浪有益。练习风筝冲浪可以强化身体机能，增强肌肉力量，增加柔韧性和改善心血管系统。在理想状态下，冲浪或风筝冲浪对大脑是有好处的；抑郁或自杀在冲浪群体中很少见，因为在水上的平静感能帮助风筝冲浪者们从日常生活和压力中脱离出来。此外，它还有利于平衡工作和生活以及工作表现的心态。

尽管在泽兰省中没有明确的风筝冲浪社区，但有一些风筝冲浪团体。一个名为"泽兰省风筝冲浪"的脸书页面有 425 名成员，他们每个月会分享一些帖子。他们有时举办活动，但从不以明确的方式组织。其他相关活动如瑜伽课、烧烤、教练日和其他冲浪聚会基本上总是商业聚会，如海滩餐馆或冲浪学校。虽然这本身并不是一件坏事，但并不是所有的参与者都相互了解，或者作为付费客户而愿意了解。他们经常和认识的人一起，或者为了与认识的人见面而报名参加某些活动。在冲浪练习或其他相关活动中拍摄的照片会在群组中共享，但不会公开分享在群组网站或平台上，而是通过

WhatsApp 或冲浪者自己的脸书分享。一些冲浪学校会拍照或录制视频,并分享在自己的网站和脸书上。外地冲浪者很可能认不出这是泽兰省的某个社区,所以很难获得理想的冲浪氛围,而且一旦接触到其他风筝冲浪者,这些地区会因为在冲浪者中人气高而面临环境挑战。

利用风筝冲浪来重塑沿海健康旅游的复杂性

虽然风筝冲浪被称为极限运动,但它具有独立性、自发性、自我实现、乐趣和与自然体验等关键特征(Turk,等,2004),这意味着这项运动有益健康(Huber,2014)。除了运动,自由的感觉有助于减轻压力,还鼓励社会参与。练习风筝冲浪也可以提升生活质量。因此,完全可以利用风筝冲浪对景区进行重新规划,并使之成为沿海健康旅游目的地。然而,仅仅在宣传网站上放一张吸引人的图片、一段引文和一些文字,并不足以为这个有前途的市场提供支持。

正如本章所指出的那样,通过探讨该运动在泽兰省的复杂性可以发现,由特定意义和装备构成的风筝冲浪运动(Pantzar 和 Shove,2010)并不完全与目的地品牌、保护自然和空间规划一致。泽兰省拥有引人入胜的自然景观,加上其沿海的水域和风力条件,可以吸引风筝冲浪者等小众游客,但这些区域往往是某些动植物的栖息地(Turk,等,2004)。正如帕泰(Patthey,2008)等人提到的:脆弱的生态系统面临越来越大的压力,人们认为风筝冲浪对鸟类的负面影响尤其明显。但是由于这方面的实证性研究不足,人们对风筝冲浪与自然保护之间的关系认识不一。尽管如此,这两种实践中保护自然的理念似乎是相似的。

娱乐冲突确实比活动差异更复杂(Jacob 和 Schreyer,1980;Jackson 和 Wong,1982),并且确实与观念有关(Cessford,1995)。风筝冲浪者与游泳者或帆板冲浪者之间的冲突,以及本地和外来的风筝冲浪者之间的冲突确实对预期目标产生了影响。而在实践中,含义是不同的。在安全冲突方面,像海滩游客离冲浪地点太近的情况一样,游客似乎对潜在危险存在认知差距。场地过于拥挤可能导致人们在不太方便的区域使用风筝板冲浪。当没有足够的区域来满足风筝冲浪等户外运动的需求时,禁止人们进入保护区的方法并不奏效(Turk,等,2004)。对自然环境来说,它确实有效,但出于安全考虑,减少风筝冲浪地点会导致更多的事故,因为现有的风筝冲浪地点可能变得过于拥挤,无法安全地练习。研究结果表明,沟通和分区问题能得到缓解,最大限度地减少风筝冲浪对自然的影响和各类游客之间的摩擦(Hidalgo 和 Harshaw,2012)。虽然有风筝冲浪规则(Jansen,2004),但人们对这些规则的交流很少。

斯滕塞克(Stenseke,2012)认为,由于景观是风筝冲浪等娱乐活动的背景,所以制定相关政策时不应只针对物质环境。从本研究能够得到一定启示,以更好地准备、体验和评估风筝冲浪运动。关于风筝冲浪地点信息,如果人们能够在网络上得到完整信息并进行网络交流将是一大进步。将该地区打造成健康旅游和水上运动的目的地是可能的。然而,必须精确定位风筝冲浪群体,以避免游客的期望值过高,最终无法达到期望值。在选定的地点停车最好靠近海滩,停车付费也要便利。游客们一定希望能在海滩上设置一个信息标志,提供有关区域、障碍物、自然环境、救生员服务和实际情况的信息。如果该地区有足够的地点可供风筝冲浪者使用,那么标出某一分区的信息将有助于提高冲浪的安全性,减少冲突和事故。强调环境的生态价值,最理想的做法是提高所有游客尊重环境的意识。只有这样,自然才能得到保护。

一个更强大的风筝冲浪社区,能够让本地和外地的风筝冲浪者友好相处,并吸引新成员加入,也能组织与生活方式相关的活动,并参与营造"冲浪氛围"。这不仅能改善风筝冲浪的体验,还能提供有关规则以及维持社会秩序的积极做法的重要信息。冲浪练习结束后,社区成员可以分享他们的经验,互相学习,并在海滩或海滩餐厅度过愉快的时光。

一个强大的社区有利于游客的心理和身体健康,因为成员们可以相互调动积极性,参加其他户外运动或冲浪,注意营养均衡,都能改善风筝冲浪的体验,有利于重塑沿海健康旅游目的地。

研究者将早期收集的数据与自己的想法和观察结合可以看作本研究的局限。我们应该对与风筝冲浪有关的娱乐活动、品牌、规划和自然保护实践进行系统地规划和分析,这样才能更清楚地明白,怎样才能将生活体育打造为沿海健康旅游目的地的一部分。

致谢

笔者特此感谢奥雷利亚·格里加拉维丘特(Aurelija Grigalaviciute)、卡利斯·贝尔瓦斯(Carlies Bervaes)、艾瑞卡·瓦斯基特(Erika Vaskyte)、艾维·沃格尔(Evi Vogel)、朱琳·斯托特勒(Jolien Storteler)、斯特夫卡·马特瓦(Stefka Mateva)、马库斯·布吕格曼(Markus Brüggemann)、维杰布兰德·胡姆斯(Wijbrand Houmes)和尤努斯·根格尔(Yunus Güngördü)对本章节涉及的应用研究项目做出的贡献。

参考文献

[1] Barbieri, C., Henderson, K. A. and Santos, C. A. (2014) Exploring memorable surfing trips. *Annals of Tourism Research* 48, 277-280.

[2] Buckley, R. (2002) Surf tourism and sustainable development in Indo-Pacific islands. I. The industry and the islands. *Journal of Sustainable Tourism* 10 (5), 405-424.

[3] Cessford, G. R. (1995) *Off-Road Impacts of Mountain Bikes: A Review and Discussion*. Department of Conservation, Wellington, New Zealand.

[4] Christensen, K. M., Holt, J. M. and Wilson, J. F. (2013) The relationship between outdoor recreation and depression among older adults. *World Leisure Journal* 55(10), 72-82.

[5] Davenport, J. and Davenport, J. L. (2006) The impact of tourism and personal

leisure transport on coastal environments: A review. *Estuarine, Coastal and Shelf Science*, 67(1), 280-292.

[6] Hanglos (2012) Definitieve vergunning kitesurfen Strand Horst. Available at: http://hanglos. nl/news/287810/ definitieve-vergunning-kitesurfen-strand-horst. html (accessed 18 June 2017).

[7] Henkens, R. J. H. G. (2008) *Kwalitatieve Analyse van Knelpunten Tussen Natura 2000-Gebieden en Waterrecreatie*, Werkdocument 119. Wettelijke Onderzoekstaken Natuur and Milieu, Wageningen, Netherlands.

[8] Hidalgo, A. E. R. and Harshaw, H. (2012) Managing outdoor recreation conflict of the Squamish, British Columbia trail network. In: Fisher, C. L. and Watts, C. E. (eds) *Proceedings of the 2010 Northeastern Recreation Research Symposium*. Available at: http://www. treesearch. fs. fed. us/pubs/40343 (accessed 12 June 2017), pp. 134-140.

[9] Huber, M. A. S. (2014) Towards a new, dynamic concept of health: Its operationalisation and use in public health and healthcare and in evaluating health effects of food. Doctoral Thesis, Maastricht University, Maastricht, Netherlands.

[10] Jackson, E. L. and Wong, R. A. G. (1982) Perceived conflict between urban cross-country skiers and snow-mobilers in Alberta. *Journal of Leisure Research* 14(2), 47-62.

[11] Jacob, R. and Schreyer, R. (1980) Conflict in outdoor recreation: a theoretical perspective. *Journal of Leisure Sciences* 12(4), 368-380.

[12] Jansen, P. A. G. (2004) *Schade en Overlast Door Mountainbikers: Perceptie of Realiteit?* Stichting Probos, Wageningen, Netherlands.

[13] Keller, M. and Halkier, B. (2014) Positioning consumption: A practice theoretical approach to contested consumption and media discourse. *Marketing Theory* 14(1), 35-51.

[14] Kuijer, S. C. (2014) *Implications of Social Practice Theory for Sustainable Design*. Delft University of Technology, Delft, Netherlands.

[15] Lamers, M., van der Duim, R. and Spaargaren, G. (2017) The relevance of practice theories for tourism research. *Annals of Tourism Research* 62, 54-63.

[16] Manning, R. and Anderson, L. (2012) *Managing Outdoor Recreation: Case Studies in National Parks*. University of Vermont, Burlington, USA.

[17] Miller, J. A. (2005) Extreme water sports. *Sports Med. CSMS Committee on the Medical Aspects of Sports, 3-7 June 2005*. Connecticut State Medical Society, North Haven, USA.

[18] Pantzar, M. and Shove, E. (2010) Understanding innovation in practice: a discussion of the production and reproduction of Nordic Walking. *Technology*

Analysis and Strategic Management 22(4),447-461.

[19] Patthey, P., Wirthner, S., Signorell, N. and Arlettaz, R. (2008) Impact of outdoor winter sports on the abun-dance of a key indicator species of alpine ecosystems. *Journal of Applied Ecology* 45,1704-1711.

[20] Schmidt, R. (2016) The methodological challenges of practising praxealogy. In: G. Spaargaren, G., Weenink, D. and Lamers, M. (eds) *Practice Theory and Research. Exploring the Dynamics of Social Life*. Routledge, London, UK, pp. 43-59.

[21] Sollart, K. M., de Niet, R. and Overbeek, M. M. M. (2006) *Natuur en Mens*, Werkdocument 46. Achtergrond bij Natuurbalans, Wageningen, Netherlands.

[22] Solomon, M. (2013) *Consumer Behavior: A European Perspective*, 5th edn. Pearson Education, London, UK.

[23] Spanjersberg, W. R. and Schipper, I. B. (2007) Kitesurfing: when fun turns to trauma-the dangers of a new extreme sport. *The Journal of Trauma* 63, E76-E80.

[24] Stenseke, M. (2012) On the integration of outdoor recreation in nature conservation policies. *Proceedings of the Latvian Academy of Sciences, section A: Social Sciences and Humanities* 66(3), 119-128. Available at: http://www.lza.lv/LZA_VestisA/66_3/12_Marie%20Stenseke.pdf (accessed 16 June 2017).

[25] Tomlinson, A., Ravenscroft, N., Wheaton, B. and Gilchrist, P. (2005) Lifestyle Sports and National Sport Policy: An Agenda for Research. Sport England, Eastbourne, UK.

[26] Turk, S., Jakob, E., Krämer, A. and Roth, R. (2004) *Outdoor Recreation Activities in Nature Protected Areas situation in Germany*. The Finnish Forest Research Institute, Helsinki, Finland.

[27] Verbeek, D. and Mommaas, H. (2008) *Transitions to Sustainable Tourism Mobility: The Social Practices Approach*. Routledge, Tilburg, Netherlands.

[28] Warde, A. (2005) Consumption and theories of practice. *Journal of Consumer Culture* 5(2), 131-153. Young, C. C. (2012) *The Importance of Putting the Fun Back in to Youth Sports*. American College of Sports.

12. 通过可持续旅游重振哥斯达黎加乡村社区

琳达·A.海恩、何塞·瓦尔加斯·卡马乔

> 21世纪的旅游业必须实现可持续发展,否则将无法生存。
>
> ——巴里·罗伯茨,可持续旅游认证项目负责人

■ 引言

哥斯达黎加,在西班牙语中意为"富饶的海岸",被称作全球可持续旅游业的领导者(Honey,2008;Miller,2012)。它之所以能获得这一广泛认可,很大程度上是因为该国不断强化保护自然资源的意识,并出台了相关的国家法规和政策。这些措施不仅推动了哥斯达黎加的基础设施建设,同时也推动了可持续旅游业在哥斯达黎加扎根,为该国乡村的振兴和福祉做出了巨大贡献。

哥斯达黎加是一个较小的国家,国土面积为51000平方千米,大小相当于丹麦或美国的西弗吉尼亚州。虽然国土面积仅占世界陆地面积的0.3%,但它却拥有全球近5%的物种(Anywhere,2012)。哥斯达黎加生物物种如此丰富的主要原因有三个。第一,哥斯达黎加位于太平洋和加勒比海之间,拥有独特的、物种丰富的生态系统;第二,哥斯达黎加境内海拔、降雨和地形的差异使当地形成许多独特的小气候,为不同物种和亚种的生存提供了条件;第三,哥斯达黎加位于连接南北美洲的中美洲地峡,为来自两大美洲的野生动植物以及当地特有物种提供了生存条件。

除了生物多样性丰富之外,哥斯达黎加的其他独特之处也使之成为主要旅游目的地。作为联合国创始成员国之一,100多年来哥斯达黎加一直实行民主制度。在这个国家,人民识字率超过92%,人口预期寿命为79岁,所有公民都享有国家医疗保险,99.4%的人口可以获得饮用水。可以说,正是这些独特之处,以及它世界级品质的咖啡和宜人的海滩,吸引了源源不断的游客(Honey,2008)。

本章旨在介绍哥斯达黎加作为可持续旅游发展的典范,如何成功提高其偏远乡村居民的生活福祉。本章讨论了哥斯达黎加环境意识的转变,这一意识的转变促使这个国家珍惜自然资源,并采取相应的保护措施。同时,本章还对奠定该国可持续旅游发展基础的国家法规和计划展开了谈论。为了说明这些政府举措和专业培训计划对乡

村旅游业带来的直接影响,本章提供了三个实际案例,每一个案例都代表了哥斯达黎加特有的可持续旅游模式:丹塔·科尔科瓦多旅舍(Danta Corcovado Lodge)是一家民宿;阿苏普罗(AsoProLA)是一个提供多元旅游产品的合作社;卡米诺斯·德·奥萨(Caminos de Osa)则是奥萨半岛小资本旅游创业者的集中地。图12-1是哥斯达黎加国家地图,展示了这三个案例所在位置。最后,本章还探讨了这三种可持续旅游模式带来的启示。

图12-1　哥斯达黎加地图(局部)

本章通过多种方式与书中的"福祉、旅游和自然保护地环境"主题紧密联系,以此为书中提供旅游经历的乡村地区人民和游客提供帮助。迪纳(Diener,2006)将"福祉"定义为"一个伞式术语,它包括人们对自己的生活、对发生在自己身上的事件、自己的身心以及所处的环境所作出的不同评估"(p.399)。本章所述地区均位于自然保护地附近。在这些地方,当地企业的发展促进了人们生活水平的改善,而当地居民收入和就业机会的增加则有助于提高地方经济水平,留住本土年轻人。在这里,可持续旅游模式的应用促使人们保护附近的自然保护地,同时提高了他们的环境意识和对自然的欣赏能力。随着商业与当地传统习俗的深度融合,这些地方出现了销售手工艺品和烹饪传统美食等贸易活动,当地的文化福祉得以大大提升。同时社区组织的活动还增强了当地人的赋能意识。当游客通过可持续旅游与当地人进行互动时,游客的福祉也获得了提升。他们不仅收获了旅行带来的乐趣,同时还获得了与大自然亲密接触的机会,以各种环保的活动方式与自然进行深入交流。除此之外,游客通过与当地人的真诚互动进行文化交流,学习当地可持续发展模式,促进乡村社区的福祉,并在这一过程中获得满足感。

瑞恩(Ryan)和德西(Deci)(2001)指出,当人们的生命活动与自身的价值观相契合时,就会产生福祉。本章提及的社区致力追求可持续的价值观,而这一价值观正是可持续旅游所推崇的。除了追求可持续的价值观以外,这些社区还希望通过践行这些价值观来推动社区的发展。对游客来说,当他们行使自己的权利,做出负责任的旅行决策,光顾追求环保的旅游场所时,他们也会从可持续旅游中受益。努斯鲍姆(Nussbaum,2006)也给出了"福祉"的定义,在她看来,公共行动和社会政策等外部因素也会带来"福祉",这一观点为本章的写作提供了新思路。本章将对哥斯达黎加的法规、计划和政策进行介绍,这些外部因素不仅促使可持续旅游在哥斯达黎加乡村落地生根,同时还帮助当地居民从中获益。通过介绍这些外部因素,本章将与全书主题再次紧密联系在一起。

定义

在本章中,哥斯达黎加国家旅游局(Instituto Costarricense de Tourismo,1997)将可持续旅游定义为:

可持续旅游的发展必须是以下三者之间的平衡互动,即自然和文化资源的利用、本土社区生活的改善,以及有利于国家发展的旅游经济发展。

这一定义的核心是保护自然和社会资源,鼓励当地积极参与可持续旅游发展。在哥斯达黎加,可持续旅游是发展全新旅游业务中不可缺少的一环(哥斯达黎加国家旅游局,1997)。

此外,哥斯达黎加《生物多样性法》(Biodiversity Law,1998)给出了"生物多样性"的定义,本章后续内容将对此法展开讨论:"(生物多样性)是所有来源的活的生物体中的变异性,其来源可以是陆地、天空、海洋、水生生态系统或其他生态系统,生物多样性包括物种内、物种之间及其所构成的生态系统的多样性。"

可持续实践包括一系列实践活动,如回收利用废品、进行有机耕作、使用替代能源、环保处理水和废弃物、保护文化习俗和传统,以及与土著居民等社区成员进行合作交流。除了为游客提供最佳旅游体验这一目标外,可持续旅游的最终目标是在保护邻近自然土地的同时,促进当地社区的福祉(哥斯达黎加国家旅游局,1997)。

研究方法

本章所有的案例均采用自然询问法进行调查研究(Lincoln和Guba,1985),即研究人员实地收集数据,进行立意抽样调查,并采用定性研究方法对实际情况进行分析。因此,该项研究设计具有创新意义,它的数据分析具有归纳性,而它的指导理论是基于当前数据发展得出的理论(即扎根理论)(Lincoln和Guba,1985;Patton,2002)。

负责本章案例研究的主要人员是一位美国人(本文第一作者)和一位哥斯达黎加本地人(本文第二作者)。后者不仅有22年管理哥斯达黎加小型乡村旅游的经验,同时还有15年培训乡村旅游创业者的经历,他为有意向成立小型可持续企业的创业者提供了不少帮助。正是有了这位当地作者的帮助,本文第一作者才得以进入研究环境,采访研究对象,为哥斯达黎加可持续旅游的相关立法、政策和项目提供背景信息。

在 5 年的时间里,本文第一作者先后三次到访哥斯达黎加,收集所需数据。他每次在哥斯达黎加待 2—4 周。他的第一次到访是在本文第二作者的帮助下,为当地本科生介绍乡村可持续旅游相关专业的留学经验。第二次和第三次的到访则主要关注当地学生的留学经历。

本章中,所有案例的选择都是在一定的研究目的下进行的(Patton,2002)。在待选的 9 个乡村可持续旅游案例中,本章选择的企业或组织均满足以下要求:①位于经济落后的偏远乡村地区;②位于自然保护地附近;③由哥斯达黎加当地人独家拥有和经营;④受益于政府资助的项目和培训;⑤采用反映生态系统服务的可持续经营模式;⑥克服了重重挑战并成功实践了旅游的可持续发展。

研究中采用的定性数据收集方法包括一对一访谈、参与式观察、现场记录以及研读书籍和网络资源,这些书籍和网络资源与当地社会和政府政策有关。在调查过程中,研究人员采访了 13 位当地居民(Patton,2002)。之所以选择他们作为采访对象,是因为他们生活在目标社区中,他们的故事是可持续乡村旅游在当地成功发展的真实写照。

研究中采用三角论证(即多位受访者,多个研究点)、研究人员审核和长期观察来保证研究的内部效度(Merriam,1998)。研究的外部效度也通过三角论证实现,并通过现场记录构建审计追踪(Merriam,1998)。

该项研究的局限性在于所关注的地理区域过于狭窄,即仅限于研究阿尔塔米拉和奥萨半岛地区。如上所述,之所以选择这些地点进行研究是因为它们位于自然保护地附近,致力于发展可持续旅游、提高当地的经济活力和促进民生福祉。研究的其他不足之处则主要是案例研究法固有的局限性,即研究结果取决于研究人员分析数据时的客观程度,因此所得结果既复杂又难以精确分析,并且无法依照传统的实验研究意义进行归纳(Hodkinson 和 Hodkinson,2001)。但是,这些局限性都被研究的重要价值所抵消,因为该项研究揭示了人们生活中的深刻故事,其中包含的复杂道理、人际关系和意外经历都具有一定的借鉴意义(Hodkinson 和 Hodkinson,2001;Yin,2014)。

可持续性:不断发展的伦理观

尽管哥斯达黎加是公认的可持续旅游领导者,但事实并非总是如此。在这个国家,许多消耗自然资源和社会资源的旅游活动仍然存在,这些活动通常是由大型外资企业组织的。尽管这些企业为当地人提供了不少就业机会,但当地人的收益不过是企业利润中的沧海一粟,而且他们在名胜景点和景区酒店中的损失也是显而易见的。

过去为了扩大原始地区大型酒店的规模,哥斯达黎加曾经是世界上森林砍伐较严重的国家。20 世纪 50 年代,哥斯达黎加以出口农产品为主要经济来源,其中最有名的是牛肉和香蕉。20 世纪 70 年代和 80 年代,哥斯达黎加人烧毁雨林来修建生产农产品的农庄和牧场,以满足世界人民对当地本土特产的需求(Boucher 等,1983)。20

世纪80年代,森林砍伐导致环境愈加恶劣,哥斯达黎加开始植树造林,建立自然保护地,转变对待自然的政策思路。现在,环境保护已经成为这个国家的头等大事,全国上下为自然资源保护做出了巨大的努力和让步(国家生物多样性研究所,2012)。

哥斯达黎加抛弃了以往对待自然的态度,逐渐意识到大自然的重要价值和保护大自然的必要性,因此该国的可持续旅游业不断发展壮大。尽管这一话题下的相关内容十分丰富,但本节的历史概要旨在为本章写作提供背景信息,因此仅着重介绍了哥斯达黎加政府及其公民在纠正先前的错误政策和促进可持续旅游小型企业发展上所做出的努力。

支持可持续旅游发展的国家倡议

如果没有政府和其他组织的支持,可持续旅游就不会出现在哥斯达黎加乡村地区。这些组织和政府机构为发展乡村可持续旅游提供了多种形式的帮助:制定实施相关法规,推行支持可持续旅游发展的国家计划,以及为当地旅游创业者提供培训。这些举措为小型企业的发展奠定了基础,下文将对它们展开具体介绍。

立法

哥斯达黎加国家立法的两大重要原则为该国可持续旅游企业发展奠定了深厚基础:一是要保护哥斯达黎加的自然资源,二是要为残障人群提供社会机会和经济机会。

《生物多样性法》

自1998年通过《7788号生物多样性法》(*Ley de Biodiversidad*, Biodiversity Law No.7788,1998)后,哥斯达黎加就将自然资源保护纳入了国家议程。该法明确了环境和社会双重目标:①通过对资源的可持续利用来保护生物多样性;②公平分配因保护自然资源而产生的收益,公平承担因保护自然资源而产生的衍生成本。该法的实施遵循以下四个通用原则(世界知识产权组织,2012):

(1) 尊重所有生命。无论它们当前或潜在的经济价值如何,所有生物都拥有生命权。

(2) 提供有益产品。生物多样性元素对居民的经济、社会、文化和美学福祉具有战略意义。

(3) 尊重文化多样性。必须依据国家和国际法律等规定尊重文化习俗,特别是要尊重农耕地区、原住民和其他文化群体的习俗。

(4) 保证代内公平和代际公平。必须以可持续的方式利用生物多样性元素,确保社会各阶层及其子孙后代也能够公平地享有生物多样性,并从中受益。

《生物多样性法》带来的直接影响就是哥斯达黎加陆地和海洋保护区面积的稳步扩大。2014年,该国将27.4%的国土划为受保护土地,将15.8%的领海划为受保护海域,而在1990年二者的比例分别为19.9%和11.9%(世界银行,2017)。这一比例的逐年增加主要归功于投资者,他们在哥斯达黎加投资打造了专用于研究和生态旅游的私人自然保护区(国家生物多样性研究所,2012)。

千年生态系统评估(Millennium Ecosystem Assessment)指出,《生物多样性法》的颁布具有重要意义,它象征着人们为推动生态系统服务所做出的共同努力,这些生态服务将以可持续的方式为人类和环境带来益处(千年生态系统评估委员会,2005)。同时,《生物多样性法》设定的目标与联合国2015年制定的"可持续发展目标"(SDGs)一致,后者是联合国千年发展目标的延续(Browne,2017)。《生物多样性法》包含17个"可持续发展目标"中的10个目标,包括①贫困;②良好健康与福祉;③清洁饮水与卫生设施;④廉价和清洁的能源;⑤体面的工作和经济增长;⑥可持续社区;⑦负责任的消费和生产;⑧水下生物;⑨陆地生物;⑩伙伴关系。此外,《生物多样性法》还具有另一重要意义,由于该法的出现早于千年生态系统评估和千年发展目标,因此该法标志着哥斯达黎加政府对保护生物多样性,发展生态系统服务的前瞻性思考。

2010年,为表彰《生物多样性法》的颁布和实施,世界未来委员会(World Future Council)授予哥斯达黎加"未来政策奖"(Future Policy Award),以此鼓励其他国家以哥斯达黎加为榜样,出台更多造福人类的政策。"未来政策奖"的设立是为了"表彰为当代和子孙后代创造更好生活条件的政策"(世界未来委员会,2017)。在接受颁奖时,时任哥斯达黎加大使的马里奥·费尔南德斯·席尔瓦(Mario Fernández Silva)承诺哥斯达黎加将致力于环境保护和可持续发展(Watts,2010):

> 我们宣告与自然和平共处。我们对保护生物多样性充满了强烈的责任感。对于自然,我们的态度不是开放的,而是保守的。我们坚信,在我们知道自己拥有哪些自然资源之前,我们有责任保护它。

在发言中,马里奥大使提到要与自然和谐相处,这句话曾经在1984年的哥斯达黎加得到过验证。当时该国政府大胆决定解散国民军,因为官员们认为,把分配给国防的资源用于自然活动,更有利于保护大自然,改善公民的生活质量。这一决定推动了多项可持续措施的实施。官员们一改以往的做法,将燃油税、汽车印花税和能源费收入转用于管理自然保护地,提供清洁空气和水资源,保护生物多样性,以及维护森林和种植树木。监管部门严格规范传统药物的生物开发,并将所得收益与当地居民分享。此外,哥斯达黎加还成立了由科学家、公务员和当地公民代表组成的国家生物多样性委员会,负责向政府提供政策建议,为社区提供可持续方法培训(Watts,2010)。这些积极措施不仅有效保护了该国的自然资源,而且促进了当地人民的福祉,推动了当地的教育发展。

无障碍性:《7600号残疾人机会平等法》

1996年,哥斯达黎加通过了《7600号残疾人机会平等法》(以下简称《7600号法》)(Law No.7600 Equal Opportunities for People with Disabilities)。该法与其他国家的反歧视法律类似,旨在弥补残疾人在社会机会、教育机会和职业机会方面的不足(《7600号法》,1996)。

《7600号法》中的第二章节以残疾人旅游为主题,涉及有关无障碍物理空间、交通、文化、体育和娱乐活动的法律规定。其中,"无障碍物理空间"条目下的规定适用于新建、增建和改建的公园、花园以及其他建筑物。这些规定指出,无障碍设施应当包括无障碍坡道、无障碍扶手、无障碍标示牌、无障碍停车场以及其他无障碍改造建筑。"无障碍交通"条目下的规定要求保障残疾人出行的便利和安全。而"无障碍文化活动""无障碍体育活动"和"无障碍娱乐活动"下的规定则与旅游公司等国有企业和私营企业密切相关。

由于生态旅游在哥斯达黎加是一个相对较新的产业,大多数旅游建筑和旅游设施都建于1996年以后,因此《7600号法》设定的无障碍标准符合该国的实际情况。哥斯达黎加企业在新建或改造建筑物时,必须遵守有关无障碍设施的规定。不过,某些旧建筑目前可能无法实现无障碍通行,但可持续旅游一直处于接待残障人群的最前沿。在此之前,残疾人无法享受周到的游客服务,如今无障碍住宿和旅游服务吸引他们前来。此外,由于残疾游客通常选择与朋友或家人一起度假,因此可持续旅游企业的客户群体得以进一步扩大。可以说,《7600号法》不仅保护了残疾人的权益,而且推动了可持续旅游企业的发展。

国家项目

可持续旅游认证

"可持续旅游认证"(*Certificación para la Sostenibilidad Turística*)是促进可持续旅游的另一可靠举措。这一志愿项目由国家旅游机构哥斯达黎加旅游学院提供赞助,根据旅游企业对既定可持续标准的遵守程度对其进行认证。旅馆和旅行社均可申请认证(可持续旅游认证,2016)(见图12-2)。

"可持续旅游认证"从四个维度评估企业的可持续性(Turismo Sostenible,2016):①物理、生物学参数;②基础设施和服务;③外部客户;④社会、经济发展。企业在四个维度上的遵守程度被分为1到5五个等级。每个等级由一片叶子(而不是用日常习惯使用的星星)表示,最高等级为5片叶子。等级1表示企业达到既定标准的20%—39%;等级5表示企业至少达到了95%的标准。如果某家旅行社或旅馆获得了5片叶子,说明该企业采取了以下几种可持续做法(哥斯达黎加旅游学院,2012):

- 使用天然、可生物降解和可回收的产品
- 节约用水、节约用电
- 无排放、无污染或使用无害产品
- 限制旅游团人数
- 提供可持续旅游工作人员培训
- 高效处理废物
- 企业客户参与环境保护和社区发展项目
- 宣传传统美食和习俗,包括特色美食和手工艺品

图 12-2　哥斯达黎加"可持续旅游认证"标志

当一家企业获得认证后,它将以网络广告形式出现在可持续旅游认证网站上,以供喜欢光顾可持续旅游企业的游客参考。企业获得的叶子越多,收获的益处也就越多。其中企业收获的商业奖励可能包括国家和国际宣传、员工培训,以及优先参加世界旅游活动和展览会的机会。

"可持续旅游认证"的四个评估维度如下:

1. 物理-生物学参数

评估公司与周围自然栖息地的互动关系。

2. 基础设施和服务

旅馆:评估管理政策和运营系统(节能、水纯度、废物处理)。

旅游社:评估旅游产品对景点热度和可持续实践的反映程度。

3. 外部客户

评估客户对公司可持续发展政策的贡献程度。

4. 社会、经济发展

评估公司与相邻社区之间的互动关系,以及对地区发展的支持程度(Turismo Sostenible,2016)。

到目前为止,"可持续旅游认证"项目的创新认证方法赢得了不少人的赞誉,但也收到了一些批评。例如,申请"可持续旅游认证"是一项费时费钱的事情。因为企业在申请和维持认证时需要递交大量的文件材料,而这些材料的整理不仅耗时,而且十分烦琐,通常需要雇用额外的整理人员,这笔费用对于小企业来说难以承担。高档酒店可能会为了获得 5 片叶子,雇用其他员工来整理文件,但实际上他们对待可持续发展的耐心远不如一家小型家族企业。除此以外,一些酒店也可能会出于其他动机申请认证,例如他们的申请目的是获得公众的认可,而不是出于对可持续的推崇(M. Oviedo

Sánchez,personal communication,January 5,2017)。

该认证项目的另一不足之处就是其复杂且难以理解的评估标准,特别是对于那些教育水平有限的人来说,想要完全掌握它的评估标准更是难上加难。此外,认证过程中用于记录和打印表格的纸张也颇为讽刺,它与环境保护的初衷背道而驰(M. Oviedo Sánchez,personal communication,January 5,2017)。目前认证官们已经意识到了这些问题,他们正在考虑修订评估标准,以期提高认证的公平性,实现真正的可持续(S. Matamoros Mendoza,personal communication,January 7,2017)。

蓝旗生态计划

1996年,为了应对迫在眉睫的海滩污染,哥斯达黎加启动了"蓝旗生态计划"(*Programa Bandera Azul Ecologica*)。"蓝旗生态计划"以欧洲同名计划为蓝本,旨在解决哥斯达黎加海滩、沿海地区和旅馆的水质问题。为了实现这些目标,政府主要部门和公民两大群体共同发挥了关键作用。

该计划受国家蓝旗委员会监管,国家蓝旗委员会由来自以下合作机构的代表组成(Environment for Development,2012):哥斯达黎加旅游学院、国家供排水服务局、国家旅游商会、公共卫生部、教育部和环境能源部。这些机构就推动自然和人力资源的可持续进行合作。各方共享信息,相互交流,共同制定跨领域决策。

"蓝旗生态计划"覆盖广泛,无论是海滩、旅馆、学校,还是沿海社区和内陆地区都可以申请参加。该计划与"可持续旅游认证"类似,都是自愿申请的,并且有一套严格的评估标准。例如,对沿海社区的评估就包括五个方面:①海洋微生物质量;②饮用水质量;③沿海卫生设施质量(垃圾、工业垃圾、径流水);④提供环境教育;⑤安全和管理。沿海社区必须在这五个方面达到90%的标准才能获得蓝旗,同时国家水务实验室每年会对其进行3次取样调查。如果社区有一项不达标,有关部门就可以撤销其蓝旗,直至达标(Backteman,2010;Environment for Development,2012)。

如上所述,公众参与是"蓝旗生态计划"的关键。许多沿海社区的生活水平取决于该社区吸引游客的能力,因此,环境教育和公民责任感对于环境保护至关重要。蓝旗计划中的蓝旗标志与"可持续旅游认证"中的叶子标志一样,都为企业提供了营销优势。蓝旗是安全海域和可饮用水的标志,具有环保意识的游客可以据此前往有蓝旗标志的海滩或旅馆。每年沿海社区上空飘扬的蓝旗数量都在不断增加,这恰好证明了该项计划的成功。

创业培训计划

"可持续旅游认证"和"蓝旗生态计划"为哥斯达黎加开展可持续旅游业务提供了必要的基础设施,创业培训计划则使可持续旅游这一概念成为现实。该计划针对每个社区的不同需求,为它们量身定制了长达数年的可持续旅游培训计划。通过这些培训计划,自然保护地附近的当地居民获得了创业帮助,开展了自己的可持续旅游业务,例如开办旅馆或酒店、组织旅游和户外活动。

创业培训计划通常围绕旅游业务展开,重点关注创业者的环境责任和社会责任。

该项计划的一个中心主题就是赋能。为了帮助社区成员实现自给自足，创业培训计划为他们提供了所需的技术支持。其总体目标是改善当地居民的福祉和生活质量，并使他们留在当地生活。因此，该计划的预期结果是通过为居民提供就业机会，特别是为年轻人提供机会，来提高农村社区的经济活力，保护当地的文化习俗和传统，并通过提供环境教育促进自然资源保护。

哥斯达黎加的创业培训计划由阿维纳基金会（Fundación Avina）、大自然保护协会（The Nature Convervancy）和保护国际基金会（Conservation International）等组织开展。本章重点关注在奥萨半岛卡米诺斯·德·奥萨开展的创业培训计划，并将在后续的案例研究中对此进行深入探讨。

乡村可持续旅游案例

本节介绍了哥斯达黎加乡村社区的三个可持续旅游案例，每个案例都代表了不同的经营模式。丹塔·科尔科瓦多旅舍是一个建在私人土地上的民宿，它的成功经营充分展示了当地居民的创造力和才能。阿苏普罗合作社是一个由72名社区成员组成的协会，他们通过多元化的乡村旅游企业创造商机，并以此谋生。卡米诺斯·德·奥萨是小型家族企业的集中地，这些企业的目标客户是那些慕名前往奥萨半岛的游客。哥斯达黎加政策之所以屡获殊荣，就是因为其背后的指导原则具有无穷潜力，以上三个案例揭示了这些指导原则是如何为当地社区、当地经济和文化发展，以及保护周边自然土地提供帮助的。

案例研究一：丹塔·科尔科瓦多旅舍

丹塔·科尔科瓦多旅舍是一家民宿，坐落在以生物多样性丰富而闻名的奥萨半岛。旅舍以岛上濒临灭绝的哺乳动物"丹塔"（*danta*）（瓜亚米语中"貘"的叫法）命名。当时，旅舍主人梅林·奥维耶多·桑切斯（Merlyn Oviedo Sánchez）在考虑给旅舍取什么名字时，恰巧遇见一只雌貘在附近的一条小溪边分娩。主人于是以此为标志，将旅舍以雌貘和她幼崽的名字命名。

丹塔·科尔科瓦多旅舍是一家充满资源和创造力的自营旅舍。2011年，奥维耶多·桑切斯（见图12-3）回到父亲的家庭农场开始创业。他向我们讲述了旅舍的历史：

> 我的父亲胡韦纳尔·奥维耶多（Juvenal Oviedo）出生在加勒比海边。大约50年前，他来到哥斯达黎加南部寻找黄金。当时这里还没有路，他只能乘船到达。他淘了几天黄金，然后离开了南部，来到了奥萨半岛。那时这块地还没人占领，任何人都可以在这块土地上耕种。最初，这片农场占地90英亩。我家有14个孩子，父亲就靠在这片农场上养牛和种粮食来养家糊口。
>
> 我在这里长大。15岁那年，我离开奥萨半岛，搬到希门尼斯港上高中。离开的10年里，我在加利福尼亚和佛罗里达都生活过，干着装修的活。1999年12月，我又回到哥斯达黎加，在市里当了两年电工。当时我压力很大，每

图 12-3　梅林·奥维耶多·桑切斯——丹塔·科尔科瓦多旅舍的所有者和经营者

两周就会生一次病。在与姐姐交谈后,我决定搬回农场。

我没钱去建造我梦想中的旅舍。如果我有钱的话,我一定会用混凝土砖块砌起我的旅舍,但我没有,因此我只能发挥自己的创造力,用农场里能用的一切来打造我的理想旅舍(见图 12-4)。我从父亲那里拿了些剩下的硬木,用它们做了张简单的桌子。来到旅舍的每个人都非常喜欢这张桌子,所以我想这就是我要走的路。我用双手打造出旅舍的一切,靠着我的创造力,旅舍慢慢地步入正轨,但可持续的经营模式才刚刚开始。

正式开始创业的六个月后,奥维耶多·桑切斯遇到了瓶颈,他不知该如何继续发展他的业务。就在这时,他遇到了何塞·瓦尔加斯·卡马乔(José Vargas Camacho)(见图 12-5),当时何塞正在进行"卡米诺斯·德·奥萨青年商业领导力计划"(the Business Leadership Programme with Young People in Caminos de Osa),这是由阿维纳基金会和大自然保护协会共同资助的一项创业培训计划。该计划为当地年轻人提供资金和技术支持,以此来增加他们的就业机会,减少他们对奥萨生物走廊的影响。奥维耶多·桑切斯介绍了这项计划所包含的培训和创业帮助:

"青年商业领导力计划"的目标是帮助成立负责任的本土企业。这个计划在奥萨半岛挑选了 25 个当地人进行培训,而我就是其中之一。当时我正在建造旅舍,但我没有任何商业知识。我对行政管理、市场营销和会计一窍不通。这个计划告诉我们创业的流程,第一步就是确定一个有价值的创业项目。我们要考虑这个项目是否有市场。然后何塞会询问我们期望学习的技能。

何塞为我们提供所需的一切。他聘请专业会计师、营销人员和其他专业人士对我们进行指导。这个计划的一大亮点是对人进行投资,而不是对业务进行投资。两年半后,12 位接受过培训的人正式开启了他们的创业之旅。

奥维耶多·桑切斯还谈到了所在社区面临的一些挑战:

图 12-4　奥维耶多·桑切斯用找到的木材在丹塔·科尔科瓦多旅舍搭建的简易别墅

图 12-5　绿色自然之旅的联合创始人兼创业顾问何塞·瓦尔加斯·卡马乔(右)

在这个偏远的地方,我们都是穷人。尽管这里经济发展迅速,但本地人却没有学习业务知识、开拓业务市场的机会,这令人十分遗憾。这里的人们对财富没有概念,他们卖掉自己的土地、车子或房子,几年过后他们就变得一无所有。地主会沦落为园丁,然后在曾经属于自己的农场干活。这种现象在这里十分普遍。但这还不是最糟糕的,最糟糕的是一旦你卖掉自己的土地,就再也没法把它买回来。所以在这里,本地人拥有 10 个小旅舍也好过让外来人拥有一家本地大酒店。因为只要我们有了地,就有了创造一切的资本。

丹塔·科尔科瓦多旅舍的经营模式极具代表性,它仅靠土地发家,并致力于可持续发展。在这家旅舍里,所有的建筑和家具都是用旧有的木材打造的,没有砍伐一草一木,不仅保留了森林的自然美,还在保护大自然的同时实现了人造美。此外,旅舍还购置了一批本土产品,并放置了垃圾桶、回收桶和堆肥桶。在这里,葡萄酒瓶不仅是可替换的灯罩,还可用于稳定和装饰水泥结构。旅舍内使用太阳能电池板加热淋浴水,并提供未经漂白的卫生纸,浴室里张贴有标识牌提醒客人缩短淋浴时间,随手关灯以节约水资源和能源。

奥维耶多·桑切斯与本地人的合作为旅舍和社区带来了不少益处。他只雇用本地居民来建造和经营旅舍,而附近城镇的人只能在旅舍里当厨师、服务员和清洁工。他说,聘请其他地方的厨师也不是不可以,但是"村里的妇女做饭很好吃,她们的饭菜很有本地特色"。除此以外,奥维耶多·桑切斯还经常为社区活动提供帮助,例如帮忙粉刷房子,雇用当地工匠画壁画,或是为本地青年教育项目捐款。他认为,这些做法能为这个地区带来财富,并将这些财富牢牢地留在当地经济中。

随着时间的推移,奥维耶多·桑切斯的旅舍越做越大,业绩相当可观。旅舍内有无障碍房间和独立雨林别墅两种房型供游客选择。游客们不仅可以要求旅馆为他们安排观鸟、划皮划艇、骑马、淘金,以及参观科尔科瓦多国家公园或是附近的瓜亚米等游览活动,还可以选择"巧克力之旅"、丛林夜行和高空滑索等惊险项目。对于旅舍取得的成功,奥维耶多·桑切斯充满了感激,他坚信:"我们不能只想到钱,还要多想想大自然。赚钱和保护自然之间应该保持平衡,我认为人类最大的问题就是不知如何平衡二者"(Music 和 Jordan,2010)。

今天,丹塔·科尔科瓦多旅舍的使命就是成为奥萨半岛乡村旅游的"领头羊"和当地经济发展的典范,同时还要成为保护自然资源、推动创意设计、促进可持续发展的榜样。奥维耶多·桑切斯创建的商业模式正激励许多奥萨人加入创业行列,从此开启自己的家族事业。

案例研究二:阿苏普罗合作社

阿苏普罗合作社位于塔拉曼卡山脉拉阿米斯塔德国际公园(La Amistad International Park)的缓冲带,是阿尔塔米拉社区成立的草根协会。阿苏普罗合作社(AsoProLA)是"*Asociacion de Productores la Amistad*"的缩写,意为"生产者友好协会"。该合作社与附近的阿苏普罗公园关系密切,因此以该公园的名字命名。事实上,阿尔塔米拉社区中的主要道路能够通向阿苏普罗公园唯一一个全年开放的入口。

阿苏普罗合作社目前有 72 名正式成员,这些成员都经营着各式各样可持续的买卖。这些买卖包括开办旅馆、饭店、咖啡厂、有机农场、旅客服务中心、冰淇淋店、手工艺品店、锯木厂和家具工作室。阿苏普罗合作社成员必须来自社区,以确保社区中的每个人都拥有相同的愿景和利益。目前大约有 235 名社区成员从该协会组织的活动中受益。

阿苏普罗合作社社长耶恩德里·苏亚雷斯·查孔(Yendri Suárez Chacón)(见图 12-6)表示,合作社的主要目标是"以可持续的方式使用所有产品,从而实现环境保护,改善人们的生活条件"。合作社的官方任务是"将男人、妇女、青年和儿童活动纳入日常工作范围,以确保推进可持续发展和致力于环境保护的多元生产活动,从而拯救人们的文化观和价值观"(阿苏普罗合作社,2011)。为此,阿苏普罗合作社提出了五个目标:

(1)增加家庭收入以改善生活质量;
(2)减少对拉阿米斯塔德国际公园的环境影响;
(3)开展以农业生态旅游为主的生产活动;
(4)改进咖啡加工工艺;
(5)合理处理固态、液态废物。

为了实现主要目标,阿苏普罗合作社已获得数个政府项目的资助,包括哥斯达黎加小额赠款项目、哥斯达黎加有机生产家庭合作联盟、哥斯达黎加发展教育集团,还有其他外来捐助者的资助。

苏亚雷斯·查孔谈到了阿苏普罗合作社的起源及她早期承担的工作:

> 成立阿苏普罗合作社的主要目的之一是留住本地年轻人。许多年轻人在这里读完高中后,并没有多少谋生的机会。因此他们离开社区到城市去找工作。我 17 岁高中毕业,当时我也很想去大城市学习和工作。但现实恰恰相反,为了了解这个社区的未来,我决定留下来,在这个地方待上一年。15

图12-6　阿苏普罗合作社社长耶恩德里·苏亚雷斯·查孔向留学生讲解咖啡生产

年前我加入了阿苏普罗合作社,成为其中的一员,自此我伴随着合作社成长。我完成了自然资源管理专业的大学远程课程,并最终选择留在这里。

起初,我们的经济来源只有农业,当时我们根本没有考虑旅游业。但是我们发现游客在前往公园的途中需要路过阿尔塔米拉,并在此过夜休息,于是就想到开拓旅游业。2003年,我们建了一间教室,方便社内成员聚会讨论。接着我们又建了厨房,再后来我们开始为游客提供与本地人家共住的民宿。2009年,我们开始打造只供游客住宿的房间,此后每年都会出现许多新房间。我们建造了一家又一家的民宿,我们的旅游业也因此越做越大。这是充满乡村特色的生态旅游,这里虽不是风景名胜,却是游客们驻足休息或是了解社区的理想去处。

拉阿米斯塔德国际公园同样也推动了合作社的成立。在这个公园里,管理员们积极参与有益社区的可持续实践。护林员不仅为小学生提供环境教育,还帮助年轻人播种,以培养他们珍爱自然的意识。护林员还向社区中的人们传授有机种植的方法,这最终促成了合作社的创立。现在,社区里的人们靠着生产咖啡发财致富,其中一定比例的财富又会回到社区的环境教育中。

作为阿苏普罗合作社的社长,苏亚雷斯·查孔扮演着许多角色。她召集成员,主持会议,与生产者进行沟通,落实生产目标。她在厨房、野外或是任何需要她的地方工作,但是她最重要的任务就是沟通,这对她来说充满挑战。苏亚雷斯·查孔说,和拥有手机的年轻人进行沟通十分容易。但是,如果人们没有电话或者不识字的话,那联系起来就有一定的难度,她必须亲自登门分享信息,宣布会议结果。

阿苏普罗合作社之所以能成功,多样化的产品是一大关键因素。合作社主营咖啡,咖啡树就是他们首批种植的农作物。阿拉比卡咖啡树生长在高海拔地区,其果实——阿拉比卡咖啡豆需要经过中小型农场(3—10公顷)的加工才能成为阿拉比卡咖啡。起初,合作社将咖啡豆送到社区外的工厂加工,现在则改为在本地社区加工,并以更具优势的价格出售。由于合作社规模过小,因此无法负担进行有机认证的费用,但他们学会了与其他组织建立联系以此获得共同认证。慢慢地,他们开发出了自己的咖啡品牌,取名为"有机地球咖啡"(Café Organico Madre Terra),而且获得了出口许可。

此外,其他的许多生态农业产品也获得了阿苏普罗合作社的赞助。这些农产品的负责人大多数是妇女,她们在照顾子女的同时,靠着在家生产产品赚钱。2013年,两名当地妇女所有的比奥利手工冰淇淋店(Bioley Heladería Artesenal)正式开张,店里的冰淇淋都是用当地的时令水果制成的,例如刺果番荔枝、番石榴、芒果(见图12-7)。阿苏普罗合作社有一个果树苗圃,每逢雨季,合作社都会将树苗分发给农民去种植,好让他们能在第二年收获果实。合作社成员则通过收集或购买水果,将其加工成果冻来增加收入。当地的乳制品厂生产酸奶和奶酪。当地种植的有机蔬菜在当地出售,香蕉则在外地出售。在过去的三年中,人们还种植了可可豆,并开发出了自己的巧克力糖生产配方。阿苏普罗合作社现在也在学习植树造林方面的管理知识,对此政府提供了不少激励措施。十年后这些树木就会长大成材,可以用于制造家具和手工艺品。不过每当人们砍倒一棵树,就会种下五棵新树苗。

图 12-7　社区成员伊夫林·梅娜·菲格罗亚在比奥利手工冰激凌店销售冰激凌

阿苏普罗合作社供应的产品有一个共同点,那就是使用可持续且有机的生产方式。对此,苏亚雷斯·查孔表明了合作社对可持续发展的承诺:

> 有人认为,有机种植方法太慢。相比于简单的化学种植方法,有机种植不仅难度大,而且种植时间长。但我们坚决使用有机和可持续的方法种植瓜果蔬菜。在小型咖啡农场中,我们种植了三种农作物:第一种是种植时间短、获益快的农作物;第二种是咖啡树,需要3年时间才能结出咖啡豆;第三种是种树,10年后才会有收获。这样的话,我们始终能够提供多种多样的产品,并且获得收入。我们种了些今天要吃的东西,又种了些以后要吃的东西,还

种了些可以养家糊口的东西。

　　人们经常问我们,我们的有机产品到底能赚多少钱,其实我们并不在意钱的多少。我们希望有一定的生活收入,不过更重要的是我们想要健康的生活、良好的环境和优质的教育。因此,我们不以金钱衡量成功;相反,我们的成功取决于生活品质。

　　在经营的过程中,阿苏普罗合作社并非没有遇到过挑战,遇到的挑战之一就是向当地农民提供信贷。因为社区成员们不想向社区外的银行贷款,于是合作社成立了一个信贷基金,为生产者提供资金,用于改善他们的基础设施和技术。对于大额贷款的客户,合作社同样要求他们提供信用记录,并在给予贷款时偿还信用。合作社遇到的另一个挑战就是哥斯达黎加和巴拿马的管理政策相抵触,这两个国家在管理拉米斯塔德国际公园上都有各自的一套方案。例如,在巴拿马,人们可以在公园里生活和养牛,但在哥斯达黎加却不行。因此两个国家的公园管理部门一直在研究如何开展合作。还有一个挑战就是游客有时会采摘并带走公园里的兰花,这些行为都是违法的,因此需要更多的巡逻护林员。此外,在干旱季节,人们常常在做饭时发生火灾,却不懂得如何正确灭火,因此火灾也是个不容小觑的问题。不过,随着人们环境意识的逐步提高,这些问题也在慢慢减少。

　　尽管面临着不少挑战,但阿苏普罗合作社仍在积极地向未来迈进。他们寻求提高可可生产质量和数量的方法,积极地与巧克力买家进行谈判,以期达成公平的交易价格。不仅如此,他们也在努力争取产品出口的必要许可证。为了更好地和游客进行交流,社内成员现在正在学习英语。在改变的同时,他们还希望保留自己的文化价值,保留自己着装、说话、饮食、艺术和舞蹈的习俗。其中,艺术交流对合作社来说十分重要,合作社成员和游客们经常一起创造出色彩鲜艳的镶嵌画,并将它们镶嵌在墙壁和地板上(图12-8)。

图12-8　阿苏普罗合作社入口处的凹室

　　可以说,阿苏普罗合作社给社区带来了变革性的影响。从前,当地的青少年远离社区,对农业提不起丝毫的兴趣。现在这些年轻人看到了有机农业的价值,开始在当地创业。尽管曾有外来组织教授当地人有机种植的方法和环境知识,但现在这里的人们有一套自己的培训计划。过去,这里的农民付不起商品售卖认证和许可的费用,现在合作社帮他们承担这笔费用。因此,阿苏普罗合作社是社区发展的典范,它不仅团结社区成员,创造机会,保留社区文化传统,而且利用生态农业为社区成员创造财富,改善人们的整体生活水平。

案例研究三:卡米诺斯·德·奥萨

> 这里只有世界上2.5%的生物,却有100%的本土文化。
> ——卡米诺斯·德利德拉佐(2016)

卡米诺斯·德·奥萨(Caminos de Osa),又译为"奥萨之路",位于地球上生物多样性丰富的地区之一——奥萨半岛。历史上,卡米诺斯·德·奥萨曾是全球较贫困的地区之一。但是这里的人们靠着一条条互通的乡间小道建立起了自己的小型家族企业,改善了当地的生活水平。在卡米诺斯·德·奥萨共有三种游玩路线可供游客选择:"黄金之路"(Camino del Oro)、"丛林之路"(Caminode la Selva)和"水上之路"(Camino del Agua)(图12-9)。这里的商户全都采用可持续的经营模式,为游客提供给住宿、餐饮和游玩项目。卡米诺斯·德·奥萨的发展获得了四个主要组织的支持:

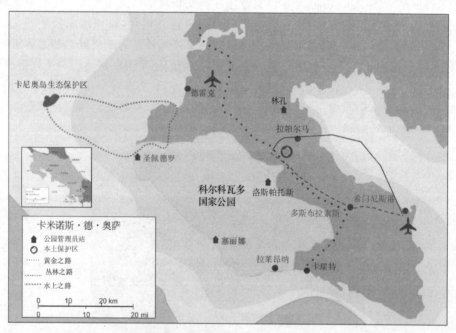

图12-9　卡米诺斯·德·奥萨为游客提供了三条连接奥萨半岛家族企业的游玩路线:黄金之路、丛林之路和水上之路

(1) 美国首都地区联盟(CRUSA)推动哥斯达黎加和美国之间的可持续发展合作。

(2) 国家自然保护区(Sistema Nacional de Areas de Conservación)提供哥斯达黎

加国家公园和保护区信息。

（3）奥萨和戈尔菲托倡议（Iniciativa Osay Golfito）是斯坦福伍兹环境研究所（Stanford Woods Institute for the Environment programme）发起的项目，该项目支持奥萨县和戈尔菲托市的社会发展和环境管理。

（4）重塑全民商业咨询（Reinventing Business for All，RBA）重点关注企业的社会责任，为酒店提供可持续发展方面的商业咨询。

苏珊娜·马塔莫罗斯·门多萨（Susana Matamoros Mendoza）（见图12-10）是"领导者之路"（Caminos de Liderazgo）的本地协调员，这条旅游路线的收益为卡米诺斯·德·奥萨的发展提供了帮助。作为当地主要的创业顾问，苏珊娜·马塔莫罗斯·门多萨从未离开过奥萨半岛。她向我们讲述了卡米诺斯·德·奥萨的起源：

图12-10　苏珊娜·马塔莫罗斯·门多萨——"领导者之路"路线的当地协调员和创业顾问

奥萨半岛的主要旅游景点是科尔科瓦多国家公园，但社区里的人们常常抱怨这一旅游景点并没有给他们带来好处。通常游客们会提前一天入住奥萨当地的酒店，然后聘请一位导游，由导游为他们安排1—3天的公园参观活动，最后游客们会在参观结束后的第二天离开。在这一过程中，只有导游和酒店经营者从游客那里赚到了钱，而酒店大部分是外国人所有，因此社区的人们称他们并没有从中受益。人人都希望从旅游中分一杯羹。

过去，这个社区存在很多问题。

一是社区就业机会稀缺,年轻人的就业机会更是少之又少。二是自然资源耗尽,非法打猎、伐木和开采金矿的现象不时出现。三是社区道路不畅,人们出行受阻。加上当地旅行社之间缺乏合作,社区成员对企业经营和市场营销又知之甚少,因此社区迫切需要新的领导人才来推动旅游业,促进社区发展。从2002年起,"青年商业领导力计划"负责人何塞·瓦尔加斯·卡马乔投身于培养奥萨半岛的领导人才,以期推动当地的可持续发展。25名年轻人(包括案例研究1中的梅林·奥维耶多·桑切斯)获得了技术援助,成功地建立了对社会和环境负责的小型企业。同时他们还获得了商业计划、市场营销、英语、互联网、计算机程序管理方面的培训以及其他相关培训。该项培养计划不仅满足了社区最迫切的需求:为年轻人提供就业机会,同时也缓解了奥萨生物走廊中自然资源的压力。这一领导人才培养计划的其他目标包括协调业务,为创业者提供帮助,培养新的地方领导者,以及建立地方和国家合作伙伴关系。

2014年,社区开发了"领导者之路"路线,以此培养当地创业者的领导才能。在社区成员的推荐下,苏珊娜·马塔莫罗斯·门多萨被聘为本地协调员,并成为这一路线的主要联络人。她为23个创业家庭提供培训,创业者的年龄从17岁到70岁不等。为了更好地管理旅游胜地卡米诺斯·德·奥萨,2015年,卡米诺斯·德·奥萨协会(Caminos de Osa Association)正式成立,协会的三大目标是:①改善居民的社会生活和经济生活条件;②保护当地文化价值观和文化特性;③鼓励社区成为长期的环境管理者。马塔莫罗斯·门多萨分享了协会最近取得的一些成绩:

> 我们为游客提供3—6天不等的游览套票,套票中包含远足这一必玩项目,除此以外,游客可以随意搭配划船、划皮划艇、骑马或浮潜等项目。另外,我们正在考虑发起"绿色护照"奖励活动。游客每完成一项活动,就可以获得一枚印章,凭收集到的印章可换取T恤一件或免费住宿一晚。我们的宣传渠道包括电视和广播、网页、国家媒体、Instagram、报纸文章和促销视频。欧洲、加拿大和美国记者亲自来到卡米诺斯·德·奥萨参观游玩,报道了这里的旅游故事。每天有12—20名游客搭乘圣何塞到波多黎各希门尼斯的航班来到这里,而且现在已经有了直飞奥萨的法航航班。

> 2016年,我们取得了几个里程碑式的突破。我们向总统和环境部长介绍了我们的协会,并与副总统及其部长举行了工作会议。我们与几个私人组织和公共组织达成了合作协议,还与学术界进行了合作。在马德里国际旅游博览会(International Tourism Fair in Madrid)上,卡米诺斯·德·奥萨获得了"最佳活跃旅游奖",这是对我们多领域合作的极大肯定。

马塔莫罗斯·门多萨表示,卡米诺斯·德·奥萨只是一个试点。她希望未来卡米诺斯·德·奥萨的成功能够普及到其他社区。目前这一普及工作正在缓慢但有序地进行。

讨论和结论

> 作为公民，我们有责任选择可持续的方式，当企业选择可持续时，整个社会就会取得巨大进步。
>
> ——何塞·瓦尔加斯·卡马乔

本章讨论了出现在哥斯达黎加偏远乡村地区的国家举措和培训计划，这些举措和计划为可持续旅游奠定了坚实基础。其中，本章介绍的三个案例具体说明了在经济落后、就业机会稀缺、资源匮乏和培训不到位的情况下，乡村地区如何进行合作，实现可持续发展模式，并创办全新的小型旅游企业，为当地人和游客带来益处。这些地区秉持坚定的信念，努力改善当地生活水平，不仅消除了地区贫困，同时还保护了自己的文化和周边自然环境。

在当地政府和各类基金会提供的基础设施，以及哥斯达黎加乡村人民的创新能力和新兴产业中，联合国可持续发展目标精神得到了良好验证（Browne，2017）。同时正如全球千年生态系统评估所预测的那样（千年生态系统评估委员会，2005），当地的可持续发展还包括有益当地人民和游客的生态系统服务。如上所述，社区成员从可持续旅游中获得了社会、经济、文化和环境益处——简言之，人们的整体生活水平得到了极大的改善。游客们也因此获益良多，他们有机会参与对环境和人类负责的旅游活动。这些活动不仅造福环境，也造福当地居民（Leslie，2012）。在遵循环保理念的同时，游客与社区成员进行真诚的文化交流，并从当地人的可持续发展中获得实践经验。因此，哥斯达黎加的可持续旅游发展充分展示了本书主题——福祉、旅游和受保护的环境——是如何相互促进、相互影响的。

尽管哥斯达黎加是公认的可持续旅游世界领导者（Honey，2008；Miller，2012），但对此人们仍然存在疑惑：这个国家的可持续旅游发展模式是否可以被其他国家复制？考虑到不同的风景名胜能够吸引不同的游客，并且已有其他地区成功复制了这一旅游模式，因此基于本章的调查结果，我们认为在任何地方都可以发展类似的可持续旅游，关键是要考虑以下几个因素。

（1）可持续实践：政府官员和公民应恪守可持续发展的道德规范，致力于提供有益的生态系统服务，为改善社会和经济状况、保护文化和环境做出努力。

（2）基础设施：相关部门应当投入充足的资源，包括政策、法律、法规和资金，为可持续旅游企业的发展提供坚实基础。

（3）赋能：民众和社区赋能可以推动可持续发展，从而实现企业的长期自给自足。

（4）培训：为每个社区量身提供业务运营、可持续和环境教育方面的技术培训。

（5）协调：建立社区伙伴关系，培养沟通和谈判技巧，确保社区工作的有序进行。

（6）营销：通过国家和国际营销手段对外宣传旅游景点。

（7）问责制：政府关注可持续发展政策，企业遵守可持续发展规定，相关部门评估可持续业务，确保企业赢利。

凭借可持续旅游发展，哥斯达黎加改善了其乡村生活水平，向世界讲述了一个鼓舞人心的乡村振兴故事。正如奥萨半岛的一位居民所说，"我们发现绿色才是黄金的本色，因此我们必须对绿色加以保护"（IMOGOCR，2015）。其他国家也可以效仿哥斯达黎加的旅游模式，保护自己的自然资源，为其公民和游客福祉做出贡献，并为他们的子孙后代揭示绿色的真正价值。

参考文献

[1] Anywhere（2016）Costa Rica biodiversity. Available at：http://www.anywherecostarica.com/flora-fauna(accessed 10 November 2017).

[2] AsoProLA（2011）*AsoProLA-Principal*. Availableat：http://asoprolacr. es. tl/（accessed 10 November 2017).

[3] Backteman, K.（2010）Research helps save Costa Rica's beaches. Environment for Development. Available at：http://www. efdinitiative. org/our-work/policy-interactions/research-helps-save-costa-ricas-beaches（accessed 10 November 2017).

[4] Boucher, D. H., Hansen, M., Risch, S. and Vandermeer, J. H.（1983）Agriculture. In：Janzen, D. H.（ed.）*Costa Rican Natural History*. University of Chicago Press, Chicago, pp. 66-117.

[5] Biodiversity Law No7788.（1998）CR018ES. Availableat：http://www. wipo. int/wipolex/en/details. jsp? id=896（accessed 20 April 2017).

[6] Browne, S.（2017）*Sustainable Development Goals and UN goal-setting*. Routledge, London.

[7] Caminos de Liderazgo（2016）Introducing Caminos de Liderazgo. Available at：http://inogo. stanford. edu/programs/leadership-program? language = en（accessed 10 November 2017).

[8] Certification for Sustainable Tourism（2016）Sustainabletourism CST：Certification for tourism sustainability in Costa Rica. Availableat：http://www. turismo-sostenible. co. cr/i(accessed 10 November 2017).

[9] Diener, E.（2006）Guidelines for national indicators of subjective well-being and ill-being. *Journal of Happiness Studies* 7, 397-404.

[10] Environment for Development（2012）Costa Rica's Blue Flag Ecological Programme. Available at：http://www. efdinitiative. org/centers/central-america/news-press/news-archive/2010/about-the-blue-flag-ecological-programme（accessed 10 November 2017).

[11] Hodkinson, P. and Hodkinson, H.（2001）The strengths and limitations of case study research. Paper presented at the meeting of *Learning and Skills Development Agency Conference*, 5-7 December, Cambridge, UK.

[12] Honey, M. (2008) *Ecotourism and sustainable development: Who owns paradise?* Island Press, Washington, DC.

[13] IMOGOCR (Producer) (2015) VideooficialCaminosdeOsa [video]. Availableat: https://www.youtube.com/watch?v=8Lj78hjwkOI (accessed 10 November 2017).

[14] Instituto Costarricense de Turismo (1997) Definition of sustainable tourism. Available at: http://www.visitcostarica.com/ict/paginas/sostenibilidad.asp?tab=4 (accessed 10 November 2017).

[15] Instituto Costarricense de Turismo (2012) Sustainability CST. Available at: http://www.visitcostarica.com/ict/paginas/sostenibilidad.asp?tab=1 (accessed 10 November 2017).

[16] Instituto Nacional de Biodiversidad (2012) Biodiversity in Costa Rica. Available at: http://www.inbio.ac.cr/en/biod/bio_biodiver.htm (accessed 10 November 2017).

[17] Leslie, D. (2012) *Responsible Tourism: Concepts, Theory and Practice*. CABI International, Walllingford, UK.

[18] Ley N° 7600 (1996) Equal opportunities for people with disabilities. Available at: http://www.fodo.ucr.ac.cr/sites/default/files/documentos/Ley7600.pdf (accessed 10 November 2017).

[19] Lincoln, Y. S. and Guba, E. G. (1985) *Naturalistic Inquiry*. Sage Publications, Inc., Thousand Oaks, USA.

[20] Merriam, S. B. (1998) *Qualitative Research and Case Study Applications in Education*. Jossey-Bass Publishers, San Francisco, USA.

[21] Millennium Ecosystem Assessment Board (2005) *Ecosystems and Human Well-being: Desertification Synthesis*. Island Press., Washington DC.

[22] Miller, A. (2012) *Ecotourism Development in Costa Rica: The Search for Oro Verde*. Lexington Books., Lanham, USA.

[23] Music, C. and Jordan, P. (2010) Cracking the Golden Egg: Tourism on Costa Rica's Pacific Coast. Available at: http://cargocollective.com/charlenemusic/filter/documentary/Cracking-the-Golden-EggTourism-in-Costa-Rica (accessed 10 November 2017).

[24] Nussbaum, M. (2006) *Frontiers of Justice: Disability, Nationality, Species Membership*. Harvard University Press., Cambridge, USA.

[25] Patton, M. (2002) *Qualitative Research and Evaluation Methods*. Sage Publications, Inc., Thousand Oaks.

[26] Ryan, R. and Deci, E. (2001) On happiness and human potentials: A review of research on hedonic and eudaimonic well-being. *Annual Review of Psychology* 52, 141-166.

[27] The World Bank (2017) World development indicators: Deforestation and biodiversity. Retrieved from: http://wdi.worldbank.org/table/3.4 (accessed 10 November 2017).

[28] Turismo Sostenible (2016) What is CST all about? Available at: http://www.turismo-sostenible.co.cr/index.php? option＝com_content&view＝article&id＝2%3Aen-que-consiste-el-cst&catid＝1%3Aacerca-del-cst&Itemid＝7&lang＝en (accessed 10 November2017).

[29] Watts, J. (2010) Costa Rica recognised for biodiversity protection. *The Guardian*. Availableat: https://www.theguardian.com/environment/2010/oct/25/costa-rica-biodiversity (accessed 10 November 2017).

[30] World Future Council (2017) Future policy award. Available at: https://www.worldfuturecouncil.org/future-policy-award/ (accessed 10 November 2017).

[31] World Intellectual Property Organization (2012) Ley de Biodiversidad No 7788. Retrieved from http://www.wipo.int/wipolex/en/details.jsp? id＝896 (accessed 10 November 2017).

[32] Yin, R. K. (2014) *Case Study Research: Design and Methods*. Sage Publications, Inc., Thousand Oaks, USA.

13. 将水上运动旅游纳入康复训练：揭示有益健康模型

马林·瓦赫纳尔、伦内克·瓦德拉格

▇ 引言

每个人都有度假的权利，包括残疾人（Darcy，2010）。话虽如此，残疾人在假期活动中仍面临着重重挑战，无法享受舒心的假期。基于这一情况，研究人员在无障碍旅游主题下对这些挑战进行了广泛研究："无障碍旅游是一种旅游形式，它涉及利益相关者之间的共同协作。无障碍旅游要求为残疾人提供独立运行的移动、视觉、听觉和认知等辅助设施，同时要求提供统一设计的旅游产品、旅游服务和旅游环境，保证残疾人享受平等和有尊严的旅游"（Buhalis 和 Darcy 2011，p.10）。目前残疾人面临的挑战可以分为两种，即内部挑战和外部挑战（McKercher 等，2003）。内部挑战包括残疾人在度假前需要克服的障碍，可分为经济挑战（如度假费用）和自身挑战（如知识储备不足）。相比于旅游业与残疾人的关系，残疾人与内部挑战的联系更加紧密。外部挑战是指残疾人在旅游过程中无法克服的外部因素，它包括环境挑战（如缺少无障碍设施）和交际挑战（如旅行社和旅游从业人员的恶劣态度）（McKercher 等，2003；Shaw 和 Coles，2004）。

尽管面临着不少阻碍，但残疾人仍可以从离家度假中获益。例如，他们在假期中的所学所获可以帮助他们参与日常社交，由此获得更大的稳定感（Pols 和 Kroon，2007）。因此，本章将重点关注残疾游客的健康和福祉，以此阐明度假给他们带来的好处。

▇ 理论框架：健康本源学

心理学家安东诺维斯基（Antonovsky，1987，1993，1996）提出了有益健康模型，旨在对激励、预防、治疗和康复理念及其相关措施的优缺点进行研究。有益健康模型着眼于人们获得健康的资源和促进健康的过程，而并不关注亚健康和疾病。同时，它还关注个人用于保持健康的资产和资源，而并不关注疾病带来的经济问题和其他风险（Antonovsky，1996；Mittelmark 等，2017）。在安东诺维斯基（Antonovsky，1996）看来,健康和疾病之间并没有明确的界限。他认为,人一生都在沿着一条轴移动,轴的一端是健康,另一端是疾病,因此,人们的健康成为一个持续变量(Lindström 和 Eriksson,2010)。当人们处于相对健康的位置时,并不意味着他们就没有患病(Schnyder 等,1999)。

此外,安东诺维斯基(1987)还提出了一般抗拒资源(GRR)这一概念,许多学者对它在有益健康模型中的作用做出了进一步阐释(Mittelmark 和 Bull,2013;Idan 等,2016)。一般抗拒资源属于生物学、物质和心理社会范畴,它的出现有助于人们形成连贯、定型和清晰的生活观。常见的一般抗拒资源包括金钱、知识、生活经历和身份背景(Lindström 和 Eriksson,2010)。一个人拥有越多的一般抗拒资源,就能越好地应对生活中的挑战。但更重要的是,人们需要培养使用一般抗拒资源的能力,创造出连贯的生活经历(Lindström 和 Eriksson,2010)。这就引出了健康本源学理论中的第二个关键概念:心理一致感(SOC),它能使人们自如地应对生活中的各种情况。因此,人们拥有的一般抗拒资源越多,他们的生活经历就越多,他们的心理一致感也就越强(Eriksson,2016)。

健康本源学和残疾

有益健康模型目前广泛应用于残疾研究(Schnyder 等,1999;Albrecht 和 de Vlieger,1999)。这些研究有一个共同点,那就是在残疾人身上观察到了强烈的心理一致感。这或许可以证明,除因残疾而导致(个别)资源缺失外,残疾本身并不会减弱人们的心理一致感(Schnyder 等,1999;Albrecht 和 de Vlieger,1999)。对此,阿尔布雷希特(Albrecht)和德·维利格(de Vlieger)(1999)认为,当残疾人意识到自己能够控制自己的身体、思想和生活时,他们就能够享受高质量的生活。简言之,这意味着存在精神缺陷或身体缺陷的人们也可以完成自己力所能及的任务。例如,即使是坐在轮椅上的残疾人也可以履行做父亲的责任。此外,当残疾人意识到自己还能为他人提供(情感)帮助时,他们也会受到鼓舞。

对于一些残疾人来说,残疾可以成为一种资源,帮助他们积极地改变生活或是建立信心,肯定自己在残疾情况下取得的成功,并最终赋予他们生活的(精神)意义,提升生活的品质。换句话说,残疾不会影响高品质的生活。然而,福祉可以认为是对身体、思想和生活的完全控制。45%的受访者表示,由于出现疼痛、疲倦和绝望的感觉,以及无法控制身体或精神,缺乏宗教信仰等,他们的生活质量并不理想(Albrecht 和 de Vlieger,1999)。研究结果表明,个体因素、社会背景和外部环境之间存在着明显关联,而心理一致感能够平衡这三者的关系。尽管人们的残疾类型不同,但雷娜(Rena)等人(1996)发现相比于残疾程度,心理一致感与残疾适应能力的关系更为密切,这表明内部因素可以帮助人们缓解残疾带来的压力。此外,他们还发现,由于每个人对残疾的反应不同,同一残疾类型的残疾人可能处于健康—疾病轴上的不同位置。

尽管现有文献提供了大量关于无障碍旅游的信息,但有关康复中心特殊人群的相关研究却十分匮乏。世界卫生组织对"康复"的定义如下:"康复是物理和康复医学,以及卫生和其他部门专业人员所采取的医学措施,旨在帮助伤残或可能患有伤残者达到健康状态,从而实现和维持残疾人与环境进行互动的最佳状态"(Stucki等,2007)。虽然这一定义没有给出残疾的概念,但对于水上运动周末参与者来说,残疾包括精神和身体上的缺陷(Stucki等,2007)。

本章的研究对象是在身体机能方面有缺陷的残疾参与者。这类群体因为在活动过程中可能会发生中风等意外,因此常常会受到活动或参与限制。为了克服这些限制,这些残疾人都接受了康复训练,因此本章重点关注他们参与的(临床)训练和其后的社会干预(Pols和Kroon,2007;Burton,2000;Batt-Rawden和Tellnes,2005)。例如,长期身体不适的参与者表示,在参加社区组织的探索自然活动(如远足)和文化活动(如绘画)后,特别是在锻炼自己的能力和创造力之后,他们的健康状况、生活质量和身体素质都有了极大的改善(Batt-Rawden和Tellnes,2005)。但是此类研究很少关注长期的休闲活动,换句话说,该研究只关注为期数天的水上假期活动,并将其视作残疾人康复训练中的一环,以此来展示促进参与者康复的有益健康模型,并发现对他们日常生活产生影响的假期经历。"假期"是一个广义术语,它包含许多类型的旅行活动和旅行目的地,本研究关注的水上旅游虽然只持续数天,但在这一过程中,参与者的身心都将受到不少挑战(Little,2012)。

研究方法

为了探究康复中心的人们是如何度过水上假期的,以及他们如何将假期所学经验应用到日常生活中,本章对此进行了案例研究,研究地点是荷兰洛斯德雷赫特湖区(Loosdrechtse Plassen)的水上运动岛。这个名为鲁滨逊·克鲁索(Robinson Crusoe)的水上运动岛隶属于斯地廷帆船协会(Stichting Sailwise),该组织在过去40年致力于为残疾人提供水上运动,他们希望给予每个人无限的享受水上运动的机会。每年都有1400名参与者来到鲁滨逊·克鲁索岛,报名参加其中一项或多项帆船运动。这些活动的持续时间从几天到一周不等,个人和团体参与者可根据自身情况进行选择。其中,团体参与者有学生,也有来自康复中心的人。岛上气氛轻松活跃,无论人们的残疾类型如何,人人都有参与活动的机会。斯地廷帆船协会之所以组织水上运动假期活动,不仅是为了给残疾人提供水上运动,而且期望通过这些活动增强残疾人的自尊心,提高他们独立生活、独立行动的能力。斯地廷帆船协会的宗旨就是发展自我、超越自我、控制自我。

残疾人在参与活动的过程中,必要时协会志愿者会帮助他们进行水上运动,为他们提供日常护理。同时,协会在小岛的各个位置都配备了船长、救生员和管理人员。如果是团体出游的话,参与者还可以与自己的工作人员一同前往。本章中的案例研究对象就是来自康复中心的团体参与者。在参观鲁滨逊·克鲁索水上运动岛时,他们会发现岛上配有各种残疾人适用的水上运动器械(如小型帆船、滑水橇、快艇等)。同时,岛上改建后的住宿设施可接待约30名残疾人或正常人。为了确保水上运动的顺利进行,岛上还配有一名船员可提供有偿服务,协会志愿者也会在船上提供帮助。

由于该项研究带有探索性质,因此,研究人员选择用描述性定性研究方法来确定影响参与者水上运动经历的潜在健康模型。研究对象包括连续两周参加水上运动周末活动的参与者以及他们社交关系网中的重要联系人(参与者和他们分享了此段旅程),还有来自康复中心的两名员工(他们也参与了周末水上运动活动)。研究选择的抽样方法是具有针对性的非概率抽样(Bowling 和 Ebrahim,2005)。在经瓦格宁根大学伦理委员会审核批准后,研究人员开始根据研究目的选择目标受访者,即来自康复中心的鲁滨逊·克鲁索岛跟团游游客,并在抽样数量达到理论饱和度(该项研究目标的理论饱和度)时停止采样。通过康复中心的一名介绍人,研究人员和活动参与者取得了联系,而研究人员与社交重要联系人的沟通是在参与者提交社交数据之后才开始进行的。

该项研究包含两个步骤。首先,本文的第一作者用两个周末访问了鲁滨逊·克鲁索岛。两次访问的目的是认识受访者,并观察水上运动是如何开展的。第一作者的周末访问推动了第二阶段的补充工作,即对参加水上运动周末活动的参与者、他们的社交联系人和参与周末活动的康复中心工作人员进行半结构化访谈。在访谈过程中,研究人员(第一作者)依次向三类受访者提出同样的问题。针对不同类型的受访者,研究人员对问题的阐述会做出相应调整。这些开放式的问题有利于研究人员获得详细且深入的回答,据此进一步细化受访者的分类。同时,研究人员在采访大纲中罗列出了这些问题,便于访谈的有序进行,这一做法大大提高了研究的可靠性。对三类不同的受访者机进行采访意味着可以从不同的角度看待受访者的活动经历(Bowling 和 Ebrahim,2005)。为此,研究人员制作了三份不同的采访大纲。每份大纲中都包含几个相同的问题,这些问题涉及受访者在活动中的经历和活动后的收获,例如受访者参与活动的原因,他们在周末活动中的收获,以及他们对活动的评价。除此之外,研究人员还根据受访者的不同对大纲进行了相应调整。

所有采访均以电话访谈的方式进行。第一次采访始于 2016 年 7 月 20 日,最后一次采访始于 2016 年 10 月 7 日。每次访谈平均时间为 40 分钟。所有访谈内容均有电话录音和文字记录。在完成访谈之后,研究人员首先对所得数据进行开放式编码(Lyons 和 Coyle,2015),并去除了参与者接受康复训练时的临床数据,因为这些数据不是本项研究的重点。第二作者对文字记录进行了整理,以此保证研究的客观性。然后,研究人员将所得的原初符码列表分成几个相似的整体符码(主轴编码)。尽管他们最初的想法是对所得的三组访谈数据分别进行编码,但是在编码过程中他们发现所得符码十分相似,因此便将它们编为一个整体符码列表。在此之后,他们将符码列表并到符码树中,从而确立了访谈中最重要的主题。为了阐明这些主题,研究人员从访谈中提取了相关内容并加以解释,下文将对这些主题展开具体讨论。

研究结果

受访者特征

研究共采访了 29 名受访者,其中 14 名为女性,15 名为男性。他们的年龄从 22

岁到 70 岁不等。在 29 名受访者中，有 12 名受访者是身患残疾的水上运动周末活动参与者，8 人是康复中心的工作人员，还有 9 人是参与者的重要社交联系人。除一名活动参与者因为肾病的原因只能在轮椅上参加活动外，其他参与者都是完全或不完全截瘫人士，并伴有高位或低位脊髓损伤。尽管参与者瘫痪的原因各不相同，但大多数人的瘫痪都是由意外事故、癌症或医学（脊髓）损伤所导致的。

在所有受访者中，一些活动参与者刚刚完成或是即将完成他们的康复训练，而另一些人则在 5 年前就完成了康复训练。研究人员之所以邀请他们参加这些周末活动，主要是因为他们与康复中心或是斯地廷航海协会保持着密切联系。

除对活动参与者进行采访外，研究人员还对 8 名参加水上运动周末活动的工作人员进行了采访。这些工作人员在康复中心担任不同的职位，如护士、心理医生、经验专家、理疗师或职业治疗师。最后，在对受访者的社交联系人进行采访时，研究人员遇到了一点困难。虽然他们最初的想法是采访每位水上运动周末活动参与者的重要社交联系人，但这一想法并没有实现，因为其中两名参与者表示他们并没有和他人分享这段经历，另一名参与者则拒绝研究人员对其社交联系人进行采访。因此，最后采访到的社交联系人（总共 9 人）是活动参与者的母亲、妻子或密友。

鲁滨逊·克鲁索自然保护地：自然、无障碍设施、一切皆有可能

对于大多数参与者来说，这是他们第一次来到鲁滨逊·克鲁索岛。尽管许多人做好了心理准备，但他们在到达目的地之前仍然十分紧张。这些参与者之所以会产生这种紧张和不确定的心理，部分原因是他们之前从未参加过任何水上运动，更不要说坐在轮椅上进行运动了。更主要的原因是他们怀疑自己能否在康复中心和离家环境中照顾好自己。对此，一位理疗师表示：

> 没错，对于大多数人来说，截瘫后的生活困难重重。你可能会出现大小便失禁的情况，你习惯了在家处理，但出门后该怎么办呢？当你还没想到解决办法之前，却需要离家来到陌生的环境，这时你与其他人共用一间房，要当着别人的面进行清洗，你愿意面对这样的窘况吗？这让残疾人十分担忧。

不过，尽管参与者们在路上惴惴不安，但当他们到达时，岛上宜人的风景、无障碍住宿，还有人们对斯地廷帆船协会的介绍瞬间打消了他们的顾虑。首先，对于参与者来说，尤其是刚结束或是即将结束康复训练的参与者，鲁滨逊·克鲁索小岛之旅是他们坐上轮椅后的第一次旅行，因此他们心中难免顾虑重重。但当他们见到岛上清澈的湖水、美丽的自然风光和改建后的住房时，所有的参与者，包括曾坐轮椅度假的参与者都感到十分安心，而且真正体会到了度假的感觉。对于其中一些参与者来说，岛上宜人的气候和四周的湖水更是增强了这种安心感和度假感。其次，大多数参与者表示，岛上改建过的房屋给予他们更多的安全感，使他们建立起了在新环境中照顾好自己的信心。尽管有些改造后的设施并没有参与者惯用的那般精致，例如一张特别定制的床，但是岛上所有的设施都是无障碍设计。最后，几乎所有的参与者都表示斯地廷帆船协会的最大优势就是把"一切皆有可能"作为协会宗旨。他们之所以欣赏这种态度有两方面的原因。一方面是因为他们有点惧怕帆船活动,认为这是一项不安全的运动,但是这种"一切皆有可能"的态度给予了他们安全感,使他们相信在这里他们只用做自己喜欢做的事情。另一方面是对于那些寻求挑战的参与者来说,这种"一切皆有可能"的态度使他们相信自己能够突破身体的限制,去做想做的一切,而鲁滨逊·克鲁索岛上的船员和斯地廷帆船协会的志愿者都会帮助他们实现愿望。

在参与者看来,斯地廷帆船协会的志愿者不仅心态乐观,而且做事十分积极,因为他们想要为残疾参与者提供所需的一切,给予他们愉快的度假体验。例如,志愿者在帮助参与者上船时,就表现出满满的诚意和热心。一些参与者表示,水上运动周末活动帮助他们走出了截瘫后的黑暗生活,而斯地廷帆船协会组织的活动则帮助他们忘记了烦恼,哪怕只是暂时忘记。另外一个帮助排遣他们烦恼的重要因素就是几乎所有的活动都是免费的。截瘫残疾参与者由于无法继续工作,因此他们没有经济来源。同时为了适应身体状况,他们还需要对房屋进行改造,这也是一笔不小的费用。而这些低成本的周末活动不仅缓解了他们的压力,也没有增加他们的经济负担,因此受到了参与者的一致好评。

从周末活动中学到的经验:超越自我,永不言弃,离家也能照顾好自己

水上运动周末活动开始后,参与者就报名参加了各类活动,包括帆船运动、滑水、准备晚餐和清洗餐具。大多数参与者表示,岛上活动丰富多样,人与人之间的(包括康复中心的工作人员和协会志愿者)氛围轻松友好,加之其他残疾朋友的陪伴,周末时光正是他们发现自我、超越自我的好机会。在这一过程中,他们首先学会的就是克服恐惧。一些参与者克服了自己的恐惧,勇敢地走出了舒适圈。而其余的参与者虽然惧怕帆船运动,不敢下水,但他们还是积极地进行了一些尝试,例如,离开轮椅上船。哪怕第一次的尝试并不如意,参与者最终还是学会了坚持和永不言弃。其中一些人表示,他们现在能够更好地应对生活中的类似情况,因为通过下水尝试,他们意识到自己能够克服恐惧,并且学会了以积极的方式战胜恐惧。

此外,对于那些刚刚完成康复训练的参与者来说,他们是周末活动的最大受益者。这些参与者及其重要的社交联系人都表示,在康复中心的临床康复生活与真正的家庭生活和社会生活之间存在巨大的差异。参与者意识到,尽管他们在康复中心能够很好地照顾自己,但只要他们回到家,就会面临意想不到的全新挑战。在这一方面,克鲁索小岛帮助他们更好地适应家庭生活。一位参与者说道:

> 我认为在(康复中心),我们没办法很好地从康复生活过渡到日常生活,这令人十分遗憾。我并不是唯一一个这么想的人。当你面对自己无法解决的现实问题时,你就会完全崩溃。因此你需要一些帮助,而(周末)活动恰好提供了这些帮助。在这里,你可以与人交流,分享经历,体验你不敢想的事情。在这里,一切都在你的掌握之中。

除更好地从康复生活过渡到家庭生活以外,参与者们还在周末活动中学到了促进康复的新知识。一些参与者想出了上船的新办法。上船对于残疾人来说十分困难,由

于船并不像床那样稳定,而且帮助参与者移动的工具有时也不稳定,因此一些参与者对上船感到十分紧张。但是现在他们学会了新的移动方法,并且这些方法还可以应用于其他场景,这使得他们倍感骄傲,且信心大增。除此以外,一些参与者还学会了使用新工具来解决问题。最后,他们还了解了身体对特定状况做出的反应,例如经历漫长的一天后身体的疲惫状况及喝酒后身体的反应。对此,一位职业治疗师表示:

> 对于一些人来说,喝酒后体温会有所变化,你需要注意体温对身体的影响,然后决定要不要把这些影响放在心上。除此之外,你还需要关注酒精对身体的影响。(……)如果你整夜喝酒,可能会出现尿频的情况。有人会说:"哦,(喝酒后)我老是想上厕所。这是怎么回事?"其实这都是小事,但请都试试看(……)因为在截瘫之前你们从未经历过这些。

经历了周末活动后,参与者们对自己充满信心,相信自己在其他(假日)旅游目的地也能照顾好自己。同时一些参与者也意识到自己应该加强康复训练,由于他们对自己的能力有了进一步了解,他们有了更强烈的学习欲望。换句话说,尽管一些人已经完成了临床康复训练,但是周末活动促使他们继续进行康复锻炼。加上身边有一群残疾朋友的陪伴,他们学习和锻炼的意愿便更加强烈。例如,参与者现在会观察其他残疾人的生活,向他们学习新技能和新知识。即使是在轮椅上坐了10多年的"老"残疾人也表示他们从"新"康复者那里获得了新启发。

在周末活动中收获的一切让参与者感到无比兴奋。在活动结束后的数月里,一想起这些活动他们依然面带笑意。一些参与者甚至表示他们现在找到了适合他们的全新运动:开帆船。其他参与者则是更加频繁地拜访斯地廷帆船协会,或是计划在家附近找个可以进行(无障碍)帆船运动的港口:

> 一旦你坐上轮椅,你就会想:你的世界不复存在。但在帆船上,你会发现自己是个航行的独立个体,然后你会发现更多坐在轮椅上航行的独立个体。

尽管活动过后有些参与者不愿意再进行帆船活动,但他们都期望参与更多的无障碍运动,因为他们发现自己的身体可以完成这些项目。除了期待参与更多的运动,一些参与者还发现自己可以在陌生的环境中掌控好自己的身体。这给予了他们极大的精神鼓励,因为他们没想到自己能在康复训练结束后这么短的时间内做到这一点。同时这种精神鼓励也促使他们考虑安排更多的假期。此外,在经历了截瘫后的康复训练、适应训练和其他艰难阶段之后,一些参与者再次学会了放松自己。最后,当参与者因为残疾感到生活困难或心情沮丧时,这段周末经历会帮助他们重建乐观的心态。这段经历教会他们即使是面临挑战或情绪低落时,也可以依赖充满正能量的回忆来支持自己继续前进。

讨论和结论

该项研究的目的是通过将水上旅游纳入参与者的康复训练来确定影响他们水上经历的有益健康模型,并探究这些假期经历如何影响他们的日常生活。为此,研究人员采访了来自荷兰的两家康复中心的残疾人和工作人员,他们一起参加了由斯地廷帆船协会组织的水上运动小岛之旅。通过对活动参与者及其社交联系人,还有工作人员的采访,研究发现鲁滨逊·克鲁索自然保护地、内部资源和外部资源在参与者的旅游体验中发挥了巨大作用。这些资源有效推动了参与者在周末活动中的学习过程。

首先,鲁滨逊·克鲁索岛本身就拥有许多可以增强参与者安全感的物质资源,包括改建过的房屋、船上设施,以及岛屿周边的自然环境。其次,相关研究表明接触自然有利于缓解压力(Beute 和 deKort,2014)。而接受日照不仅能够缓解压力,而且有助于缓解身体疼痛(Beute 和 deKort,2014)。他们向参与者证明了在身体极限内一切都有可能实现,这给参与者带来了极大的信心,使他们相信自己在岛上也能照顾好自己。

至于内部资源,所有参与者发现,他们所获得的内部资源远超自己的想象:这些资源帮助他们进一步了解自己的身心状况。他们学会以积极的方式了解身体和思想的极限,例如,他们知道了身体在疲惫状态下会出现痉挛,还知道了身体在酒后出现的变化。尽管探索这些身体反应的过程并不总是令人愉快的(例如在周末活动后,一些参与者的身体需要很长时间才能恢复),但所有参与者认为这是值得的,因为即使精疲力尽,但他们拥有了一段愉快的周末时光。现在,参与者对自己的身体有了更深入的了解,知道哪些能做,哪些不能做,这样他们就能更好地应对日常生活中的种种情况。例如,他们发现自己的身体能全天保持活力。

除本章的研究外,施罗德(Schreuder)等人(2014)的研究也发现了类似结果。在对荷兰弱势青少年的农场体验学习项目进行研究时,他们发现这些户外活动有利于为青少年的自我保护、成长和健康提供充足资源。

除对自己的身体状况有了更好的认识外,水上运动还使参与者意识到残疾是一种心理缺陷。即使身患残疾,只要有信心,人们仍然能完成自己想做的事。有了这种信心,参与者就有了参与更多活动的勇气,例如他们和家人一起度假。这种意识——残疾并非只是身体缺陷,还是心理缺陷——符合阿尔布雷希特和德·维利格(1999)提出的"残疾悖论"(Disability Paradox),该理论认为残疾人能够享受高质量的生活。例如,如果人们拥有充足的资源来弥补身体的缺陷的话——包括身体方面的相关知识、积极向上的生活经历以及他人的帮助(他们相信残疾人能够照顾好自己)——那么残疾就不是阻碍人们前进的理由。此外,通过周末活动,一些参与者还学会了克服恐惧,其中大多数人克服了对水上运动的恐惧。因此,尽管身患残疾,但参与者不仅在周末活动中尝试了此前从未参与过的运动,而且学会了克服恐惧。日后他们遇到同样令人害怕的挑战,也会学着走出舒适圈,更好地利用自己的所学所获来解决问题。

除此以外,参与者还学到了一些实用技能,在接下来的康复训练中他们可以继续完善这些技能,或是将这些技能运用到居家生活中。例如,尽管岛上的无障碍设施与家中的设施不同,但参与者们学会了适应陌生环境。这使他们相信自己在下一段旅程中也能够在陌生环境中照顾好自己。

最后,在经历了漫长而艰苦的康复训练后,参与者们再次学会了放松自己。他们不仅发现了生活中充满幸福感的时刻,而且发现残疾同样可以给他们带来快乐。他们的精神受到周末活动的鼓舞,因此当他们在家遇到困难时,就会回想起这段愉快的经历,回想起这段充满正能量和活力的周末时光。

总之,研究得出的结论就是,对于参与者来说,特别是那些刚完成康复训练的人,在鲁滨逊·克鲁索岛上度过的水上运动周末是从康复中心的康复生活到正常生活的一种过渡。这一周末活动为他们的康复提供了不少帮助。

除在周末活动中获得内部资源外,参与者还从同伴那里学到了不少技能,这些技能可以帮助他们应对生活中的挑战。首先,参与者相互学习技能,分享经验。例如,如何高效地将轮椅放进汽车,哪些药物的组合效果最好。此外,他们观察学习他人如何解决因残疾产生的不便,以及他人面对相同挑战时的不同做法。他们发现即使是残疾人也可以拥有高质量的生活。这些观察发现和经历分享不仅增强了参与者的信心,同时也使他们意识到,在应对残疾带来的挑战这条路上,自己并不是孤军奋战。

参与者们不仅从残疾同伴那里有所收获,他们在康复中心工作人员和斯地廷帆船协会志愿者身上也学到了不少东西。康复中心为参与者们介绍了一位经验丰富的专家,这位专家给参与者带来了不少帮助。在周末活动期间,参与者们也学会了从不同的角度看待康复中心的工作人员,而不是只把他们当作医生和理疗师。这使参与者放下了先前的拘束,能够在活动过后更加自在地和工作人员进行交谈。此外,他们还从协会志愿者那里学会了乐观积极的态度和敢闯敢拼的精神:一切皆有可能。他们十分欣赏这种无所畏惧的精神,同时也意识到,只要有创造力,任何人都能在日常生活中实现自己的目标。

因此,在参与水上运动周末活动这一过程中,参与者对自己有了更深入的了解,而他们的残疾同伴、康复中心工作人员和协会志愿者更是推动了这一了解过程。在了解过程中,通过观察和体验向他人学习的做法符合社会学习的模式(Kemp 和 Weehuizen,2005)。在这一学习模式下,参与者主要收获了价值观(例如接受残疾的事实)和责任。此外,肯普(Kemp)和维惠岑(Weehuizen)还提出了工具型学习和概念型学习。

工具型学习是参与者在获取实践技能和知识时选择的学习方法。而概念型学习,也称为问题型学习,指从一个全新的方向或角度看待难题。这种学习方式在参与者了解自己的身体(他们对身体机能有了更加清晰的认识)、适应新环境和周边环境的过程中获得了全新阐释。

上述参与者在鲁滨逊·克鲁索岛上通过学习获得的资源对他们日后的生活产生了积极影响。这些资源,也称为一般抗拒资源(Antonovsky,1996),为他们克服残疾生活中的挑战提供了帮助。

一般来看,一些残疾参与者——尤其是刚结束临床康复训练的参与者——他们的心理一致感并不稳定,这是因为相比于残疾前的生活,他们现在无法很好地对周边环境做出预判。正如参与者所感受的那样,在水上运动周末活动中,一切都是不可预测、不可控制的,但在这一过程中他们收获了知识、技能、经历和社会支持,所有这些都为他们的日常生活提供了帮助。换句话说,这些一般抗拒资源增强了他们的心理一致感。

实际和理论意义

该项研究的突出价值在于为有关残疾人度假益处的现有研究做贡献。它不仅揭示了残疾人在旅行中也可以积极地完成力所能及的事情,学习新的技能,同时证明了他们在旅行中的所学所获可以应用于日常生活中。例如,研究发现,残疾人在家以外的安全环境中也能照顾好自己。除对无障碍旅游做出贡献外,该项研究还发现水上运动旅行可以提高残疾人的康复训练效果。在旅行中,残疾参与者不仅学会了新的实践技能,突破了身体的极限,而且收获了极大的精神鼓舞,促使他们继续接受康复训练。总体来说,研究得出的结论是,水上运动本身没有对参与者的日常生活带来不利影响,其中某些因素还为他们带来了帮助。例如,水上运动的一大关键作用就是帮助参与者建立信心,让他们相信自己在身体有缺陷的情况下,仍有可能实现一切目标。其次,水上运动还给了他们度假和离家的感觉,这种在安全的环境中度假和离家的感觉对他们来说十分重要。此外,研究还发现,参与者在运动期间采用的多样化学习方式(社会学习、工具型学习和概念型学习),与参与者的康复训练计划、康复中心为水上运动周末所做的准备密切相关。除推动残疾人的有关研究外,该研究还促进了斯地廷帆船协会的发展。因为研究表明,水上运动有益于残疾参与者的日常生活,所以斯地廷帆船协会可以此为由与更多的康复中心进行联系,邀请它们参与协会组织的活动。同时,研究结果可以作为残疾人筹款的可靠依据,这些筹款不仅可以用于资助残障人士的假期活动,也可以用于帮助因中风等原因瘫痪的人,为他们提供更有针对性的康复训练。不过由于该项研究的研究对象是因意外导致后天残疾的人,因此斯地廷帆船协会在借此进行宣传时,应将先天性残障人士排除在外。

除实践和理论意义外,该研究还存在一定的局限性,这些局限性无疑会给未来的研究带来新思路。未来人们可以将重点放在有益原则、残疾和假期这三个主题上。之所以要关注这三个主题,有如下几个原因。首先,采用科学的心理一致感问卷调查方式对参与者假期前后的心理一致感进行研究具有重要意义。其次,通过对三类人群——水上运动的参与者、参与者的社交联系人和康复中心的工作人员——分别进行研究,可以探究水上运动对日常生活的影响,这将给人们带来不少启示。再次,由于鲁滨逊·克鲁索岛并不是斯地廷帆船协会的唯一基地,因此可以在其他基地对残障参与者展开研究。在不同的基地,参与者的态度会发生变化,即他们的潜能和适应能力会有所不同(例如一些参与者可以在卢特吉迪纳帆船上睡觉,其他人则不行)。这就意味着参与者学习知识以及接受残疾的过程会有所不同,所以这一研究同样具有重要价值。最后,进行康复训练本身就是一个学习的过程,在这一过程中参与者会收获资源和压力,而这些资源和压力会对他们的心理一致感产生影响。因此,未来人们在探究水上运动或是假期活动给参与者带来的影响之前,可以先对他们的康复训练展开研究。这样的话,通过对参与者的康复训练和假期活动进行研究,研究人员就可以发现增强参与者心理一致感,以及给他们带来资源和压力的不同影响因素,并对这些因素进行对比分析。最后,未来的研究可以根据实验设计的方式对比在家活动和在鲁滨逊·克鲁索小岛活动的残疾人,从而更加具体地探究水上运动假期对残疾人带来的影响。

参考文献

[1] Albrecht, G. L. and de Vlieger, P. (1999) The disability paradox: high quality of life against all odds. *Social Science and Medicine* 48, 977-988.

[2] Antonovsky, A. (1987) *Unravelling the Mystery of Health: How People Manage Stress and Stay Well*. Jossey-Bass Publishers, San Francisco, CA.

[3] Antonovsky, A. (1993) The structure and properties of the sense of coherence scale. *Social Science and Medicine* 36(6), 725-733.

[4] Antonovsky, A. (1996) The salutogenic model as a theory to guide health promotion. *Health Promotion International* 11(1), 11-18.

[5] Batt-Rawden, K. B. and Tellnes, G. (2005) Nature-culture-health activities as a method of rehabilitation: anevaluation of participants' health, quality of life and function. *International Journal of Rehabilitation Research* 28, 175-180.

[6] Beute, F. and de Kort, Y. A. W. (2014) Salutogenic effects of the environment: review of health protective effects of nature and daylight. *Applied Psychology: Health and Well-Being* 6(1), 67-59.

[7] Bowling, A. and Ebrahim, S. (2005) *Handbook of Health Research Methods: Investigation, Measurement and Analysis*. Open University Press, Maidenhead, UK.

[8] Buhalis, D. and Darcy, S. (2011) *Accessible Tourism: Concepts and Approaches*. Channel View Publications, Bristol, UK.

[9] Burton, C. R. (2000) Re-thinking stroke rehabilitation: the Corbin and Strauss chronic illness trajectory framework. *Journal of Advanced Nursing* 32(3), 595-602.

[10] Darcy, S. (2010) Inherentcomplexity: Disability, accessibletourism and accommodationinformationprefer-ences. *Tourism Management* 31(6), 816-826.

[11] Eriksson, M. (2016) The sense of coherence in the salutogenic model of health. In: Mittelmark, M. B., Sagy, S., Eriksson, M., Bauer, G. F., Pelikan, J. M., Lindström, B. and Espnes, G. A. (eds) *The Hand-book of Salutogenesis*. Springer, Cham, Switzerland, pp. 91-96.

[12] Idan, O., Eriksson, M. and Al-Yagon, M. (2016) The salutogenic model: the role of generalized resistance resources. In: Mittelmark, M. B., Sagy, S., Eriksson, M., Bauer, G. F., Pelikan, J. M., Lindström, B. and Espnes, G. A. (eds) *The Handbook of Salutogenesis*. Springer, Cham, Switzerland, pp. 57-70.

[13] Kemp, R. and Weehuizen, R. (2005) Policy learning, what does it mean and how can we study it? Available at: https://brage.bibsys.no/xmlui/bitstream/handle/

11250/226561/d15policylearning. pdf? sequence = 1&isAllowed = y (accessed 2 September 2017).

[14] Lindström, B. and Eriksson, M. (2010) Asalutogenicapproach to tackling healthine qualities. In: Morgan, A., Davies, M., and Ziglio, E. (eds) *Health Assets in a Global Context: Theory, Methods, Action.* Springer, New York, USA, pp. 17-39.

[15] Little, J. (2012) Transformational tourism, nature and wellbeing: new perspectives on fitness and the body. *Sociologia Ruralis* 52(3), 257-271.

[16] Lyons, E. and Coyle, A. (2015) *Analysing Qualitative Data in Psychology* 2nd edn. Sage, LosAngeles, USA.

[17] Mittelmark, M. and Bull, T. (2013) The salutogenic model of health in health promotion research. *Global Health Promotion* 20(2), 30-38.

[18] Mittelmark, M. B., Sagy, S., Eriksson, M., Bauer, G. F., Pelikan, J. M., Lindström, B. and Espes, G. A. (2017) *The Handbook of Salutogenesis.* Springer, Cham, Switzerland.

[19] McKercher, B., Packer, T., Yau, M. K. and Lam, P. (2003) Travel agents as facilitators or inhibitors of travel: perceptions of people with disabilities. *Tourism Management* 24(4), 465-474.

[20] Pols, J. and Kroon, H. (2007) The importance of holiday trips for people with chronic mental health problems. *Psychiatric Service* 58(2), 262-265.

[21] Rena, F., Moshe, S. and Abraham, O. (1996) Couples' adjustment to one partner's disability: the relationship between sense of coherence and adjustment. *Social Science and Medicine* 43(2), 163-171.

[22] Schnyder, U., Büchi, S., Mörgeli, H., Semcky, T. and Klaghofer, R. (1999) Senseofcoherence-Amediator between disability and handicap? *Psychotherapy and Psychosomatics* 68, 102-110.

[23] Schreuder, E., Rijnders, M., Vaandrager, L., Hassink, J., Enders-Slegers, M. and Kennedy, L. (2014) Exploring salutogenic mechanisms of an outdoor experiential learning programme on youth care farms in the Netherlands: untappedpotential? *International Journal of Adolescence and Youth* 19(2), 139-152.

[24] Shaw, G. and Coles, T. (2004) Disability, holiday making and the tourism industry in the UK: A preliminary survey. *Tourism Management* 25(3), 397-403.

[25] Stucki, G., Cieza, L. and Melvin, J. (2007) The international classification of functioning, disability and health: a unifying model for the conceptual description of the rehabilitation strategy. *Journal of Rehabilitation Medicine* 39, 279-285.

14. 公共水族馆对人类健康和福祉的潜在作用

黛博拉·L. 克拉克内尔、萨宾·帕尔、马修·P. 怀特和迈克尔·H. 德普利奇

背景

在全球范围内,压力、焦虑和抑郁等精神问题越来越受到人们的关注(世界卫生组织,2013)。这些精神问题不仅损害个人健康,导致全球残疾率和死亡率不断攀升(世界卫生组织,2013),也为国家发展带来了巨大的社会和经济负担(英国健康与安全执行局,2007)。其中,抑郁症是全世界残疾的主要起因之一,占全球疾病负担的 4.3%(世界卫生组织,2013)。仅英格兰一地,在 2009 年和 2010 年就分别投入了 1050 多亿英镑用于精神病人的治疗(英国心理健康中心,2010)。

当前,精神问题主要依靠药物治疗,但这些药物不仅具有很强的副作用,而且生产和管理成本极其高昂。因此,越来越多的人选择"可替代"的治疗手段,以此作为精神病"医学"疗法的巩固和补充。鉴于曾有病人依靠大自然缓解压力,消除精神疲劳的成功案例,因此自然环境、人类健康和福祉三者之间的关系值得学术界深入探究(Bowler 等,2010)。同时有研究发现,无论是在野外还是在家附近的城市环境中,如花园和公园,接触大自然能够有效缓解精神疲劳,促进身心放松和压力释放(Ulrich 等,1991;Hartig 等,2003)。这一发现促使人们对"恢复性环境"和"恢复性"机制——用于解决生活压力和精神紧张的适应性资源——进行了大量的研究(Hartig 等,2014)。

大量数据表明,相比于城市景观,人们更倾向于在自然环境中进行自我恢复,因为他们认为自然会带给他们更多的心理益处(如缓解压力,保持更加积极的情绪)(Velarde 等,2007;Bowler 等,2010;Hartig 等,2014;Gascon 等,2015)。不过,不同人选择的"恢复性环境"不同,而且不同环境的"自然化"程度也不尽相同。一些环境呈现高度"自然化"(如植物园-Bennett 和 Swasey,1996;Ballantyne 等,2008;动物园-Pals 等,2009),另一些则不然(如公共图书馆-Brewster,2014;博物馆-Kaplan 等,1993;Packer 和 Bond,2010)。除此以外,对于某些社会群体而言,他们接触自然的机会十分有限,或是根本没有机会接触,因此在对大自然的可替代恢复性环境进行研究时,我们

需要关注这些环境带来的益处,这一点十分关键。

本章回顾了与某一可替代恢复性环境相关的文献和研究:公共水族馆。在本章中,通过查阅资料,我们首先对人类和鱼类关系的发展进行了介绍,以此作为研究的历史背景。然后,我们回顾了早期的水族馆研究,这些研究关注人们在与小型水族箱互动时获得的心理和生理益处,这些互动一般发生在家中、医疗场所或实验室内。接着,我们对旅游景点提供的调查结果进行了核实,这些结果表明公共水族馆同样能提供恢复性体验。在此之后,我们简要概述了公共水族馆和人类健康这一新兴研究领域的理论基础,并回顾了该领域的现有研究。最后,我们提出了本章研究的重要价值,强调了其潜在影响和实际应用,并对未来的研究指明了方向。

历史依据

几千年来,人类一直在饲养鱼类。早在公元前2500年左右,苏美尔人就把鱼作为食物养在池塘中,古埃及人和古罗马人则出于观赏目的养鱼。罗马人也是第一批在家养鱼的人(Brunner,2011)。2000多年前,中国人开始饲养鲤鱼作为装饰。到了17世纪,金鱼作为鲜活的装饰品传入欧洲。在维多利亚时期,养鱼成了大众的普遍爱好。1853年,伦敦动物学会开放了世界上第一个公共水族馆,几年内公共水族馆陆续登陆欧洲和美国(Bridges,1970;Brunner,2011)。当时这些水族馆的开放激起了人们在家养鱼的热情(Bridges,1970),而且这种热情一直持续到今天:今天,观赏鱼是极受欢迎的,至少10%的美国人家中都养鱼(Kidd等,1999)。公共水族馆热度不减,目前世界上有300多个大型水族馆,这些水族馆和全球动物园每年接待的游客总量高达7亿人次(Gusset和Dick,2011)。

早期的科学研究

历史资料提供了人们养鱼和赏鱼的证据,科学研究则试图了解人类和鱼类关系带来的福祉益处(见表14-1)。总的来看,这些研究证明了参观水族馆可以获得一系列的心理、社会和生理益处。其中心理益处的表现最为明显,尤其是对于那些在家养鱼的人来说。不过,尽管鱼类颇具美学价值,但很少有人把鱼缸视作"房间装饰品"(Kidd等,1999)。相反,人们认为养鱼为他们的生活指明方向,带给他们知识、享受和陪伴,同时还帮助他们消除紧张,缓解压力,促进身心放松(Kidd等,1999;Langfield和James,2009)。

参观水族馆获得感知和体验益处的研究发展概况如表14-1所示。

表 14-1　参观水族馆获得感知和体验益处的研究发展概况

环境分类	作者	研究设计	研究目标	益处概述（注意：并不是所有结果都对 $p<0.05$ 有显著意义）
家中和其他住宅环境	Riddick，1985；Kidd 等，1999；Barker 等，2003；Langfield 和 James，2009	实验调查、问卷调查、半结构化访谈	探究拥有和照看家庭水族箱带来的影响	产生更积极的休闲满足感；提供生活"目标"；带来审美享受；带来愉悦和乐趣；带来教育益处；促进放松；减少压力和焦虑；获得幸福感；结识好友；增加与他人的社交互动（例如共同的兴趣）；舒张压降低
临床和医疗环境	Katcher 等，1984；DeSchriver 和 Riddick，1990；Cole 和 Gawlinski，1995；Edwards 和 Beck，2002	实验调查、问卷调查	探究不同的治疗方法（例如有/无水族箱的环境）对心理、生理指标及行为的影响	促进放松；减少焦虑；获得愉快经历。脉搏和肌肉张力降低，皮肤温度升高（表明压力减轻，但不具有统计意义）。在活动室/餐厅设置鱼缸后，阿尔茨海默症病人体重增加，对营养品的需求降低
实验室研究	Katcher 等，1983；Wells，2005；Wells，2005	实验调查	探究观看真实动物或动物录像（如鸟类、鱼类）对生理指标的影响	接受压力任务后心率和血压出现积极变化
游客研究	Packer 和 Ballantyne，2002；Falk 等，2008；Packer 和 Bond，2010	游玩前和游玩后的问卷调查	探究游客访问非正式学习场所的动机；探究游客访问动机与游客"身份"的关系；将非正式学习场所与其他场所（如国家公园和电影院）进行比较	"恢复性体验"是人们参观非正式学习场所的原因之一。与参观博物馆或美术馆的游客相比，水族馆游客更有可能受到恢复性体验（和社会互动）的激励。有些游客发现博物馆类的场所和自然环境一样具有恢复性

鉴于大众认为赏鱼有助于缓解压力,促进身心放松,医疗场所中常常会出现观赏性鱼缸,而且有许多研究关注在这些环境中赏鱼带来的健康益处。尽管这些研究的数据并不总是具有显著性(某些情况下样本容量可能过小,DeSchriver 和 Riddick,1990),但它们表明赏鱼的确有利于放松心情和缓解压力。另外,在实验室环境中产生的数据更具统计意义(Katcher 等,1983;Wells,2005)。

公共水族馆游客调查:游客获得恢复性体验的证据

公共水族馆通常被视为旅游胜地,它是家人、朋友进行娱乐、社交或非正式学习的场所(Packer 和 Ballantyne,2002;Wyles,等,2013)。有研究表明,参观这些公共水族馆也可以促进心情放松,获得心理福祉。例如,帕克(Packer)和巴兰坦(Ballantyne)(2002)发现,获得"恢复性体验"是游客参观三个非正式学习场所——博物馆、艺术馆和水族馆的五个主要原因之一。

在帕克和巴兰坦(2010)的研究中,他们对澳大利亚四个"博物馆类"景点(历史博物馆、美术馆、植物园、公共水族馆)的游客进行了调查。游客需要根据自己在景点获得的放松和恢复性体验,对上述景点和其他五个场所(如海滩、电影院等)进行打分。调查结果显示,对于一些游客来说,博物馆类景点为他们提供了一种可替代自然体验的恢复性体验。这一体验在两个自然遗产保护地(植物馆、水族馆)中得到了很好验证:这些环境"在属性和效益上都比文化遗产保护地(博物馆、艺术馆)更具恢复性价值"。

福克(Falk)等人(2008)则探究了与人们参观动物园和水族馆的身份相关的动机。他们将游客参观动物园和水族馆的动机总结为学习动机("探索者")、社交动机("促进者")、职业或爱好动机(专业人士/业余爱好者)、经历动机(寻求经历的人)、恢复和沉思动机("精神朝圣者")。尽管我们意识到学习动机和社交动机是游客参观景点的两大主要动机,但本章仅着重关注福克等人对"精神朝圣者"采访时所发现的恢复和沉思动机:

> 我喜欢水母,看着它们我感到十分安心……我会一个人来这里……在这里我非常放松。

(p. 68)

> 女友的反应让我十分震惊。她整天都很烦躁,但我们来到水族馆后她就平静下来了……

(p. 70)

> 每个生物都有不同的生活方式……我更希望确保每个物种都受到保护并且不会灭绝。

(p. 70)

采访中这些游客的回答不仅强调了公共水族馆能够提供有价值的恢复性体验("非常放松"),还展示了海洋生物("令人安心的水母")对游客体验产生的影响。此外,他们的回答还证明了参观公共水族馆可以促进人类对生物多样性的保护("我更希望确保每个物种都受到保护并且不会灭绝")。

公共水族馆健康与福祉新兴研究的基本依据

除了上述研究,对博物馆、动物园和水族馆的游客追踪调查也为公共水族馆的恢复性潜力研究提供了基本依据。游客追踪调查通常用于了解游客游玩体验,评估展品受欢迎程度(Yalowitz 和 Bronnenkant,2009)。通过追踪调查,人们可以统计出最受欢迎的展品,但无法得知展品受欢迎的原因。有数据显示,人们会对某些物种和环境表现出明显的偏爱或厌恶,这些明显反应会影响他们的恢复性体验(Ulrich,1993)。而我们对动物和其他自然元素的许多下意识反应,无疑与人类的进化史密切相关(Ulrich,1993)。人类生来就能分辨某些自然元素(如水、植被),还会本能地对这些自然元素及其有助于生存和缓解压力的部分做出积极反应;而对于那些阻碍生存的刺激元素,我们会表现出消极反应(Ulrich,1983;Ulrich 等,1991)。不过也有人认为,某些动物(和风景)之所以有价值,是因为它们具有美感,特别令人着迷,或是因为它们使人产生敬畏感和好奇心(Kellert,1993)。大型脊椎动物就特别容易使人产生这样的感觉,尤其是大型"魅力"动物,它们往往会使人产生深厚的情感依恋(例如鲸鱼;Curtin,2009)。

人类会对某些动物的生理特性表现出一定的偏爱,例如长相与人类相似、体形更大或是有婴儿脸(Stokes,2007),但公共水族馆中的鱼类和其他动物极少有这类特征。然而伍兹(Woods,2000)的调查却发现,当人们被问到他们最喜欢的动物时,鱼类排名前三。他们对鱼类的评价包括友好、好玩、安静、美丽和可爱。这些特征与人类十分相似,因此成为吸引人们的潜在因素(Woods,2000)。

除了探究人们对特定动物的外形或"个性"品质的偏好外,有关公共水族馆的新兴研究还调查了动植物的生物学特性对人们审美、健康和福祉的影响。尽管洛维尔(Lovell,2014)等人在文献回顾中指出,这一主题下的某些研究结果过于混杂或不够可靠,但的确有证据表明生物学特性和人类审美、健康、福祉之间存在一定关系。例如,富勒(Fuller)等人(2007)和达利默(Dallimer)等人(2012)指出,在含有或被认为含有更丰富物种的城市或半城市景观中,人们会采取更加积极的心理福祉措施,如认知恢复、身份认同和积极的情感联系。此外,卢克(Luck)等人(2011)也发现,个人和邻里福祉与物种多样性、鸟类丰富度、植被覆盖率和密度呈正相关。关于植物美学的研究还表明,人们偏爱结构多样和物种丰富的植物阵列(Lindemann-Matthies 和 Bose,2007)。虽然兰菲尔德(Langfield)和詹姆斯(James)(2009)并没有专门对生物多样性展开研究,但他们发现生物在外观(如大小、形状和颜色)和行为(如在群体中游泳)上的多样性会使家庭水族箱更具观赏性。

目前大多数研究——有关恢复性环境,以及人们的环境偏好与感知恢复之间的联系(van den Berg 等,2003)——都集中关注"绿色空间"中的生物多样性(Luck 等,2011),以及人们对该环境的心理和生理反应(如公园、花园和野生环境;Bowler 等,

2010）。相比之下，极少有研究关注"蓝色空间"的恢复潜力，即沿海或内陆水道等水生环境（White 等，2010；Völker 和 Kistemann，2011；Sandifer 等，2015）。此外，除了关注海洋保护的研究，例如调查最受人们欢迎（Uyarra 等，2009）或是人们最愿意保护的生物特征（Polak 和 Shashar，2013），鲜少有人关注人类对半水生环境的偏好及其带来的潜在福祉。

半水生物种的恢复潜力研究确实充满逻辑挑战：因为这是大多数人不太可能遇到的环境。但是，公共水族馆给了人们接触陌生物种和陌生栖息地的机会。它不仅是人们研究水族馆恢复性潜力的平台，同时也是天然水生栖息地的可靠替代。因此，在探索半水生环境和生物多样性对促进人类健康和福祉的潜力领域，本章的研究将是一次全新的尝试。

公共水族馆：与自然环境相比，公共水族馆的恢复潜能如何？

迄今为止，已经有两项研究调查了人们对自然和人工（公共水族馆）水下环境的偏好，并且对比分析了人们在这两类环境以及其他自然和城市环境中的情感反应和感知恢复潜能。这些研究紧随怀特（White）等人的研究，采用的研究方法是向受访者分别展示包含城市风景、绿色空间和蓝色空间的照片，要求他们从四个方面对这些景观进行打分：审美偏好、行为偏好（如评分时的心情愉悦程度）、情感反应（即景观对他们"舒适/不适"心情的影响），以及这些照片的感知恢复潜能（即这些景观能在多大程度上恢复他们在困难工作上的专注力或效率）。在第一项研究中（White 等，2014），研究人员提供的照片包含水下自然景观照片。第二项研究（Cracknell 等，2017）则包含了自然半水生环境和公共水族馆半水生环境的照片。受访者对水下环境的熟悉程度可能会影响他们对照片的判断，因此研究人员还调查了他们的潜水和浮潜经历。

两项研究均得出了与大多恢复性环境文献结论一致的结果，即无论是绿色空间、蓝色空间还是水下环境，所有的自然环境在各个方面的评分明显高于城市景观。其中，蓝色空间景观（如海滩、海岸）的评分最高。不过更为有趣的是，两项研究都发现自然和人工半水生环境和绿色景观一样都深受人们的欢迎，而且都具有恢复潜能。此外，虽然大多数人喜欢在温暖的热带海域而非寒冷的水域中潜水，但研究发现受访者先前的潜水或浮潜经历并不会影响他们对水下环境的偏好和情感反应。

公共水族馆：不同展品如何影响人类心理福祉？

公共水族馆通常会展示各种各样的生物，参观水族馆的人会发现不同的人偏爱不同的生物。例如，馆内的"魅力"动物（如海龟、鲨鱼和海马）就特别受游客欢迎，这一发现被先前的实地研究所证实。这些研究指出不同种类和数量的生物确实会对不同人产生吸引力（Kellert，1993；Polak 和 Shashar，2013；Uyarra 等，2009；Woods，2000）。此外，人类的感知福祉可能与特定生物群体或特定物种有关（Dallimer 等，2012），因此游客的情绪反应会因观赏展品不同而发生一定变化。

为了验证这一可能性，克拉克内尔（Cracknell）等人（2017）研究了公共水族馆内海洋物种的数量和丰富度对游客反应的影响。在这项研究中，他们再次选择了照片评分法,即要求受访者对40张生物照片进行评价,这些生物是标准水族馆的必有展品。评分标准与上述两项研究一致,即从四个方面(审美偏好、行为偏好、情感反应、感知恢复潜能)对照片进行打分。在研究提供的照片中,克拉克内尔等人首先根据生物生活的地理区域(热带和温带)对照片进行分类,然后按照物种丰富度(高和低)以及个体数量(多和少)进一步分类。在这40张照片中,有30张是脊椎动物(都是鱼类)的照片,剩余10张是无脊椎动物(如虾、龙虾)的照片。为了减少结果误差,克拉克内尔等人尽量提供数量一致的具有魅力的动物照片和其他动物照片。

总体来看,研究指出热带动物明显比温带动物更受欢迎,而且相比于个体数量较少的动物,人们更喜欢种群数量较大的动物。研究发现人们对鱼类(脊椎动物)照片的评分高于无脊椎动物照片,这一结果与某些研究给出的结论一致(Woods,2000)。此外,研究还表明相比于低丰富度的热带生物,高丰富度的热带生物更受人们喜欢,这一结果同样支持了一些人的发现(Fuller等,2007),不过在对比同一温度带下的生物照片时,研究人员却得出了截然不同的结论。对比发现,生物照片的高评分是由物种低丰富度导致的。这一结果与已知的结论相悖,因为大多数科学文献表明,高丰富度的物种应该更受欢迎,对此研究人员无法给出合理的解释(Fuller等,2007)。不过,他们推测,照片中某些低丰富度的"诱饵球"物种可能会对调查结果产生影响。譬如鱼儿成群游动的景象令受访者感到十分震撼,因此他们可能给这一照片打高分。这一推测在怀特等人(2017)的研究中得到了验证。他们在调查人们对鸟群的反应时发现,相比于分散的鸟儿,鸟儿成群飞行(即一群惊鸟)的照片更受欢迎。因为成群飞行反映了"赫拉克利特"的运动观:温和轻柔的运动模式给人安全感——所有的运动"一直在变化,但又保持不变"(Heerwagen,2009,p.48)。风吹麦浪和浪拍礁石的动作也反映了这一运动观。最后值得注意的是,研究发现人们对魅力动物的评分远高于其他动物,尽管这并非是该项研究的主要方向,但这一发现再次验证了此前得出的结论(Skibins等,2017)。

公共水族馆:人们如何应对三种等级的海洋生物展品?

以上的实验室研究表明,人们对于某些类型的水族馆展品会表现出更加积极的反应,而且他们对不同生物的偏好可能会影响他们的福祉。对此,许多研究选择利用照片和其他模拟媒介,如视频(如Ulrich等,1991)、虚拟现实技术(如Tanja-Dijkstra等,2014)和艺术品(Kweon等,2008)来探究水族馆的恢复潜能。这些研究指出,虽然参观自然模拟环境能够带来健康益处,但这些模拟环境无法完全复制真实的、有利于健康福祉的自然体验(参见McMahan和Estes的元分析,2015)。考虑到这一点,本章研究进一步探索了人们对三种不同等级,但"丰富度"相同的海洋生物(即发现于英国海岸的所有温带物种)所做出的反应,这些生物出现在真正的公共水族馆中(Cracknell等,2015)。海洋生物的三个等级(无库存/部分库存/全库存)是依据大型水族馆对展品的补充需求进行划分的。

通过分析水族馆游客行为子样本,研究发现游客的观赏时间随着海洋生物等级的提高而延长。由此可以判断,较高等级的海洋生物更加有趣,对人们的吸引力也更大,它们可以帮助游客忘记日常琐事和烦恼,促进游客进行心理恢复(Cracknell 等,2015)。同时这一发现支持了某些实证研究的观点,这些研究认为长期自发地接触大自然有助于人们的心理健康(如 White 等,2013)。

除了探索受访者对不同等级的海洋生物的反应外,本章研究还进一步调查了他们(非水族馆游客)对这些生物所做出的身体(如心率)和心理(如情绪)反应。此外,在受访者观赏海洋展品 10 分钟后,研究人员还通过询问他们对展品的评价,如展品的"有趣程度",来评估受访者的观赏体验。评估结果显示,在观赏展品后,受访者表示自己心情愉悦,获得了有趣且享受的观赏体验,同时他们表示愿意再次参观水族馆。三种等级的海洋生物展品受到了受访者的一致好评,但相比于无库存展品,半库存或全库存展品显然获得了更高的评价。半库存和全库存生物本身存在极少差异,但受访者认为全库存生物比半库存生物更加有趣。从心理学角度来看,受访者观赏展品的时间越长,他们的心情就越平静,情绪也越积极。不过有趣的是,海洋展品的数量越多,受访者的情绪不仅积极而且十分激动。因此,正如评估结果和游客行为观察结果所展示的那样,海洋生物的等级越高,它们对人们的吸引力就越大。在观察任一等级的海洋生物时受访者的心率都会大幅下降,这表明他们不仅获得了平静的心情,也获得了恢复性体验。不过,相比于观赏无库存生物,观赏全库存生物时受访者心率的下降幅度更大。

为什么这项研究如此重要?

上述研究之所以对学术界具有重要意义有以下多个原因。首先,虽然公共水族馆并不是纯"自然"环境,但研究表明,这样的环境仍然可以为人们提供接触自然的机会,帮助人们从自然中获益。考虑到现代生活日趋紧张,因此简化人们获得恢复性环境的过程会给大多数群体带来帮助,特别是那些有身体缺陷、无法与大自然亲密接触的人(例如行动不便的人),以及因为害怕受伤、被攻击或是迷路而不愿接触大自然的人(Milligan 和 Bingley,2007;Gatersleben 和 Andrews,2013)。不过也有人是因为更喜欢正规的、有管理的自然环境,才不愿接触大自然,他们认为纯天然("野生")环境不够整洁,疏于管理。在自然环境中,人们可能因为其他游客的存在产生安全感,从而"获得"恢复性体验,或是因为自然环境中有他人的亲密陪伴和经验分享,从而"增强"了自己的恢复性体验,但是其他人的存在同样可以"削弱"这一体验:例如在户外环境中,人们可能会因为害怕受到其他游客的人身攻击,或仅仅因为其他游客的存在而导致自己的恢复性体验受到影响(Staats 和 Hartig,2004)。十分重要的一点是虽然福克等人(2008)发现人们参观动物园和水族馆的主要原因之一是为了与家人和朋友共度美好时光,但是佩卡里克(Pekarik)等人(1999)表示,游客的"社交"体验和"内省"(反思)体验可能无法共存:"安静的环境和'内部空间'增强了人们的内省体验,而参与活动和与他人的互动促进了人们的社交体验"(p.7)。不过有趣的是,斯塔茨(Staats)和哈蒂格(Hartig)(2004)发现结伴出行可以保证人们的安全,从而促进人们在自然环境中的恢复性体验。但是在无人打扰的环境中,人们的安全就不成问题,因此在这种情况下人们仍然可以获得恢复性体验。由此看来,公共水族馆之所以能促进人们的恢复性体验,或许就是因为它是游客可以独自前往的"安全"场所。尽管馆内还有其他游客的存在,但人们几乎感受不到社交压力,因此他们可以享受沉浸式的参观体验,从而获得更多的恢复益处。

其次,该项研究为生活中的实际应用提供了可靠依据。鉴于游客会对不同类型的生物表现出不同反应,"量身定制"的海洋展品组合能够改善人们特定的健康问题,或是在医疗或工作场所等地点起到特定效果。虽然上述研究将重点放在半水生物种促进游客放松和缓解其压力的能力上,但有时人们可能需要利用这些生物创造出刺激景象。这种情况极有可能发生在医疗场所中,在那里,长期死气沉沉和缺乏刺激的景象会使病人产生倦怠感和沮丧感,因此他们需要一些"视觉冲击"。不过在那些场所放置大型鱼缸可能不太现实,播放具有冲击性的视频,或是提供虚拟体验可以达到类似效果。

最后,该项研究有利于进一步保护物种。出于多种原因,人类依赖生物多样性及其提供的生态系统服务(Díaz等,2006),但同时人类也是破坏生物栖息地和生物多样性的罪魁祸首(Rudd,2011)。为了提高公众对生物多样性的认识,许多保护组织将其行动重点放在人类对魅力动物的威胁上(例如,人们在延绳钓时随意捕杀鲨鱼、海龟和海豚)。保护组织之所以关注这些"标杆"生物,是为了提高人们对特定环境威胁的认识,以此鼓励人们采取相应的保护措施,从而促使生活在同一栖息地中的其他生物也能从"标杆"生物保护行动中受益(Skibins等,2017)。对此,姆兰博(Mlambo,2012)提出了不同观点。他认为,通过保护物种和生态系统来提高公众对生物多样性丧失的关注,这一做法的效果十分有限。他指出(2012),关注生物多样性丧失对人类健康的影响可能是唯一的有效手段。同时休斯(Hughes)等人(2013)也提出,某些研究——旨在深入了解生物对人类健康和福祉的影响——可以为此提供有力证据,从而鼓励人们接触大自然,珍惜大自然。但米勒(Miller,2005)不这么认为,他指出要想彻底解决生物多样性问题(城市化导致人与自然脱离的结果),唯一的方法就是将自然融入人们的日常生活:研究发现,与自然建立亲密关系的人更有可能珍惜自然环境,保护自然孕育的生命(Miller,2005;Stokes,2007)。这样看来,公共水族馆不仅方便人们接触动物,增加人与自然的互动机会,而且还能帮助建立起人与动物的重要联系。除此以外,公共水族馆并非纯自然环境,它的出现有助于缓解野生环境的压力,因为自然环境中的游客可能会对自然栖息地造成破坏(Davis,1977)或干扰野生动物的生活(如Constantine等,2004)。因此,通过参观公共水族馆等自然替代环境,人们不仅可以与大自然进行互动,还可以减少乱扔垃圾等有害行为对自然的破坏,最终给自然环境带来益处(Wyles等,2015)。

结论

本章对当前的水族馆研究进行了简单介绍,该项研究关注公共水族馆对人类健康和福祉的影响。研究结果表明,真实和虚拟的公共水族馆展品都可以为人们提供恢复性体验,但重要的是,人们的体验会受到展览生物类型和数量的影响。总的来看,虽然该项研究具有突出价值,但它仍然存在一些不足。例如,该项研究并未关注以下几个方面:动物行为对人类福祉的影响,具有魅力的动物的作用,人们对生物多样性的感知程度,以及这些感知对人类健康的影响。

公共水族馆或其展品为人们接触恢复性自然环境提供了宝贵机会,促使人们能够轻松地、有规律地获得恢复性体验。该项研究不仅为特定人群带来帮助,而且还将城市中的人们纳入研究范围,前者接触自然环境的机会十分有限,后者则希望在日益紧张的城市生活中放慢脚步。由于特定的动物或行为会使人产生放松、振奋或激动的感觉,因此深入了解人们对不同生物展品的反应具有重要意义。特别是在打造其他环境中的"最佳"展品时,这一了解结果将会带来极大帮助。

总之在任何情况下,多接触自然会给人们带来远超想象的健康和福祉益处。公共水族馆不仅是促进人们身心福祉的重要一环,还能帮助人类建立起与海洋环境、海洋生物之间的联系。这些重要联系可以提高人们对生物栖息地及其价值的认识,最终促使人们为野外保护工作提供帮助。

参考文献

[1] Ballantyne, R., Packer, J. and Hughes, K. (2008) Environmental awareness, interests and motives of botanical gardens visitors: Implications for interpretive practice. *Tourism Management* 29, 439-444.

[2] Barker, S. B., Rasmussen, K. G. and Best, A. M. (2003) Effect of aquariums on electroconvulsive therapy patients. *Anthrozoös* 16, 229-240.

[3] Bennett, E. S. and Swasey, J. E. (1996) Perceived stress reduction in urban public gardens. *HortTechnology* 6, 125-128.

[4] Bowler, D. E., Buyung-Ali, L. E., Knight, T. M. and Pullin, A. S. (2010) A systematic review of evidence for the added benefits to health of exposure to natural environments. *BMC Public Health* 10, 456.

[5] Brewster, L. (2014) The public library as therapeutic landscape: A qualitative case study. *Health and Place* 26, 94-99.

[6] Bridges, W. (1970) *The New York Aquarium Book of the Water World: A Guide to Representative Fishes, Aquatic Invertebrates, Reptiles, Birds, and Mammals*. New York Zoological Society American Heritage Press, New York, USA, pp. 9-10.

[7] Brunner, B. (2011) *The Ocean at Home: An Illustrated History of the Aquarium*. Reaktion Books, London, UK.

[8] Centre for Mental Health (2010) The economic and social costs of mental health problems in 2009/10. Available at: http://www.centreformentalhealth.org.uk/economic-and-social-costs-2009 (accessed 10 November 2017).

[9] Cole, K. and Gawlinski, A. (1995) Animal-assisted therapy in the intensive care

unit：A staff nurse's dream comes true. *Nursing Clinics of North America* 30，529-537.

[10] Constantine, R., Brunton, D. H. and Dennis, T. (2004) Dolphin-watching tour boats change bottlenose dolphin (*Tursiops truncatus*) behaviour. *Biological Conservation* 117, 299-307.

[11] Cracknell, D., White, M. P., Pahl, S. and Depledge, M. H. (2017) A preliminary investigation into the restorative potential of public aquaria exhibits: A UK student-based study. *Landscape Research* 42, 18-32.

[12] Cracknell, D. L., White, M., Pahl, S., Nichols, W. J. and Depledge, M. H. (2015) Marine biota and psychological well-being: A preliminary examination of dose-response effects in an aquarium setting. *Environment and Behavior* 48, 1242-1269.

[13] Curtin, S. (2009) Wildlife tourism: the intangible, psychological benefits of human-wildlife encounters. *Current Issues in Tourism* 12, 451-474.

[14] Dallimer, M., Irvine, K. N., Skinner, A. M. J., Davies, Z. G., Rouquette, J. R., Maltby, L. L., Warren P. H., Arms-worth, P. R. and Gaston, K. J. (2012) Biodiversity and the feel-goodfactor: Understanding associations between self-reported human well-being and species richness. *BioScience* 62, 47-55.

[15] Davis, G. E. (1977) Anchor damage to a coral reef on the coast of Florida. *Biological Conservation* 11, 29-34.

[16] DeSchriver, M. M. and Riddick, C. C. (1990) Effects of watchingaquarium-sonel-ders'stress. *Anthrozoös* 4, 44-48.

[17] Díaz, S., Fargione, J., Chapin Ⅲ, F. S. and Tilman, D. (2006) Biodiversity loss threatens human well-being. *PLoS Biology* 4, e277, 1300-1305.

[18] Edwards, N. E. and Beck, A. M. (2002) Animal-assisted therapy and nutrition in Alzheimer's disease. *Western Journal of Nursing Research* 24, 697-712.

[19] Falk, J. H., Heimlich, J. and Bronnenkant, K. (2008) Using identity-related visit motivations as a tool for understanding adult zoo and aquarium visitor's meaning making. *Curator: The Museum Journal* 51, 55-79.

[20] Fuller, R. A., Irvine, K. N., Devine-Wright, P., Warren, P. H. and Gaston, K. J. (2007) Psychological benefits of green space increase with biodiversity. *Biology Letters* 3, 390-394.

[21] Gascon, M., Triguero-Mas, M., Martínez, D., Dadvand, P., Forns, J., Plasència, A. and Nieuwenhuijsen, M. J. (2015) Mental health benefits of long-term exposure to residential green and blue spaces: A systematic review. *International Journal of Environmental Research and Public Health* 12, 4354-4379.

[22] Gatersleben, B. and Andrews, M. (2013) When walking in nature is not

restorative - The role of prospect and refuge. *Health and Place* 20,91-101.

[23] Gusset,M. and Dick,G. (2011) The global reach of zoos and aquariums in visitor number and conservation expenditures. *Zoo Biology* 30,566-569.

[24] Hartig,T.,Evans,G. W.,Jamner,L. D.,Davis,D. S. and Gärling,T. (2003) Tracking restoration in natural and urban field settings. *Journal of Environmental Psychology* 23,109-123.

[25] Hartig,T.,Mitchell,R.,De Vries,S. and Frumkin,H. (2014) Nature and health. *Annual Review of Public Health* 35,207-228.

[26] Heerwagen,J. (2009) Biophilia,health,and well-being. In: Campbell,L. and Wiesen,A. (eds) *Restorative Commons: Creating Health and Well-being Through Urban Landscapes*. General Technical Report. NRS-P-39, US Department of Agriculture, Forest Service, Northern Research Station, Newtown Square,USA,pp. 38-57.

[27] Health and Safety Executive (2007) Workplace stress costs Great Britain in excess of £530 million. Available at: http://www.hse.gov.uk/press/2007/c07021.htm (accessed 10 November 2017).

[28] Hughes,J.,Pretty,J. and Macdonald,D. W. (2013) Nature as a source of health and well-being: Is this an ecosystem service that could pay for conserving biodiversity? In: Macdonald,D. W. and Willis,K. J. (eds) *Key Topics in Conservation Biology* 2. Wiley-Blackwell, Chichester, UK, pp. 143-160.

[29] Kaplan,S.,Bardwell,L. V. and Slakter,D. B. (1993) *The museum as a restorative environment. Environment and Behavior* 25,725-742.

[30] Katcher,A. H.,Friedman,E.,Beck,A. M. and Lynch,J. J. (1983) Looking, talking and blood pressure: The physiological consequences of interaction with the living environments. In: Katcher,A. H. and Beck,A. M. (eds) *New Perspectives on our Lives with Companion Animals*. University of Pennsylvania Press,Philadelphia,USA,pp. 351-359.

[31] Katcher,A.,Segal,H. and Beck,A. (1984) Comparison of contemplation and hypnosis for the reduction of anxiety and discomfort during dental surgery. *American Journal of Clinical Hypnosis* 27,14-21.

[32] Kellert,S. R. (1993) The biological basis for human values of nature. In: Kellert,S. and Wilson,E. O. (eds) *The Biophilia Hypothesis*. Island Press, Washington DC,USA,pp. 42-69.

[33] Kidd,A. H. and Kidd,R. M. (1999) Benefits,problems,and characteristics of home aquarium owners. *Psychological Reports* 84,998-1004.

[34] Kweon,B.-S.,Ulrich,R. S.,Walker,V. D. and Tassinary,L. G. (2008) Angerandstress:theroleoflandscape posters in an office setting. *Environment*

and Behavior 40,355-381.

[35] Langfield, J. and James, C. (2009) Fishytales: experiences of the occupation of keeping fishaspets. *British Journal of Occupational Therapy* 72,349-356.

[36] Lindemann-Matthies, P. and Bose, E. (2007) Speciesrichness, structural diversity and species composition in meadows created by visitors of a botanical garden in Switzerland. *Landscape and UrbanPlanning* 79,298-307.

[37] Lovell, R., Wheeler, B. W., Higgins, S. L., Irvine, K. N. and Depledge, M. H. (2014) A systematic review of the health and well-being benefits of biodiverse environments. *Journal of Toxicology and Environmental Health, Part B: Critical Reviews* 17,1-20.

[38] Luck, G. W., Davidson, P., Boxall, D. and Smallbone, L. (2011) Relations between urban bird and plant communities and human well-being and connection to nature. *Conservation Biology* 25,816-826.

[39] McMahan, E. A. and Estes, D. (2015) The effect of contact with natural environments on positive and negative affect: A meta-analysis. *The Journal of Positive Psychology* 10,507-519.

[40] Miller, J. R. (2005) Biodiversity conservation and the extinction of experience. *TRENDS in Ecology and Evolution* 20,430-434.

[41] Milligan, C. and Bingley, A. (2007) Restorative places or scary spaces? The impact of woodland on the mental well-being of young adults. *Health and Place* 13,799-811.

[42] Mlambo, M. C. (2012) The urgentneed for humanwell-beingelementsin biodiversity research. *Biodiversity and Conservation* 21,1149-1151.

[43] Özgüner, H. and Kendle, A. D. (2006) Public attitudes towards naturalistic versus designed landscapes in the city of Sheffield (UK). *Landscape and Urban Planning*, 74,139-157.

[44] Packer, J. and Ballantyne, R. (2002) Motivational factors and the visitor experience: A comparison of three sites. *Curator: The Museum Journal*, 45, 183-198.

[45] Packer, J. and Bond, N. (2010) Museums as restorative environments. Curator: *The Museum Journal* 53,421-436.

[46] Pals, R., Steg, L., Siero, F. W. and van der Zee, K. I. (2009) Development of the PRCQ: A measure of perceived restorative characteristics of zoo attractions. *Journal of Environmental Psychology* 29,441-449.

[47] Pekarik, A. J., Doering, Z. D. and Karns, D. A. (1999) Exploring satisfying experiences in museums. *Curator: The Museum Journal* 42,152-173.

[48] Polak, O. and Shashar, N. (2013) Economic value of biological attributes of artificial coral reefs. *ICES Journal of Marine Science* 70,904-912.

[49] Riddick, C. C. (1985) Health, aquariums, and the non-institutionalised elderly. Special Issue: Pets and the family. *Marriage and Family Review* 8, 163-173.

[50] Rudd, M. A. (2011) Scientists' opinions on the global status and management of biological diversity. *Conservation Biology* 25, 1165-1175.

[51] Sandifer, P. A., Sutton-Grier, A. E. and Ward, B. P. (2015) Exploring connections among nature, biodiversity, ecosystem services, and human health and well-being: Opportunities to enhance health and biodiversity conservation. *Ecosystem Services* 12, 1-15.

[52] Skibins, J. C., Dunstan, E. and Pahlow, K. (2017) Exploring the influence of charismatic characteristics on flagship outcomes in zoo visitors. *Human Dimensions of Wildlife* 22, 157-171.

[53] Staats, H. and Hartig, T. (2004) Alone or with a friend: A social context for psychological restoration and environmental preferences. *Journal of Environmental Psychology* 24, 199-211.

[54] Stokes, D. L. (2007) Things we like: Human preferences among similar organisms and implications for conservation. *Human Ecology* 35, 361-369.

[55] Tanja-Dijkstra, K., Pahl, S., White, M. P., Andrade, J., Qian, C., Bruce, M., May, J. and Moles, D. R. (2014) Improving dental experiences by using virtual reality distraction: A simulation study. *PLoS ONE*, 9: e91276.

[56] Ulrich, R. S. (1983) Aesthetic and affective response to natural environment. In: Altmán, I. and Wohwill, J. F. (eds) *Behaviour and the Natural Environment*. Plenum, New York, pp. 85-125.

[57] Ulrich, R. S. (1993) Biophilia, biophobia and natural landscapes. In: Kellert, S. and Wilson, E. O. (eds) *The Biophilia Hypothesis*. Island Press, Washington DC, pp. 73-137.

[58] Ulrich, R. S., Simons, R. F., Losito, B. D., Fiorito, E., Miles, M. A. and Zelson, M. (1991) Stress recovery during exposure to natural and urban environments. *Journal of Environmental Psychology* 11, 201-230.

[59] Uyarra, M. C., Watkinson, A. R. and Côté, C. (2009) Managing dive tourism for the sustainable use of coral reefs: Validating diverperceptions of attractive site features. *Environmental Management* 43, 1-16.

[60] van den Berg, A. E., Koole, S. L. and van der Wulp, N. Y. (2003) Environmental preference and restoration: (How) are they related? *Journal of Environmental Psychology* 23, 135-146.

[61] Velarde, M. D., Fry, G. and Tveit, M. (2007) Health effects of viewing landscapes—landscape types in environmental psychology. *Urban Forestry and Urban Greening* 6, 199-212.

[62] Völker, S. and Kistemann, T. (2011) The impact of blue space on human

health and well-being—Salutogenic health effects of inland surface waters: A review. *International Journal of Hygiene and Environmental Health* 214, 449-460.

[63] Wells, D. L. (2005) The effect of videotapes of animals on cardiovascular responses to stress. *Stress and Health* 21,209-213.

[64] White, M., Smith, A., Humphryes, K., Pahl, S., Snelling, D. and Depledge, M. (2010) Blue space: The importance of water for preference, affect, and restorativeness ratings of natural and built scenes. *Journal of Environmental Psychology* 30,482-493.

[65] White, M. P., Pahl, S., Ashbullby, K., Herbert, S. and Depledge, M. H. (2013) Feelings of restoration from recent nature visits. *Journal of Environmental Psychology* 35,40-51.

[66] White, M. P., Cracknell, D., Corcoran, A., Jenkinson, G. and Depledge, M. H. (2014) Do preferences for waterscapes persist in inclement weather and extend to sub-aquatic scenes? *Landscape Research* 39,339-358.

[67] White, M. P., Weeks, A., Hooper, T., Bleakley, L., Cracknell, D., Lovell, R. and Jefferson, R. L. (2017) Marine wildlife as an important component of coastal visits: The role of perceived biodiversity and species behaviour. *Marine Policy* 78,80-89.

[68] Woods, B. (2000) Beauty and the beast: Preferences for animals in Australia. *The Journal of Tourism Studies* 11,25-35.

[69] World Health Organization (2013) Mental health action plan 2013-2020. Available at: http://www.who.int/mental_health/publications/action_plan/en/ (accessed 18 December 2015).

[70] Wyles, K. J., Pahl, S., Thomas, K. and Thompson, R. C. (2015) Factors that can undermine the psychological benefits of coastal environments: Exploring the effect of tidal state, presence, and type of litter, *Environment and Behavior* 48,1095-1126.

[71] Wyles, K. J., Pahl, S., White, M., Morris, S., Cracknell, D. and Thompson, R. C. (2013) Towards a marine mindset: Visiting an aquarium can improve attitudes and intentions regarding marine sustainability. *Visitor Studies* 16, 95-110.

[72] Yalowitz, S. S. and Bronnenkant, K. B. (2009) Timing and tracking: Unlocking visitor behaviour. *Visitor Studies* 12,47-64.

15. 休闲交通工具噪声对健康的影响：关于情绪和心率的相关实验结果

雅各布·A.本菲尔德、大卫·温齐默、B.德里克·塔夫、皮特·纽曼

引言

近年来，随着城市日益拥挤，城郊农村不断发展，以及道路拥堵情况日趋严重，公园和野生自然保护地的重要作用愈加突出。德赖弗（Driver，2008）借鉴了一些经验资料，列举出了户外休闲的150多种潜在益处，并将它们归类为个人、社会/文化、经济和环境益处。事实上，公园和野生保护地能够提供上述大部分益处，其中许多益处是它们所独有的。我们的公园、森林和野生自然保护地不仅为国家提供了最健康的生态系统，最适宜的野生栖息地，最原始的河流和高耸的山脉，还为人类提供了最佳的互动机会，帮助我们释放压力，与朋友和家人重新建立联系，并与自然进行亲密接触。正如沃加（Wagar，1966）写道，"对土地进行管理的唯一目的就是为人类提供益处"（p.9）。在这个拥挤和忙碌的世界中，自然保护地造福人类的一种方式就是和我们分享它独特的自然环境。

管理益处和自然声景

数十年来，联邦土地管理机构致力于研究休闲活动管理给个人和社会带来的潜在益处。在这一主题下，许多具有影响力的管理方式应运而生，这些管理方式重点关注人们的休闲动机，并围绕人们的休闲需求展开。目前经验型管理（Manfredo等，1983）及其派生品，还有利益型管理（Lee和Driver，1992）是最有效的休闲管理方式。这些范式的指导理论是期望-价值论（Lawler，1973）。该心理学理论指出，人们对活动的期待和评价直接反映出他们对活动的满意度。尽管有数百项研究表明，环境噪声会对人类健康和福祉产生不利影响（Basner等，2014），但其中大部分研究是在荒无人烟的野生自然保护地中进行的。例如，关注航空噪声或汽车噪声的研究通常在机场附近，或在主要的通勤干道沿线进行，而这两片区域称不上是标准的国家公园或自然保护地。事实上，许多自然保护地与商用航空共享一片蓝天，它们与军用、商用机场相邻，还有主要通勤干道穿过其中。因此，将自然保护地中的自然和人为声景研究纳入研究范围

是十分必要的。

目前有许多研究关注自然保护地中的自然声景对人类的影响,这些研究大多采用主观的自陈法(如 Pilcher 等,2009;Stack 等,2011)和剂量反应分析法对声景质量标准进行评估(Marin 等,2011)。此外,人们还通过调查公园游客的期望和体验来探究自然声景给认知和行为带来的影响。例如,根据游客听到某一特定声音的频率和响度判断他们的气愤程度。

在实验室研究中,研究人员可以通过在可控环境中播放精心设计的声音片段,获得受访者不同程度的情绪数据(即压力程度、恼怒程度、可接受度、平静程度等),但是由于这些声音刺激都是人为的,因此该研究方法的外部有效性可能并不高。简言之,对自然保护地中的游客进行实地调查通常会遇到不少限制,而实验室的模拟环境虽然能够提供更广泛的研究范围,但可信度较低。也就是说,两种研究方法各有利弊,虽然它们都能推动研究进行,但我们也要意识到它们固有的局限性。

声景研究的新方向

在自然资源这一研究主题下,极少有人关注自然资源对人类情绪和情感状态的影响,而早先关注声音、情感唤醒和生理唤醒三者之间相互作用的研究更是少之又少。因此,本章的研究目标是探索不同环境(包括声景)下,认知和感知因素如何影响人们的情感反应,这将是自然资源研究领域的一大突破。

罗森博格(Rosenberg,1998)指出,"情感"是内容最宽泛的术语,它一般指感觉状态。"情绪"和"心情"则是"情感"概念下两个更加具体的概念。对此,曼弗雷多(Manfredo,2008)对情绪和心情进行了区分:"情绪与心情不同,因为情绪与特定事件有关,持续时间短,并且伴有有意识的思想"(p.51)。根据这一定义,我们首先明确在研究受访者的总体感觉状态时,我们收集的是他们的情感数据。当我们在研究中引入不同的视觉和听觉刺激时,受访者的情感状态可能会发生改变,在特定情况下他们会出现相应的情绪反应。这种对刺激做出的自主和生理反应反映了他们的潜在情绪,这一情绪与个人经历密切相关。但在研究过程中,我们只能直接测量受访者的生理唤醒水平,而无法检测他们的潜在情绪。对此,尽管人们普遍认为生理变化和特定情绪之间有着很强的联系,但巴雷特(Barrett)等人(2004)指出,二者之间的关系几乎可以忽略。

情绪对于人们具有重要的导向作用,它使人在一定环境中做出相应的行为反应。此外,情绪的表达还证明了情绪的重要性。因此,根据情绪反应对人们的价值取向和行为规范进行推断具有理论可行性(Manfredo,2008)。虽然此前有研究指出负面情绪不利于身心健康(Mayne,2001),但未曾有研究证明正面情绪与健康之间的关系。因此,本章研究的另一大目标是进一步了解公园游客的积极情绪及其情感状态带来的潜在益处,而其中部分积极的情感状态是由自然声景和安静的自然环境导致的。

为了获取受访者的生理唤醒指标,这些指标包括心率、血压和皮肤电传导(或皮肤电反应),研究采取了相对简单的测量方法,此前的研究证明了这些指标可以反映由压力和情绪引起的自主神经系统唤醒。此外,受访者压力激素的变化(例如皮质醇和儿茶酚胺),可以通过血液或唾液采样测定,以此创建更完整的受访者应激反应图像。目前,基于认知和行为的测量方法是获取这些指标数据的标准方法,但是相比这两种方法,生理和内分泌测量方法能够提供更加客观、精准和公正的压力指标、恢复性指标和情绪指标。由于研究的测量过程本身具有被动性、连续性和相对非侵入性,因此研究人员在收集认知和自我情绪报告数据的同时,还可以获取受访者的生理和内分泌数据。可以说,生物学测量技术不仅可以帮助研究人员进一步了解自然保护地中的自然声景,也可以使他们基于所得的认知和行为数据对现有结果和理论进行验证。

案例研究:接触声景、情感状态和生理反应

本章的研究旨在列举自然保护地中过度的噪声对人类健康和福祉造成的多种伤害。研究的另一目标是明确自然声音如何有效缓解压力。此前,为了证明过度噪声对人类和野生生物造成的不利影响,人们已经进行了大量的研究工作,但极少有人能够量化自然声景带来的心理和生理益处。因此,在本章研究中,我们致力于发现人们对自然和人为刺激所做出的不同生理反应,以及这些反应之间的差异。基于已有的文献资料,我们假定人类会对人为刺激做出更大反应。

虽然人们的情绪会受多种因素的干扰,但通常认为皮肤电反应和心率等生理指标不会对情绪产生重大影响(Cacioppo 和 Tassinary,1990)。因此我们假设人们的感觉与内脏反应密切相关,并且在不同主观情绪下人们的反应也有所不同(Critchley,2009)。为了验证这一假设,我们将提供的刺激分为两类:积极刺激(自然声音)和消极刺激(机动声音)。我们旨在发现受访者的生理功能在不同刺激下的变化,并期望观察到受访者在消极刺激下表现出更大的生理变化。

研究方法

国家公园的实验室模拟研究样本是志愿报名参加的研究生和本科生($n=77$),这些学生在完成调查后能够兑换相应的课程学分。实验过程中,受访者根据温齐默(Weinzimmer)等人(2014)发明的评估标准和流程完成对景观的评分,这一套评估方法中的大部分内容借鉴了梅斯(Mace,1999)和本菲尔德(Benfield)等人(2010)的评估方法。实验中受访者需要对六种不同声景进行打分:三种自然声景(即鸟声、风声和水声)和三种机动声景(即螺旋飞机声、摩托车声和雪地车声)。这些声音采集自美国德纳利国家公园、美国冰川国家公园和美国黄石国家公园,并由美国国家公园管理局(NPS)提供录音。为了减少实验顺序对数据的影响,研究人员按照伪随机的方式依次向受访者播放六段录音。其中一半受访者先听到自然声景,后听到机动声景,其余受访者则相反。

在基线测试和声景评估期间,研究人员会连续收集受访者的生理数据,每位受访者的调查时间持续约 1 个小时。实验中提供的所有录音均由美国国家公园管理局自

然声音和夜空分部与研究人员共同合作完成,其中包含出现在公园模拟环境中的当季典型声音。研究人员根据音质和声音事件选出最佳的录音片段,然后将其剪辑为时长45秒的测试录音。经过校准,所有的测试录音可以提供45分贝(A)的自然声音和60分贝(A)的机动声音。

为了给受访者营造相应的视觉氛围,除了播放录音片段外,研究人员还向受访者展示了三个目标公园的典型风景照片,以此来匹配(冬季)雪地车声景、(夏季)螺旋飞机声景和摩托车声景。但是这些照片中没有出现包含机动声音的场景。

在进行测试之前,受访者首先被要求将"自己置身于场景中",想象自己在该场景中散步。然后研究人员会播放45秒的声景录音,并要求受访者根据提示,在录音播放结束后的25秒内对声景进行评估。在录音播放过程中,研究人员同时还会展示四张不同风景的幻灯片,每张幻灯片对应不同的声景,这样受访者就可以分别对每种声景及其对应风景进行四次评估。这种封闭式的研究设计不仅可以让受访者在3分钟的声景环境中表现出最大程度的生理反应,同时还能保证他们在测试过程中一直保持强烈的兴趣。

自陈法

在研究过程中,受访者需要在三个时间点分别完成包含20个条目的正性负性情绪量表,三个时间点分别为基线测试时、听到第一种声音(自然或机动声音)后和听到第二种声音(自然或机动声音)后。因此,每位受访者需要在听完每种声景之后完成相应的正性负性情绪量表,但是由于幻灯片和声景的播放顺序不同,不同受访者听到的声音类别和顺序并不相同。正性负性情绪量表中的20个条目可以分为两个维度,即正性情绪(积极情绪)和负性情绪(消极情绪)。每个条目采用5级评分法,从"非常轻微"(编码为1)到"极强"(编码为5)依次变化,受访者根据当下心情选择其中一个等级,最终每个条目得分相加获得各维度总分(每个维度包含10个条目)。

在基线测试时,除了收集受访者的性别和年龄数据外,研究人员还收集了其他数据,包括受访者的政治面貌、家乡或所在城市的人口,以及他们先前的自然保护地旅游经历(即上次访问自然保护地的时间以及散步次数)。最后,受访者还需告知他们此前曾参观过上述哪座国家公园(即德纳利、黄石和冰川国家公园)。

生理测量

研究通过使用BIOPAC MP150多导生理记录仪(BIOPAC Systems, Inc., Camino Goleta, CA)中的AcqKnowledge 3.9.1软件来收集受访者的生理数据。在基线测试之前,研究人员在受试者的四肢分别粘贴了四个电极片。四个电极片分别放置在受访者的食指和中指的末端、腕部中央和非优势侧踝关节(内侧踝关节后方)。在实验过程中,研究人员对受访者的皮肤电反应[①](GSR)和心电图(ECG)数据进行连续测量,采集速度为每秒100个样本数据,时间分辨率为10毫秒。皮肤电反应是指通过汗

---

① 一种反映自主神经系统反应的数据,可作为情绪唤醒的指标。

腺分泌变化获得的皮肤电变化数据。心率则通过心电图获得，即根据心电图波形中QRS波群的时间长度计算心跳次数。

受访者的生理数据来自两个时间段，即基线测试过程（持续时间5分钟以上）和整个声景评估过程。在测量生理反应的过程中，研究人员还对不同节点的声景进行标记，以便后续的数据分析。整个生理数据采集时长约为30分钟。

受访者的皮肤电和心率数据提取自3分钟的声景欣赏和5分钟基线测试阶段，其中基线测试有两次，分别在声景评估前后进行。因此，每位受访者各有8个皮肤电和8个心率数据（6种声景和2个基线测试时收集的数据）。受访者的心率值（1分钟心脏跳动次数，BPM）取他们在3分钟声景中所得数据的平均值。同时为了保证不同声景中的数据时间间隔相同，同样对两次基线测试中的3分钟数据取平均值。通过计算每种声景的曲线面积，校正所分析的时间段，研究人员对比了受访者在相同时间段的皮肤电（以伏特为单位）和心率值，所获数据以"伏特/秒"为单位。

通过目测每种声景波形，研究人员对无法忍受的噪声进行判断，同时排除强噪声和与数据采集机器噪声相关的数据值。最终研究共排除了608个数据（76个受访者乘以每个受试者的8个数据）中的52个数据。这些被排除的数据出现在以下几种声景中：9个数据来自第一次基线测试，8个数据来自德纳利国家公园声景（DENA），5个数据来自冰川国家公园声景（GLAC），8个数据来自黄石国家公园声景（YELL），4个数据来自螺旋飞机声景，4个数据来自摩托车声景，5个数据来自雪地摩托车声景和9个数据来自第二次基线测试。研究对剩余数据取平均值，以求出每种声景中受访者的皮肤电和心率平均值。此外，研究人员还将基线测试前后的所得数据减去每种声景中的数据来计算数据间的差异。这些差异值由百分比表示，从而作为替代结果与基线数值形成对比。为简单起见，以下图表仅展示相对于初始基线测试时的数据百分比变化。为了得出数据的百分比变化，保证数据可靠性，实验对其他变量进行了严格控制。

研究结果

情感评分

如上所述，研究人员在三个时间点分别测定了受访者的积极情绪和消极情绪，即受访者在基线测试时、在欣赏第一个声景（自然或机动声音）和欣赏第二个声景（自然或机动声音）时分别完成了正性负性情绪量表1、2、3。实验结束后，研究人员对数据进行了一些处理。他们用基线数据减去不同声景中每一维度（包含10个条目）的得分，然后将所得分数转换为百分比，从而计算出受访者在不同声景下的情绪变化。研究采用单因素方差分析法来对比分析不同声景中受访者积极和消极情绪变化的差异。该分析法为研究带来了重大发现，而事后分析法（Bonferroni法和Tamhane T2法）则帮助识别出导致情绪变化出现巨大差异的特定条件。

表15-1展示了受访者从基线测试到欣赏第一个声景时的正负面情绪变化。正面情绪列显示，影响受访者正面情绪迅速减少的因素依次是摩托车声景（-21%）、螺旋

飞机声景(-12%)和雪地车声景(-11%)。而在自然声景中,受访者的正面情绪有所增加(黄石国家公园声景为5%,德纳利国家公园声景为2%,冰川国家公园声景为1%)。在螺旋飞机声景和摩托车声景中,受访者的负面情绪迅速增长(螺旋飞机声景为28%,摩托车声景为17%),而在雪地车声景和自然声景中,受访者的负面情绪略有减少(雪地车声景为-3%,冰川国家公园声景为-21%,黄石国家公园声景为-14%,德纳利国家公园声景为-4%)。

表15-1 平均值(标准偏差)、百分比减少差异以及正性负性情绪量表1和正性负性情绪量表2之间的配对比较

声景类别	正面情绪[a]	百分比差异/(%)	负面情绪[b]	百分比差异/(%)
自然声景 (冰川国家公园声景)	-0.01[c](0.51)	1	0.36[c](0.37)	-21
自然声景 (德纳利国家公园声景)	-0.09[c](0.42)	2	0.06[c,d](0.21)	-4
自然声景 (黄石国家公园声景)	-0.13[c](0.42)	5	0.28[c,d](0.53)	-14
摩托车声景	0.69[d](0.69)	-21	-0.28[d](0.39)	17
螺旋飞机声景	0.35[c,d](0.37)	-12	-0.32[c](0.82)	28
雪地车声景	0.33[c,d](0.54)	-11	0.04[c,d](0.23)	-3

注:[a] 用于正面情绪配对比较的Bonferroni事后分析法。
[b] 用于负面情绪配对比较的Tamhane T2事后分析法。
[c,d] 不同的上标代表不同条件下的显著平均差异(基于$p<0.05$标准)。

表15-2显示了受访者从欣赏第一个声景到第二个声景时的情绪变化。正面情绪列显示,影响受访者正面情绪迅速减少的因素依次是摩托车声景(-20%),雪地车声景(-19%)和螺旋飞机声景(-17%)。而在自然声景中,受访者的正面情绪有所增加(德纳利国家公园声景13%,冰川国家公园声景为9%,黄石国家公园声景为8%)。在螺旋飞机声景中,受访者的负面情绪增长最快(34%),其次是摩托车声景(32%)和雪地车声景(31%)。而在各类自然声景中,受访者的负面情绪有所缓解。

表15-2 平均值(标准偏差)、百分比减少差异以及正性负性情绪量表2和正性负性情绪量表3之间的配对比较

声景类别	正面情绪[a]	百分比差异/(%)	负面情绪[b]	百分比差异/(%)
自然声景 (冰川国家公园声景)	-0.18[c](0.63)	9	0.62[c](0.45)	-30
自然声景 (德纳利国家公园声景)	-0.26[c](0.64)	13	0.47[c](0.79)	-18
自然声景 (黄石国家公园声景)	-0.18[c](0.32)	8	0.17[c](0.31)	-10

续表

声景类别	正面情绪[a]	百分比差异/(%)	负面情绪[b]	百分比差异/(%)
摩托车声景	0.66[d](0.61)	−20	−0.38[d](0.38)	32
螺旋飞机声景	0.48[d](0.34)	−17	−0.37[d](0.38)	34
雪地车声景	0.60[d](0.38)	−19	−0.38[d](0.21)	31

注：[a] 用于正面情绪配对比较的 Bonferroni 事后分析法。
[b] 用于负面情绪配对比较的 Tamhane T2 事后分析法。
[c,d] 不同的上标代表不同条件下的显著平均差异（基于 $p<0.05$ 标准）。

生理结果

表 15-3（平均值和百分比变化）展示了受访者的生理数据。研究人员收集了受访者在不同声景和基线测试下的皮肤电（以 BPM 为单位）和心率（以伏特/秒为单位）数据，并对这些数据取平均值进行对比分析。在自然声景下，受访者相对于基线测试的皮肤电和心率平均变化值分别是 10.6%（德纳利国家公园声景为 10.1%，冰川国家公园声景为 13.4%，黄石国家公园声景为 8.5%）和 −4.8%（德纳利公园声景为 −5.0%，冰川公园声景为 −4.8%，黄石公园声景为 −4.6%）。而在机动声景中，受访者相对于基线测试的皮电和心率平均变化值分别为 14.2%（螺旋飞机声景为 15.2%，摩托车声景为 11.7%，雪地车声景为 15.6%）和 −4.2%（螺旋飞机声景为 −4.1%，摩托车声景为 −4.3%，雪地车声景为 −4.3%）。

表 15-3　基线测试和不同声景中所得生理数据汇总

声景类别	皮肤电反应/(伏特/秒)	皮肤电反应（变化百分比/%)	心率（1分钟心脏平均跳动次数）	心率（变化百分比/%)
基线测试	0.45	—	76.9	—
自然声景（德纳利国家公园声景）	0.48	10.1	73.3	−5.0
自然声景（冰川国家公园声景）	0.48	13.4	73.9	−4.8
自然声景（黄石国家公园声景）	0.48	8.5	73.8	−4.6
螺旋飞机声景	0.50	15.2	74.0	−4.1
摩托车声景	0.49	11.7	74.0	−4.3
雪地车声景	0.52	15.6	73.8	−4.3
自然声景	0.49	10.6	73.2	−4.8
机动声景	0.50	14.2	73.5	−4.2

注：皮肤电反应（GSR, Galvanic Skin Response）；心率（HR, Heart Rate）。
自然声景＝三种自然声景中的平均值（德纳利国家公园声景、冰川国家公园声景、黄石国家公园声景）。
机动声景＝三种机动声景中的平均值（螺旋飞机声景、摩托车声景、雪地车声景）。

通过对样本进行配对比较,研究人员发现了受访者在基线测试和不同组合声景中的生理反应差异(表15-4)。研究发现,受访者的心率在基线测试(M=0.45,SD=0.08)和不同自然声景(M=0.49,SD=0.08)中存在明显差异,此时 $t(66)=2.57$,$p<0.05$。而受访者的皮肤电反应在基线测试(M=76.9,SD=12.2)和不同自然声景(M=73.2,SD=10.6)中也存在明显差异,此时 $t(66)=7.27$,$p<0.001$。同样地,受访者的心率和皮肤电反应在基线测试和不同组合机动声景中也表现出明显不同。在基线测试时,受访者的皮肤电反应远低于机动声景(M=0.50,SD=0.08)中的皮肤电反应,此时 $t(66)=4.06$,$p<0.001$。相反,他们在基线测试时的心率却远高于机动声景(M=73.5,SD=10.8)中的心率,此时 $t(66)=6.60$,$p<0.001$。在组合自然和机动声景中,受访者的生理反应并没有表现出明显的差异。在组合机动声景中,受访者的皮肤电反应略高于组合自然声景,此时 $t(72)=1.33$,$p=0.19$。而在这两种组合情况下,受访者的心率几乎保持不变,即 $t(72)=0.59$,$p=0.56$。

表15-4 基线测试和组合声景中皮肤电反应和心率的配对比较

变量	皮肤电反应				
	平均值	SD	df	t	p
基线测试	0.45	0.08	66	2.57	0.013[a]
自然声景	0.49	0.08			
基线测试	0.45	0.08	66	4.06	<0.001[a]
机动声景	0.50	0.08			

变量	心率				
	平均值	SD	df	t	p
基线测试	76.91	12.15	66	7.27	<0.001[a]
自然声景	73.21	10.57			
基线测试	76.91	12.15	66	6.60	<0.001[a]
机动声景	73.52	10.80			

注:[a] $p<0.05$ 时达到显著水平。
基线测试与高心率有关。

通过对比分析受访者的生理数据和正性负性情绪量表结果,研究发现生理反应和情绪确实存在明显关联。这一发现促使我们探索生理唤醒、情感评估及情感解释三者之间的关系。研究发现,受访者首先接触冰川国家公园声景,然后进行基线测试,他们在基线测试后的正面情绪变化及其心率($R=-0.57$,$p=0.05$)呈负相关(见表15-5)。这就表明,先接触冰川国家公园声景,然后再接触与基线测试相关的自然声景,受访者在接触自然声景后表现出来的高涨的正面情绪与他们的高心率有关。而对于接触的第二个声景是冰川国家公园声景的受访者($n=12$,他们接触的第一个声景是摩托车声景),他们在接触自然声景(与摩托车声景相关)后所表现出来的正面情绪变化与他们的皮肤电反应呈正相关($R=0.64$,$p<0.05$)(见表15-6)。在这种情况下,受访者从接触摩托车声景到自然声景的这一过程中,他们正面情绪的增加与皮肤电反应下降有

关。而受访者先接触黄石国家公园声景，然后进行基线测试，他们在此之后表现出的正面情绪变化与他们的心率($R=-0.67, p<0.05$)呈负相关(见表15-5)。这就表明，在接触与基线测试相关的自然声景后，首先接触黄石国家公园声景($n=11$)的受访者表现出更加高涨的正面情绪，这与他们的高心率有关。

表 15-5　心率和正性负性情绪量表之间的显著关系

变量	N	R	P
自然声景(冰川国家公园声景)PA1-PA2[a]	12	−0.57	0.051
自然声景(黄石国家公园声景)PA1-PA2	11	−0.67	0.025[c]
螺旋飞机声景 PA2-PA3	11	0.73	0.011[c]

注：[a] 正性负性情绪量表1中的正面情绪得分减去正性负性情绪量表2中的正面情绪得分后的结果。
[b] 正性负性情绪量表2中的正面情绪得分减去正性负性情绪量表3中的正面情绪得分后的结果。
[c] $p<0.05$ 时达到显著水平。

表 15-6　皮肤电反应和正性负性情绪量表之间的显著关系

变量	N	R	P
自然声景(冰川国家公园声景)PA2-PA3[a]	12	0.64	0.026[f]
摩托车声景平均值 NA2[b]	12	0.74	0.006[f]
摩托车声景平均值 NA3[c]	12	−0.61	0.034[f]
摩托车声景 NA2-NA3[d]	12	0.58	0.048[f]
雪地车声景 PA1-PA2[e]	12	0.78	0.003[f]

注：[a] 正性负性情绪量表2中的正面情绪得分减去正性负性情绪量表3中的正面情绪得分后的结果。
[b] 正性负性情绪量表2中的负面情绪值。
[c] 正性负性情绪量表3中的负面情绪值。
[d] 正性负性情绪量表2中的负面情绪得分减去正性负性情绪量表3中的负面情绪得分后的结果。
[e] 正性负性情绪量表1中的负面情绪得分减去正性负性情绪量表2中的负面情绪得分后的结果。
[f] $p<0.05$ 时达到显著水平。

对于那些首先接触摩托车声景($n=12$)的受访者来说，他们的负面情绪与其皮肤电反应($R=0.74, p<0.05$)呈正相关(见表15-6)。而对于那些接触的第二个声景是摩托车声景($n=12$，接触的第一个声景是冰川国家公园自然声景)的受访者，他们在这一声景后表现出的负面情绪与其皮肤电反应($R=-0.61, p<0.05$)呈负相关(见表15-6)。而他们在接触摩托车声景(与自然声景相关)后的负面情绪变化与他们的皮肤电反应($R=0.58, p<0.05$)呈正相关(见表15-6)。在这种情况下，从接触自然声景到摩托车声景，受访者在这一过程中负面情绪的增加与他们的皮肤电下降有关。对于那些接触的第二个声景是螺旋飞机声景的受访者($n=11$，接触的第一个声景是德纳利国家公园声景)，他们在接触螺旋飞机声景(与自然声景有关)后表现出的正面情绪变化与他们的心率($R=0.73, p<0.05$)呈正相关(见表15-5)。从接触自然声景到螺旋飞机声景，受访者在这一过程中正面情绪的增加与他们的心率降低有关。最后，受访者首先接触雪地车声景，然后进行基线测试，他们在基线测试后表现出的正面情绪

变化与他们的皮肤电肤反应（R=0.78，p<0.01）呈正相关（见表15-6）。这表明，受访者首先接触雪地车声景，然后再接受与基线测试相关的雪地车声景，他们在此之后表现出的较低的正面情绪与皮肤电反应的增加有关。

讨论

在分析从基线测试（正性负性情绪量表1）到第一个声景（正性负性情绪量表2）这一过程时，相比于接触自然声景的受访者，接触摩托车声景的受访者表现出较高的正面情绪和较低的负面情绪，这一情绪变化的幅度约为20%。鉴于这两组实验的唯一变量是不可见的摩托车噪声，因此这一变化幅度可以说是十分显著。而在分析从第一个声景（正性负性情绪量表2）到第二个声景（正性负性情绪量表3）这一过程时，受访者的情绪表现出更加明显的变化。在这种情况下，相对于受访者在自然声景下的情绪，三种不同的机动噪声导致他们的正面情绪迅速减少（约20%），负面情绪却大幅攀升（约30%）。有趣的是，受访者在接触两种类型的声景——自然声景和机动声景后，他们的情绪从第一个声景到第二个声景这一过程中发生了更加显著的变化（相比于他们从基线测试到第一个声景的情绪变化）。这可能是因为在经历多次测试和多种声景后（尤其是在第二个声景之前的机动声景评估中出现了较小的标准偏差），受访者对自己的情绪评估已经趋于稳定。不过对于这一假设，研究人员并没有进行验证，但是仍有现象表明，自然声景能够为受访者提供恢复性帮助，即相对于他们最初报告的自我情绪状态，自然声景能够增加他们的正面情绪，减少他们的负面情绪。这一发现与其他研究有着千丝万缕的联系，值得人们在未来给予更多的关注（如Benfield等，2014）。

虽然研究人员在基线测试和不同声景中采用了不同的生理测量方法，但通过这些方法获得的数据都反映了受访者在自然和机动声景中的显著生理差异。首先，数据显示在基线测试和不同声景中，相比于受访者所受到的视觉和听觉刺激，实验过程对人们皮肤电增加和心率减少的影响更大。其次，尽管受访者在组合自然声景和组合机动声景中没有表现出明显的生理差异，但在雪地车声景中，他们的生理数据发生了显著变化，即在接触与自然（黄石国家公园）基线声景相关的雪地车声景时，他们的皮肤电反应显著，这一变化与他们在摩托车和螺旋飞机声景中的反应截然不同。此外，针对黄石国家公园中的野生动物研究发现，雪地车噪声会对狼和麋鹿的应激反应产生直接影响（Creel等，2002）。而皮肤电反应水平又是生物产生应激行为的表现指标之一，因此这些发现补充说明了雪地车噪声可能会对受访者的生理状况造成特殊影响。至于受访者的心率，它们在雪地车声景中并没有发生变化。但有趣的是，减少摩托车声景中的基线测试会提高受访者的心率。

除了上述发现以外，研究人员还观察到积极/消极情绪维度得分和生理数据之间的密切关联。首先，在机动噪声声景和自然声景中，情绪维度得分和生理数据均表现出了较强的关联性（R≥0.57）。在摩托车声景中，通过对比受访者负面情绪平均值和皮肤电反应平均值（以及二者在不同声景中的变化），研究人员推测受访者的生理反应可能与他们的情绪变化有关，而这一变化是由自然环境中的摩托车噪声导致的。但是随着实验的推进,研究人员发现受访者的生理状况并没有随着摩托车噪声的变化而变化,相反受访者自基线测试后的正面情绪变化会影响他们在雪地车声景中的皮肤电反应,而他们在螺旋飞机声景中的心率与第二声景后的正面情绪变化有关,这使人们对研究发现的实际意义产生了质疑。

研究还发现受访者在冰川国家公园声景中的皮肤电反应与其在第二声景后的正面情绪变化有着密切的联系。此外,受访者自基线测试后的正面情绪变化也会对他们在冰川国家公园和黄石国家公园声景中的心率产生影响。这些发现不仅有趣,而且具有潜在价值,因为它们揭示了情绪认知评估和情绪生物指标之间的紧密联系,这些联系有助于揭示基本概念的重要性——人们在面对自然保护地中的噪声时,其情感和情绪所起到的突出作用。但是在对比分析受访者的自我情绪报告和生理数据后,研究并没有发现噪声和人类情绪之间的关系,因此无法给出一致或可预测的结论。但是如上所述,受访者的生理反应和不同声景之间存在较强的关联性,因此可以推测受访者的情绪和生理反应之间一定也存在相应联系。研究所得的生理数据提供了有关受访者进行生理唤醒的一般信息,而正性负性情绪量表则揭示了他们对听觉和视觉刺激的反应程度。但是,正如心理、生理学文献所预测的那样,这其中的关联性并不总是表明受访者在情感评估中出现的负面情绪变化总是伴随着生理唤醒的增加(如 Cacioppo 和 Tassinary,1990;Critchley,2009)。

管理意义

研究发现,游客的积极情绪和他们的其他情绪会影响他们在自然保护地的游玩体验和惠益,同时也会影响他们对自然保护地的满意度。受访者的自我情绪报告表明,宁静的自然环境和自然声景对游客来说至关重要。数据显示,即使是在没有明显噪声的机动声景中,受访者负面情绪的增长幅度依然超过 30%。同样地,相比于受访者在基线测试时的情绪状态,自然声景更有利于他们的情绪调节。这些发现不仅与先前的研究结果一致(如 Mace 等,1999;Benfield 等,2010),而且为自然保护地管理者的实际行动提供了可靠依据,保证他们能够采取相应的机动噪声控制措施,从而促进游客的情绪健康和福祉。此外,其他研究提到,历史和文化遗址景点的管理者还需要关注干扰游客体验的潜在噪声(Rainbolt 等,2012)。

自然环境的首要保护作用就是避免游客出现应激反应。针对儿童的研究表明,对生活在自然环境中的儿童,他们的生活压力对心理福祉的影响较小(Wells 和 Evans,2003)。因此,公共土地管理者应当更多地关注保护自然保护地中的自然声景所带来的潜在益处。无论是微风拂过白杨林的声音,还是雷鸣般的瀑布声,亦或是黎明时分的鸟鸣声和黄昏时刻的狼嚎声,我们都有责任保护它们,为我们的子孙后代守护好这些来自大自然的独特声音。

未来研究

本章的研究数据发现,雪地车声景刺激会引发生理唤醒。尽管这一情况并没有出现在摩托车声景和螺旋飞机声景中，但这些数据说明在自然保护地的实验室模拟环境中，受访者的皮肤电反应是一个合适的生理指标，可以用于反映不同机动声景对受访者的生理影响。在比较自然声景和机动声景中受访者的生理数据时，并非所有数据都表现出明显的差异，但在机动声景中，受访者的生理唤醒却呈现出显著增加的趋势。据此可以推断在自然保护地的现实环境中，采用同样的生理检测方法（包括检测血压的变化）可能会获得更具对比性的不同组数据。这种连续、非侵入性和低廉的检测方法不仅能够帮助研究人员对受访者的生理唤醒进行简易测量，而且还为自然保护地的管理者提供了重要信息，以此量化不同声景对人类健康产生的影响。此外，研究结果还表明，在特定的实验室模拟环境中（即在山区的模拟环境中设置雪地车声景）也可以检测声景对健康的影响。未来的研究将更多地关注模拟环境下的发现在现实环境中的应用，因为相比于受访者的实验室数据，人们对现实中的过度机动噪声可能表现出更明显的情绪反应、更多的压力和生理唤醒。

未来的研究将集中关注自然声景在自然保护地中的积极作用。自然声景能够给予人们心理、生理和情绪益处，为了明确这些声景的特点，研究人员将对受访者的心理、生理和情绪进行研究。此外，未来研究需要更多地关注自然声景中有益的听觉和视觉因素，以及这些因素的相互作用，因为"人们极少分开体验风景和声景；但是目前还没有证据显示，相比于只有机动噪声的单一自然风景，自然风景和自然声景的组合能够给游客带来更多的心理上的或生理上的恢复性体验"（Gramann, 1999, p. 10）。因此未来人们将特别关注自然保护地中的过度机动噪声问题，及其对游客体验和游客惠益造成的影响。为了探索自然保护地中机动噪声的来源及其影响，未来仍将采用实验室研究方法——主观的自陈法和客观的生物学指标，这两种方法还可用于探索人为噪声的影响。同时未来还将建立声音传播监测模型，以便全面地了解交通噪声和其他人为因素对自然声景的危害，以及它们对游客获益体验的不利影响。此外，之后的研究将进一步明确自然保护地中的自然声景为游客的认知恢复性体验和压力缓解带来的帮助。这些研究可能将用于收集心理、生理和情绪数据的技术运用于大脑数据收集。这样的话，人类学研究人员就能利用功能性脑成像技术对与自然资源相关的认知和行为神经关联性进行研究，从而更好地从生物学的角度揭示人与环境的互动关系。

显然，学术界需要更多地关注自然保护地中自然声景的重要性，但是目前大多数研究仅关注人为噪声的物理特点（噪声源、噪声强度、噪声持续时间、噪声空间范围等），极少有人探索噪声对游客的心理、生理和情绪造成的影响。而且在噪声研究这一主题下，人们的研究往往以人为噪声的消极影响为切入点。因此，我们的研究另辟蹊径，期望从一个不同的角度来看待这一问题，即自然声音的积极作用。我们期望采用传统的人类学研究方法来分析这一问题，针对游客对自然保护地声景和人为侵入因素的态度、期待和情绪展开调查。除此以外，我们计划对人类学研究中的新兴方法进行整合，这些方法包括生理测量方法和功能性脑成像技术。生理测量方法包括测量受访者的心率和皮肤电反应，该方法能够获取受访者的无意识生理活动信息，而传统自陈法无法提供这些信息。功能性脑成像技术能直接测量受访者的潜在认知和行为背后的神经活动，这一神经功能活动不易受到人们在认知评估中的反应偏见和个体差异的影响。

我们的目标是对重要的自然资源问题追根溯源,同时探索对相关研究有益的新兴方法。我们认为,如果能够运用生物学技术进行研究,那么也能够利用全新的研究方法来探索人类学的奥秘。最终,我们的研究将为自然保护地的管理者带来启发,帮助他们减少噪声给自然保护地带来的影响。而我们的长期目标是发现保护自然声景带来的多种益处,提高人们对保护声景的认识,呼吁土地管理机构和公众对自然声景给予更多关注。

结论

综上所述,景观评估、情绪评分和生理监测结果显示,提供自然声景和限制人为噪声有利于提升游客的公园体验和福祉,而不同来源的人为噪声会对游客产生消极影响。例如,摩托车噪声会给游客的景观评估带来最大的不利影响,同时还会导致他们在自然声景基线测试中出现极端的消极情绪变化。相反,在类似自然声景的声景中,雪地车噪声会增加游客的皮肤电反应,而在其他机动噪声声景中却没有出现这种情况。

自然声景的益处十分复杂,包括心理益处和生理益处。虽然对受访者的生理变化进行更加精细的检测可能会获得更可靠的结论,但本章研究得出的结果足以表明,自然环境中的过度机动噪声会对人们产生不利影响。未来的实验室研究应将本研究中采用的方法应用于测量其他生理反应,例如测量血压或皮肤血流量。同时中枢神经系统的数据(包括功能性脑成像技术)可对这些外在数据加以补充。在此基础上,上述研究方法与传统的调查方法和心理调查问卷法相互结合、相互补充,人们就能更加全面地了解自然声景对人类福祉的重要性。

在研究过程中,虽然我们避免使用现实环境中的数据,但研究结果显示,我们精心设置的实验室模拟环境对受访者的体验造成了显著影响。在自然声景中,汽车噪声导致受访者对景观的正面评价减少了 30%—50%。而在机动噪声声景中,受访者的积极情绪减少了约 20%,消极情绪增加了 30% 以上。在比较自然声景和机动声景各自产生的影响时(两组的唯一变量是声音刺激,其他保持不变),上述发现十分关键。这一发现有利于肯定和鼓励公园管理者为减少人为噪声所做出的努力。同时,我们的实验室数据也表明,自然保护地中不受控制的机动噪声会对游客的身心健康造成威胁。因此,为了保障游客的恢复性体验,我们对自然声景采取了一定的保护措施,让游客能够最大程度地享受自然声景带来的益处(美学益处、情绪益处和生理益处)。为了实现这一目标,我们对收集到的数据来源进行整合,帮助研究人员和管理人员更好地了解声景对游客体验的影响。

遗憾的是,我们当前采用的研究方法无法分别对声源和视觉环境产生的影响展开研究。因此,如果不同公园的风景吸引力存在差异的话,那么声景差异将不是影响游客反应的唯一因素。但是,通过排查公园差异(即对比机动噪声声源与公园在自然基线测试时的状态),我们自认为已将上述可能性降到了最低,并且有效控制了这一影响因素。同时,我们也期望采用更简单的研究设计,以此确保受访者的生理反应仅受到听觉刺激影响,而不受其他因素的干扰,如受访者在测试过程中出现疲劳或是对研究过程缺乏兴趣。因此,考虑到上述影响因素,我们的研究结果仅展示了不同公园在自然基线测试时的最小差异。

研究收获/未来发展

- 机动噪声会损害受访者的自我情绪报告状态。
- 机动噪声会导致受访者的生理唤醒出现一些可检测变化,对此需要采取更加精细的测量方法。

本章研究证明了采用多维方法有利于研究不同声景及其社会影响。研究综合分析了基于认知的景观评估、自我情绪报告数据及生理反应数据,提高了数据的有效性和结论的可靠性。此外,研究还通过生理测量法获得了更加精准的外在指标(如血压监测),并通过功能性脑成像技术获得了中枢神经系统生物指标。这些外在指标和生物指标有助于进一步完善该项研究。因此,本章的案例研究不仅为未来自然声景益处研究奠定了基础,同时也推动了学术界更多地关注自然环境中的过度噪声对人类身心的影响。而本章提及的研究方法则为未来的社会科学声景研究提供了新思路。另外,本章中的研究还表明,自然保护地中的声音监测网络和噪声传播模型应该真实可靠地监测和模拟不同的声景状况,只有这样才能有力且全面地记录非官方自然声景对游客的真实影响。

参考文献

[1] Barrett, L. F., Quigley, K., Bliss-Moreau, E. and Aronson, K. R. (2004) Arousal focus and interoceptive sensitivity. *Journal of Personality and Social Psychology* 87(5), 684-697.

[2] Basner, M., Babisch, W., Davis, A., Brink, M., Clark, C., Janssen, S. and Stansfeld, S. (2014) Auditory and non-auditory effects of noise on health. *The Lancet* 383(9925), 1325-1332.

[3] Benfield, J. A., Bell, P. A., Troup, L. J. and Soderstrom, N. C. (2010) Aesthetic and affective effects of vocal and traffic noise on natural landscape assessment. *Journal of Environmental Psychology* 30(1), 103-111.

[4] Benfield, J. A., Taff, B. D., Newman, P. and Smyth, J. (2014) Natural sound facilitates mood recovery. *Eco-psychology* 6(3), 183-188.

[5] Cacioppo, J. T. and Tassinary, L. G. (1990) Inferring psychological significance from physiological signals. *American Psychologist* 45(1), 16-28.

[6] Creel, S., Fox, J. E., Hardy, A., Sands, J., Garrott, B. and Peterson, R. O. (2002) Snowmobile activity and glucocorticoid stress responses in wolves and

elk. *Conservation Biology* 16(3),809-814.

[7] Critchley, H. D. (2009) Psychophysiology of neural, cognitive and affective integration: fMRI and autonomic indicants. *International Journal of Psychophysiology* 73,88094.

[8] Driver,B. (2008) *Managing to optimize the beneficial outcomes of recreation*. Venture Publishing, State College, USA.

[9] Gramann, J. (1999) The effect of mechanical noise and natural sound on visitor experiences in units of the National Park System. *Social Science Research Review* 1(1),1-16.

[10] Lawler, E. (1973) *Motivations in work organizations*. Brooks/Cole Publishing Company, Monteray, USA.

[11] Lee, M. E. and Driver, B. L. (1992) *Benefits-based management: A new paradigm for managing amenity resources*. Paper presented at The Second Canada/US Workshop on Visitor Management Parks, Forests, and Protected Areas. Madison, WI.

[12] Mace, B. L., Bell, P. A. and Loomis, R. J. (1999) Aesthetic, affective, and cognitive effects of noise on natural landscape assessment. *Society and Natural Resources* 12,225-242.

[13] Manfredo, M. J., Driver, B. L. and Brown, P. J. (1983) A test of concepts inherent in experience-based setting management for outdoor recreation areas. *Journal of Leisure Research* 15(3),263-283.

[14] Manfredo, M. J. (2008) *Who Cares About Wildlife? Social Science Concepts for Exploring Human-Wildlife Relationships and Conservation Issues*. Springer, New York, USA.

[15] Marin, L. D., Newman, P., Manning, R., Vaske, J. J. and Stack, D. (2011) Motivation and acceptability norms of human-caused sound in Muir Woods National Monument. *Leisure Sciences* 33(2),147-161.

[16] Mayne, T. J. (2001) Emotion and health. In: Mayne, T. J. and Bonanno, G. A. (eds) *Emotions: Current Issues and Future Directions*. Guilford Press, New York, pp. 361-397.

[17] Pilcher, E. J., Newman, P. and Manning, R. E. (2009) Understanding and managing experimental aspects of soundscapes at Muir Woods National Monument. *Environmental Management* 43,425-435.

[18] Rainbolt, G. N., Benfield, J. A. and Bell, P. A. (2012) The influence of anthropogenic sound in historical parks: Implications for park management. *Journal of Park and Recreation Administration* 30(4),53-65.

[19] Rosenberg, E. L. (1998) Level of analysis and the organization of affect. *Review of General Psychology* 2,247-270.

[20] Stack, D. W., Newman, P., Manning, R. E., Aiken, G. D. and Fristrup, K. M. (2011) Reducing visitor noise levels at Muir Woods National Monument using experiential management. *Journal of the Acoustical Society of America* 129 (2), 1-6.

[21] Wagar, J. A. (1966) Quality in outdoor recreation. *Trends in Parks and Recreation*, 3 (3), 9-12.

[22] Watson, D., Clark, L. A. and Tellegen, A. (1988) Development and validation of brief measures of positive and negative affect: the PANAS scales. *Journal of personality and Social Psychology* 54(6), 1063.

[23] Weinzimmer, D., Newman, P., Taff, B. D., Benfield, J., Lynch, E. and Bell, P. (2014) Human responses to simulated motorized noise in national parks. *Leisure Sciences* 36(3), 251-267.

[24] Wells, N. M. and Evans, G. W. (2003) Nearby nature: A buffer of life stress among rural children. *Environment and Behavior* 35(3), 311-330.

16. 游客的动态评价：他人的存在对游客娱乐体验和恢复性自然体验的影响

本杰明·切里安、雅各布·A. 本菲尔德

■ 尝试重新连接

  过去几年，全球人口迅速增长，城市化进程大大加快，这一趋势在未来几年将继续保持（联合国人口司，2009）。在这一背景下，农村向城市迁移引起了多个领域的关注，尤其是人类健康和福祉领域。在该领域，人们提出要采取自然干预的措施帮助人们适应城市生活（Turner 等，2004）。有的研究和政策强调要帮助人类接近自然，有的则是将自然元素融入发达城市的环境中。相关文献资料显示，后者似乎更受人推崇。

  例如，中国台湾的研究人员就试图探究工作环境中的自然窗景对员工生产效率和精神状态的影响（Chang 和 Chen，2005）。在他们的研究中，受访大学生被要求对一系列照片进行打分。这些照片分别展示了三种不同的工作环境：办公场所有无窗户、窗外有无自然景观或城市景观、室内有无植物。在打分过程中，研究人员会对大学生的各项生理反应进行监测，从而分析不同工作环境对个人的影响。研究发现，无论是在生理上还是心理上，这些受访者都倾向于室内有植物及窗外有自然风景的工作环境，这表明工作场所中的自然元素有益人们的身心健康。而在另一项针对韩国上班族的工作环境调查中，研究人员也发现了类似的结果（SopShin，2007）。在这项研究中，研究人员对比分析了两组来自不同工作环境的员工，一组可以在室内看到窗外的森林，另一组的窗外则没有自然景观。研究发现，相比于后者，前一组员工不仅较少有工作压力，而且对待工作的态度也更加积极。在上述两项研究中，为了改变人们对工作环境的固有看法，研究人员在全新的研究环境中都添加了许多自然元素，促使人们与自然进行互动，并从中获益。不过还有一种方法也能够帮助人们从大自然中获益，那就是参观野生自然保护地或国家公园。

  在本章中，我们的研究旨在突出野生自然保护地旅游在恢复游客活力、促进游客放松和健康中所起的作用。其中，我们将特别关注景区中的自然声学特性或声景对人们健康和福祉的帮助。同时，我们还将打破人们对景区中其他游客的固有印象——认为他人的存在及其产生的噪音不利于游客的自然体验。事实上，其他游客产生的噪音在特定情况下能够为人们带来益处。

自然保护地：大自然最好的一面

一直以来，国家公园和其他自然保护地为人们提供了一系列的休闲娱乐体验，是人们逃离紧张生活、享受片刻宁静的最佳去处（Driver，2008）。近期，美国国家公园管理局数据库的访问数据显示（国家公园管理局，2017），由于人们不断意识到自然给他们带来的积极影响，因此在原始的自然环境中度假的人数逐年递增。美国国家公园管理局的报告称，2014—2015 年，美国境内国家公园的访问量增加了 4.9%，其中近六分之一的国家公园都出现了较高的游客访问量（国家公园管理局，2016）。而在接下来的一年（2016 年），全美国家公园的访问人数创下历史新高，达到了 3.3 亿人次（国家公园管理局，2017）。与此同时，世界上的其他地区也出现了类似情况。例如，2009 年，针对 20 个国家的 280 多个自然保护地的游客调查表明，大多数自然保护地的访问量都呈现上升趋势（Balmford 等，2009）。最近，加拿大公园管理局称，2010—2015 年，加拿大全国国家公园访问量增加了 7%（加拿大公园管理局，2017），而在芬兰，该国国家公园、散步区域和其他自然保护地的访问量在 2015—2016 年也增加了 7%（芬兰森林和野生动物管理局，2017）。由此可以推测，未来几年自然保护地旅游将保持上升趋势，同时一些组织预测，到 2030 年，全球自然保护地的游客年增长率将在 3%—3.5%（Leung 等，2015）。

但是，随着全球人口增长及自然保护地访问量的增加，景区拥挤和承载问题、游客健康和福祉问题也日益严峻。当前公园游客络绎不绝，这说明人们正在寻找理想的自然目的地，他们期望可以远离压抑的工作环境，并在办公室乃至城市之外体验自然风光。不过，源源不断的游客将给野生环境和自然保护地的管理者们带来更多挑战，因为他们不仅要维持公园的正常运作，同时还要保证游客能够收获福祉和满意的游玩体验。因此，在公园和实验室模拟环境下进行的研究有助于管理者深入了解拥挤的公园对游客的影响。

多年来，人们致力于研究游客对拥挤的公园和娱乐场所的看法，以及这些场所对游客的影响。对此，相关研究人员回顾了研究拥挤公园的有关模型，并对这些模型做出了相应调整（Shelby，1980）。同时他们还讨论了游客的感知密度对其体验的微弱影响（Cole，2001），重新定义了相关文献中的某些术语（Vaske 和 Donnelly，2002）。在这些研究中，人们发现了一个共同点：游客感知到的环境拥挤程度并不会影响他们对环境的满意度。

尽管如此，相关文献的研究成果在某一问题上仍然存在分歧，即景区拥挤程度对游客整体满意度的影响。例如，凡·里佩尔（van Riper）等人（2010）指出，拥挤情况虽然没有影响游客对自然环境的评价，但他们担心游客最终会对不断拥挤的环境作出反应，即产生位移的现象。他们把这种位移现象称为"空间位移"，他们认为游客之所以会位移，是为了寻找更好的自然目的地，或是为了在旅游淡季参观公园，因此这种位移现象也可以视作"暂时位移"（van Riper 等，2001）。但无论是空间位移还是暂时位移，游客的位移现象都表明自然景点中的元素无法满足他们的生理、情感和心理需求。

因此，在游客接待量和游客体验二者上，景区管理者常常因为无法实现"双赢"而感到苦恼。一方面他们需要接待足够多的游客，另一方面他们又要保证游客体验不会受到其他游客的影响，因为其他游客的存在可能会导致位移现象的发生，还可能降低游客的福祉。对此，许多人对国家公园和其他自然保护地中的拥挤问题进行了研究。不过，本章期望从另一不同角度来看待自然环境中的人类因素，例如游客增加与噪音增加之间的关系，还有噪音增加对游客满意度、福祉和生理健康的影响。

因此，本章研究的独特之处在于探索自然环境和自然声音提供的恢复性益处，这也是人们最常研究的自然益处。一直以来，人们认为他人的存在和许多额外的、非自然噪音（这些声音可能是人们的交谈声或是交通工具产生的噪音）不利于游客的恢复性体验。因此，本章将围绕相关的娱乐和环境心理学文献，对几种值得引起人们关注的情况展开具体讨论。在这些情况下，其他游客的存在会对人们的健康和福祉产生不利影响，或是给人们带来恢复性益处和其他益处。

恢复性环境：为什么我们喜欢大自然？它如何治愈我们？

"自然是美好的"这句格言经常会出现在许多与恢复性自然体验和恢复性环境相关的文献中。尽管这些文献高度赞扬了自然环境对人类健康的积极作用，但这些直观的文字并无法完全表现人们对自然的喜爱程度。

一直以来，人们期望与自然建立联系，将自然融入我们的日常生活。在文明社会和农耕工具出现之前，数千年来人们一直过着乡村生活，靠游牧为生。因此，相比于现代文明，我们与自然的联系更加紧密。这种人与自然的潜意识联系就是威尔森（Wilson）在"亲生命假说"（Biophilia Hypothesis）中提到的"亲生命性"（Wilson, 1984）。在这一假说中，威尔森试图解释人类为什么渴望亲近大自然，同时他的理论专著也为许多自然的恢复性作用研究奠定了基础。

恢复性环境的官方说法是指能够带来或是促使产生积极影响的物理环境，这些积极影响包括缓解压力或减少生理唤醒，从疲劳中恢复注意力，恢复积极反应和改善认知能力。理论上讲，无论是人造建筑还是自然环境，无论是城市还是乡村，都可以成为恢复性环境，但大多数研究关注的还是具有恢复性的自然或野生环境。恢复性环境研究的主要指导理论是注意力恢复理论和压力减少理论。

注意力恢复理论（Kaplan, 1995）基于心理福祉的现有理论框架简要阐明了自然在恢复性体验中的作用。该理论指出，如果人们长时间集中注意力关注环境中的某些因素，就会产生精神疲劳。因此我们可以通过接受一些"有魅力"或是有趣的刺激来缓解精神的高度紧张。而卡普兰（Kaplan）最初的理论就列举了两种不同类型的魅力刺激：柔性魅力和刚性魅力。

坚硬魅力刺激是指那些需要人们高度集中注意力的活动，而柔软魅力刺激则帮助人们平复心情，进行自我反省。例如，自然环境就能提供柔软魅力刺激，在这一环境中人们不仅需要保持精神的高度集中，而且还会获得心灵的平静，从而进行自我反省。因此在卡普兰看来，相比于分散人们注意力的能力，自然平复人心的能力要强大得多。

他的理论指出,自然环境能够提高人们的注意力、记忆力和一般心理能力,而这些能力的改善正是柔软魅力刺激下产生的注意力恢复体验所带来的。

恢复性研究的另一个主要理论是罗杰·乌尔里希(Roger Ulrich)的减压理论,它关注的是自然环境对人们心理健康的影响。在这一理论中,人与自然的亲密关系和情感联系为人们带来放松和享受,而这种亲密关系和情感联系的基础正是"亲生命性"。但不同于卡普兰的观点,乌尔里希认为人们不需要付出一定精力就能享受自然,他认为自然环境中充斥着各种各样的刺激,这些刺激会对人们产生不同的影响。乌尔里希指出,一般来说,情绪反应是人们对环境刺激作出的首要反应,然后是认知反应。正是因为人们的情绪发生了变化,才会出现后来的认知和生理反应。在安全、平静和多样化的环境中,人们表现出积极的情绪反应,这一反应有助缓解个人压力。基于这一观点,本章对人们的情绪和生理反应(如积极情绪和压力)展开了研究。

这样看来,减压理论和注意力恢复理论都提到了自然环境对人类的积极影响,这或许可以解释为什么越来越多的人选择前往公园和自然保护地。不过,自然环境的力量不仅强大,而且影响广泛,因此许多人对此展开了深入研究。

人们在较小的年纪就会表现出对特定自然环境的喜爱。在一项针对儿童的研究中(Eisen等,2008),研究人员采用了三阶段实验范式,根据乌尔里希先前的研究结果筛选出了六张图片,并对这些图片的受欢迎程度展开研究。这些图片分别是不同艺术主题的图画,包括一张印象画、四张不同主题的抽象画和一张颇具代表性的自然环境画。研究发现,相比于抽象画图片,医院里的成年患者更喜欢自然环境画图片(Ulrich等,1993)。而儿童患者,不论他们的年纪和性别,大多数儿童都对自然环境画表现出强烈的喜爱之情。

在另外一项临床研究中,乌尔里希(1984)发现自然风景具有不可低估的力量。该项临床研究的重点是观察患者在接受胆囊手术后欣赏自然景观对其康复时间的影响。为此,研究对比分析了两组患者的术后情况,一组患者在看不到自然景观的房间进行术后恢复,另一组患者则可以在房间中欣赏自然风景。

乌尔里希发现,可以欣赏到自然风景的患者在术后服用的止痛药较少。此外,自然风景不仅给患者带来了生理影响,而且还改变了他们对待他人的态度。在患者与护士进行互动时,相比于房间里没有窗户的患者,另一组患者的态度更加友善。乌尔里希于是将这一发现与减压理论相联系,并指出,在术后恢复时,欣赏自然风景有助于平复患者的心情,减少他们的失落情绪。

在另外一项实地调查中,研究人员同样对自然环境和城市环境的区别,以及二者对恢复性体验的影响进行了研究(Hartig等,2003)。该项实验的样本数量为112,实验范式是将受访者随机分配到不同的环境中,并在不同阶段监测他们的生理和心理状态。

在实验的第一阶段,研究人员将受访者随机分成四组,要求他们驾车前往指定区域。在实验的第二阶段,一些受访者首先需要完成改进版斯特鲁普测试,然后按照奇偶对所给的数字进行分类,这些数字有奇有偶,每2秒显示一次。受访者们需要在房间中完成所有任务,在这些房间中,有的房间没有窗户,有的房间则可以看到森林。整个实验时长1小时。

没有参与第二阶段实验的受访者直接进入第三阶段。在这一阶段中,所有受访者需要在随机分配的城市环境或自然公园中散步。对于完成第二阶段任务的受访者来说,他们的散步环境取决于他们分配到的房间。分配到无窗房间的受访者要到城市中去散步,其余的受访者则到森林中散步。

在整个研究过程中,研究人员对所有参与者的血压、情绪和注意力进行了测量。研究结果表明,分配到自然风景的受访者能更出色地完成任务,尽管从第二阶段到第三阶段,他们的血压有所上升,但是在森林散步之后,他们的血压便下降了。此外,研究还发现,唯一不会增加受访者恼怒程度的情况是让他们跳过第二阶段的测试,直接到自然公园中散步。总体来说,受访者在城市环境和自然环境中的情绪截然不同,而只有自然环境才会促成他们获得各种形式的恢复性体验(Hartig 等,2003)。

除了对视觉上的自然风景进行研究之外,研究人员还对自然声景展开研究,以此研究它们对人们的感知恢复和整体福祉的影响。为了评估人们对恢复性声景的感知程度,拉特克利夫(Ratcliffe)等人(2013)在英格兰与受访者进行了半结构化访谈。每次访谈持续 20—50 分钟,访谈内容包括受访者喜欢参观前往的场所。然后,他们被要求想象两种不同的声景,即会引起疲劳和压力的声景。在此之后,他们需要判断哪种声景更具有恢复性,必要时,他们需要描述更为具体的恢复性自然环境,或是具有恢复性的自然元素。

通过访谈,研究人员发现,超过三分之一的受访者表示鸟鸣声最具恢复性。这一发现符合减压理论的说法,该理论指出,在具有积极作用的声音中,某些鸟鸣声确实有助于缓解人们的压力。其他受访者则表示,某些特定的鸟鸣声是一种全新的刺激,令他们十分着迷,而且会让他们分心,这一说法也与注意力恢复理论的观点非常吻合(Ratcliffe 等,2013)。

与此同时,在英格兰进行的另一项研究拓展了拉特克利夫等人的研究范围。在这项研究中,佩恩(Payne)通过与当地公园的游客进行交谈,将自然环境恢复性研究进一步延伸到声景恢复性研究。他选择即将离开公园的游客作为研究对象,调查了他们对公园声景的评价。

在研究过程中,佩恩首先要求受访者完成一张问卷。根据先前收集的声音数据,问卷上罗列出了公园中最常出现的声音元素。受访者需要根据他们听到这些声音的频率和音量情况,分别选择 0—100% 和 1—7 中的一个数值。此外,佩恩还对受访者的恢复水平进行了调查,并且询问了他们在公园的相关经历。

总体来看,研究发现,声景更有可能对三类人带来益处,即有声景意识的人、为了某些认知活动(如想要放松)而来到公园的人,以及经常访问公园的人(Payne,2013)。

除此以外,阿尔瓦松(Alvarsson)等人(2010)还对自然声景的恢复性作用进行了更为直接的研究。他们采取定时算术测试的研究方法,将学生置于压力环境中,这一环境会刺激他们的交感神经系统,从而使他们处于高压力和生理唤醒状态。然后,研究人员会向学生提供四种声音中的其中一种:自然声音、高分贝噪音、低分贝噪音和环境声音,学生需要记录下他们对这一声音的感知情况。在这一过程中,研究人员会连续收集学生的生理数据。研究发现,相比于其他声音,学生认为自然声音最令人愉悦,也最令人放松。

此外,本菲尔德(Benfield)等人(2010)还发现了人声的负面影响,即人声的存在会影响人们对自然景观的评价。在这一研究中,他们发现人们在观赏自然风景时,人声的存在会减弱风景在他们心中的魅力值和宁静程度。

回顾上述研究,不难发现人们对自然景色和城市景观表现出明显的偏好和排斥。此外,现有研究表明,人声在自然声景中并不受欢迎,而且会损害人们在自然中的恢复性体验。但是,这种浅显的观点——"人类的出现不利于自然体验"——却忽略了影响人类声景感知的其他因素。

社会存在:当人声可以增强自然体验

在某些情况下,人声的存在不仅不会损害人们的恢复性体验,反而会增强他们的体验感。人类是社会动物(Baumeister 和 Leary,1995),当他们感到身心不适时,会向他人寻求安慰。为了解释这一现象,斯坦利·沙赫特(Stanley Schachter,1959)提出了"亲和需求"这一观点,并在实验中证明了这一点。他将受访者置于压力环境(即痛苦的电击环境)或非压力环境(即没有电击或温和、无痛的电击环境)中,在这些环境中时,受访者需要单独或是和同伴一起面对即将到来的挑战。斯坦利·沙赫特发现,无论在哪种环境中,受访者在面对压力或是有潜在风险的情景时,他们倾向于有他人的陪伴。因此从理论上讲,在有风险或是有压力的声景中,人声的存在也可以为游客带来陪伴感。但是当人们处于完全不同或是更加危险的环境中时,人声是否能带来更加积极的影响,促进人们的恢复性体验呢?

案例研究:具有恢复性作用的人声

先前的研究多次表明,人类的存在可能会损害大自然给予的健康益处。其中大部分的研究都基于亲生命假说这一理论基础展开,该假说认为自然先天的进化驱动力赋予它治愈人心的能力。但是,这种说法——"只有在没有人类的情况下,自然才是美好的"——却给自然保护地管理者们带来了不少难题,因为他们需要给尽可能多的游客提供大自然带来的健康和心理益处。因此,为了探究进化需求(如亲近需求)的竞争模型是否对游客的自然恢复性体验有益,研究人员开展了实验室模拟研究,该项研究的目标是在具有潜在危险或存在潜在掠夺的自然环境中设置人类声景,观察人们对声景评价的变化,以此证明自然声景和人类声景一样具有恢复性作用。

研究方法

受访者及研究过程

该研究的研究对象是 195 名大学生,其中女性 123 人,男性 72 人。研究分为三个阶段:T1、T2、T3。在 T1 阶段,受访者需要回答一些与研究无直接关系的问题,以此建立他们的生理指标(心率)基线。在完成第一阶段的测试后,研究人员会再次向他们提出问题,测定他们的积极情绪。此后,研究人员会对受访者进行情绪控制,其中包括播放一段令人恶心的视频,内容是某次手外伤手术的全部过程,时长 2 分 30 秒。

在观看视频之后,受访者开始接受 T2 阶段的测试。在这一阶段的测试结束后,研究人员会对受访者的情绪再次进行测定。在 T3 阶段,受访者会被随机分配到六种环境中的其中一种。根据不同的环境条件,参与者会接触到不同的声景:对照组、鸟鸣声、狼嚎声、人声,以及混音 1 和混音 2。

在这一阶段的测试中,对照组中不会出现任何声音,其他每组声音持续播放 5 分 30 秒。除对照组外,每组声音开头先播放 2 分钟的鸟鸣声以模拟真实的自然环境。在狼嚎声景中,会出现树枝的折断声及越来越响的狼嚎声,使受访者产生狼群越来越靠近的感觉。而在人声声景中会出现受访者无法识别的声音,他们会意识到有人在说话,但是无法分辨其中的谈话内容。此外,人声声景中还提供远处传来的走路声,在声景中淡入淡出。

在混音 1 和混音 2 声景最初的鸟鸣声中混有狼嚎声和人声。混音 1 声景先出现鸟鸣声,而后的 1 分钟内只出现狼嚎声,最后的 2 分钟内出现人声。混音 2 声景则先出现鸟鸣声,然后出现时长 2 分钟的狼嚎声,最后出现 1 分钟的人声。

研究结果

为了验证假设,即人为声音在非威胁性自然环境中会产生不利影响,但在威胁性声景中具有恢复性作用,我们对不同声景中受访者的情绪变化数据进行了因子分析,所得结果如表 16-1 和表 16-2 所示。数据显示,在 T1 和 T2 阶段,不同声景中受访者的情绪并没有显著差异(所有 $p > 0.31$),这表明声景条件的随机分配有效。而从 T1 到 T2 阶段(所有 $p < 0.05$),受访者的情绪发生了明显变化,这表明实验中的情绪控制同样有效。

表 16-1 不同声景中受访者情感评分平均值对比

声景类别	T1 阶段平均值	T2 阶段平均值	T3 阶段平均值
对照	43.14(12.34)	38.66(12.83)	35.31(13.66)
自然声	41.10(14.25)	35.18(15.21)	35.85(15.82)
狼嚎声	46.32(11.33)	40.06(14.48)	36.87(15.69)
人声	42.13(11.33)	37.06(12.76)	34.35(13.51)
混音 1	41.35(10.46)	38.97(13.17)	32.68(13.58)
混音 2	43.68(11.73)	35.65(13.97)	35.41(12.32)
ΔT1−T2	$F_{(1,189)}=57.95, p < 0.001$		
ΔTime ×Condition	$F_{(5,189)}=1.21, p = 0.308$		
ΔT2−T3		$F_{(1,189)}=14.33, p < 0.001$	
ΔTime ×Condition		$F_{(5,189)}=2.31, p = 0.046$	

表 16-2　受访者在 T1 阶段(实验初始阶段)、T2 阶段(观看令人恶心的视频后)及 T3 阶段(声音播放结束后)的积极情绪评分

声景类别	实验节点				
	T1	观看恶心的视频后	T2	声音播放结束后	T3
对照	43.14	−4.90	38.66	−3.34	35.31
鸟鸣声	41.09	−5.91	35.18	0.67	35.81
狼嚎声	46.32	−5.91	40.06	−3.19	36.87
人声	42.13	−5.06	37.06	−2.71	34.55
混音 1	41.35	−2.39	38.96	−6.29	32.68
混音 2	43.68	−8.03	35.65	−0.23	35.41

受访者接触声景后(从 T2 到 T3 阶段)的数据表明,他们的情绪变化取决于所处的声景条件,$F(5,189)=2.31, p=0.046$。具体来说,在接触对照组、狼嚎声景和人类声景后,受访者的积极情绪持续下降,而接触鸟鸣声景和伴有狼嚎混音声景的受访者则表现出稳定的积极情绪。

换句话说,当人声与某些会引起焦虑或令人察觉到危险靠近(即狼在附近嚎叫)的自然声音一起出现时,这时人声和自然声景一样都能带来心理和情感上的恢复益处。这一结论在此前的研究中并没有出现。

讨论及未来研究方向

正如所预料的那样,最具恢复性作用的声景是主要由鸟鸣声构成的纯自然声景。这一发现不仅符合预期,而且与早先的自然声景和恢复性体验研究给出的结论一致(如 Benfield 等,2014;Abbott 等,2016)。不过,本章研究的不同之处,也是最令我们感兴趣的发现就是,在自然环境中,人们对人声的感知会随着声音来源的变化而发生改变。

研究发现,相比于纯人声声景,人们更偏好于包含鸟鸣声的声景。但是将相同的人声片段放置于不同的声音环境(即包含潜在掠夺威胁的声音环境)中时,人们对声景的评价就会发生变化。若是将人声置于有外部威胁的声景——狼嚎声景中时,先前让人反感的人声会产生恢复性作用,这揭示了不同声景构成及其效果对人类健康和福祉的影响。

有趣的是,我们发现有时人声无法给受访者带来满足感,这一发现来自 T3 阶段。在这一阶段中,研究人员延长了两组混音组中人类声音的播放时间,使人声和威胁性声音的播放时间保持一致。在这种情况下,受访者不仅没有获得恢复性体验,而且相比于他们在基线测试时的情绪状态,他们的负面情绪反而更加严重了。因此可以推测,在播放人声的这 2 分钟里,受访者的情绪可能会因为这些人声而有所改善,而一旦他们的情绪达到了一个临界值,人声将不再具有恢复性作用,或是无法再为人们情绪的改善带来潜在帮助。而且一旦人声使受访者产生了被人遗弃或是被人忽视的感觉,

那么具有掠夺性的自然威胁和具有排斥性的社会威胁必定会加重他们的负面情绪。实验结束后,研究人员与一些受访者进行了交流,这些交流为上述的假设提供了证据。但是鉴于当前研究方法的局限性,我们无法得到更加可靠的结论。我们需要对受访者进行更加深入和彻底的监控分析,包括对他们生理数据进行连续测量,这样才能发现和比较他们在接触更长声景后出现的变化和差异。

本章研究的另一局限是我们仅对声景展开研究。尽管这确实有助于我们对声景这一特定的影响因素展开细致的研究,但在自然环境中很少有人会体验到缺少视觉冲击的独立自然声景。因此本章的研究无法展示人们的视觉对恢复性体验的潜在影响,未来研究可以更多关注人类视觉和听觉存在的共同作用,加强对人为因素与自然环境的密切关系的理解。

同时,如果能够更多关注受欢迎的人声类型,那一定也是一次有趣的探索。在当前的研究中,我们对人声进行了处理,保证受访者无法识别其中内容,这样他们就不会因此分心。此外,在研究过程中,我们还模拟了人在自然环境中听到的远处声音。但是这些处理和模拟导致该研究无法给出可靠的结论——不同来源的特定人声如何影响恢复性体验。随意的交谈会让听众感到放松吗?来自其他人的恐惧会加重人们听见掠夺性声音时的焦虑感吗?这些问题在当前的研究中无法找到合理的解释,但它们会为未来的研究指明方向。

为什么这个实验如此重要?

乍一看,本章中的案例研究与书中的旅游、健康和福祉主题并无关联,但其实二者有着千丝万缕的联系。首先我们需要解决的一个关键问题就是,当人声出现在恢复性环境中时,人们需要多长时间来改变他们对这一环境的看法。其次,如果听觉刺激迅速且广泛地影响游客体验,包括游客的健康、福祉、放松和情绪恢复等,土地管理者如何确保大多数游客获得有益体验?在不考虑公园清洁程度和视觉魅力等因素的情况下,人们对所处环境的评价可能不仅受环境外观的影响,还会受到声音等因素的影响。因此当前研究侧重环境中的听觉因素带来的影响,这有助于监视和管理自然保护地中的主导声音,从而确保游客获得更多的恢复性体验。

同样,本章研究提出在区别喜欢声景和不喜欢声景的游客时,需要从多方面进行考虑,而不是仅依靠其他人声的存在做出判断。我们的研究表明,游客对人声的感知取决于声景类型,不过在这一实验范围内,了解恢复性声景中不受欢迎的人声可能同样对研究有帮助。但这并不意味着在任何情况下人声都是有害的。因为正如"亲和需求"理论所提到的(Schacter,1959),在某些情况下,他人的存在有助于人们克服环境中的压力。

这意味着什么?

我们知道影响自然保护地生存的因素无处不在,而且我们很难保证外部资源能为自然保护地提供充足的资金支持。因此这就增加了自然保护地通过旅游收入来维持运作的压力。不过,本章研究为自然保护地的发展提供了新思路。我们鼓励自然保护地管理人员深入了解影响游客自然体验的相关因素,因为这些因素可能会改变游客对环境的感知程度,从而促使他们寻找另一可替代的自然环境(如 van Riper 等,2010)。对于这种情况,其中一种可能有效的解决方案是规定当天某个时段的游客人数上限。尽管这个方案并不是最理想的,但它可以为公园带来更多的收入。有了资金收入,公园才能开发出自己的目标客户群,这些目标对象不仅要喜欢参观公园,还要有"再次参观公园"的可能。访客接待量可以根据公园规模进行调整,对此在公园出口对游客倾向(包括对声景的倾向)进行调查会有所帮助。另一个提高游客满意度的方案是强制要求游客在公园交谈时降低音量,或是要求他们在指定区域保持安静(Manning 等,2010)。

总之,通过本章研究,我们希望未来的公园管理者能够深刻认识到游客对公园的满意度,游客的健康和福祉远比我们想象的要复杂得多。但是,通过采取一定的措施,我们可以深入了解公园对人们的恢复性影响,从而为游客带来更加满意的公园体验,帮助公园收获更多的时间和金钱回报。

本章揭示的就是人与人之间的复杂关系。尽管现有文献强调要忽略日常生活中的人类因素,以此避免它们带来的不利影响,但是人与人之间的亲密相处仍具有积极作用。当我们谈到自然时,我们不难列举出自然给人类带来的益处。亲生命假说指出,一直以来人类围绕自然而生,因此人与自然之间有一种固有的联系,这种联系发生在某一潜意识层面上。同样地,这一假说也可以用来解释人类之间的关系。因为人与人相处的时间等同于人与自然相处的时间,所以人与人之间也有着某种固有的联系。人与自然在互动过程中会出现"敬畏"时刻,而人与人进行互动时,也应当心怀敬畏。因此尽管有越来越多的人搬迁到城市,但总有原因让他们重返自然,与自己身边的人一起享受自然。

参考文献

[1] Abbott, L., Taff, B. D., Newman, P. B., Benfield, J. A. and Mowen, A. (2016) The influence of natural sound on attention restoration. *Journal of Park and Recreation Administration* 34(3),5-15.

[2] Alvarsson, J. J., Wiens, S. and Nilsson, M. E. (2010) Stress recovery during exposure to nature sound and environmental noise. *International Journal of Environmental Research and Public Health* 7(3),1036-1046.

[3] Balmford, A., Beresford, J., Green, J., Naidoo, R., Walpole, M. and Manica, A. (2009) A global perspective on trends in nature-based tourism. *PLoS Biology* 7(6),e1000144.

[4] Baumeister, R. F. and Leary, M. R. (1995) The need to belong: desire for interpersonal attachments as a fundamental human motivation. *Psychological Bulletin* 117(3),497.

[5] Benfield, J. A., Bell, P. A., Troup, L. J. and Soderstrom, N. C. (2010) Aesthetic and affective effects of vocal and traffic noise on natural landscape assessment.

Journal of Environmental Psychology 30(1),103-111.

[6] Benfield,J. A. ,Taff,B. D. ,Newman,P. and Smyth,J. (2014) Natural sound facilitates mood recovery from stress. *Ecopsychology* 6(3),183-188.

[7] Chang,C. Y. and Chen,P. K. (2005) Human response to window views and indoor plants in the workplace. *HortScience* 40(5),1354-1359.

[8] Cole,D. N. (2001) Visitor use density and wilderness experiences: a historical review of research. InFreimund,W. A. and Cole,D. N. (eds)*Visitor Use Density and Wilderness Experience:Proceedings*. June 1-3 2000,Missoula,USA. Proc. RMRS-P-20. US Department of Agriculture,Forest Service,Rocky Mountain Research Station,Ogden,USA,p. 11-20.

[9] Driver, B. (2008) *Managing to Optimize the Beneficial Outcomes of Recreation*. Venture Publishing,State College,USA.

[10] Eisen,S. L. ,Ulrich,R. S. ,Shepley,M. M. ,Varni,J. W. and Sherman,S. (2008) The stress-reducing effect of art in pediatric health care: Art preferences of healthy children and hospitalized children. *Journal of Child Health Care* 12,173-190.

[11] Hartig,T. ,Evans,G. W. ,Jamner,L. D. ,Davis,D. S. and Gärling,T. (2003) Tracking restoration in natural and urban field settings. *Journal of Environmental Psychology* 23,109-123.

[12] Kaplan,S. (1995) The restorative benefits of nature: Toward an integrative framework. *Journal of Environmental Psychology* 15(3),169-182.

[13] Leung,Y. F. ,Spenceley,A. ,Hvenegaard,G. and Buckley,R. (2015) *Tourism and Visitor Management in Protected Areas: Guidelines Towards Sustainability*. Best Practice Protected Area Guidelines Series,IUCN,Gland, Switzerland.

[14] Manning,R. ,Newman,P. ,Fristrup,K. ,Stack,D. and Pilcher,E. (2010) A program of research to support management of visitor-caused noise at Muir Woods National Monument. *Park Science* 26(3),54-58.

[15] Metsähallitus Parks and Wildlife Finland (2017) Visitation numbers in protected areas of Finland. Available at: http://www. metsa. fi/web/en/ visitationnumbers (accessed 15 July 2017).

[16] National Park Service (2016)National Park Service Certifies 2015 Visitation at 307 Million: Reports Annual Top 10 Lists and Other Highlights. Press Release, February 17, 2016 https://www. nps. gov/aboutus/news/release. htm? id=1784.

[17] National Park Service (2017) National Park Service Visitor Use Statistics Report. Available at:https://irma. nps. gov/Stats/ (accessed 15 July 2017).

[18] Parks Canada (2017) Park Canada attendance 2016-2017: National parks, park reserves,and marine conservation areas. Available at:https://www. pc.

gc. ca/en/docs/pc/attend/table3 (accessed 15 July 2017).

[19] Payne, S. R. (2013) The production of a perceived restorativeness soundscape scale. *Applied Acoustics* 74, 255-263.

[20] Ratcliffe, E., Gatersleben, B. and Sowden, P. T. (2013) Bird sounds and their contributions to perceived attention restoration and stress recovery. *Journal of Environmental Psychology* 36, 221-228.

[21] Schachter, S. (1959) *The psychology of affiliation: Experimental studies of the sources of gregariousness*, vol. 1. Stanford University Press, Stanford, USA.

[22] Shelby, B. (1980) *Crowding models for backcountry recreation. Land Economics* 56(1), 43-55.

[23] Sop Shin, W. (2007) The influence of forest view through a window on job satisfaction and job stress. *Scandinavian Journal of Forest Research* 22(3), 248-253.

[24] Turner, W. R., Nakamura, T. and Dinetti, M. (2004) Global urbanization and the separation of humans from nature. *Bioscience* 54(6), 585-590.

[25] Ulrich, R. (1984) View through a window may influence recovery. *Science* 224 (4647), 224-225.

[26] Ulrich, R. S., Lundén, O. and Eltinge, J. L. (1993) Effects of exposure to nature and abstract pictures on patients recovering from heart surgery. Paper presented at the Thirty-third Meeting of the Society of Psychophysiological Research, Rottach-Egern, Germany. Abstract published in *Psychophysiology* 30(Suppl 1), 7.

[27] United Nations Population Division | Department of Economic and Social Affairs (2009) Urban and rural areas 2009. Available at: http://www.un.org/en/development/desa/population/publications/urbanization/urban-rural.shtml (accessed 15 July 2017).

[28] van Riper, C. J., Manning, R. E. and Reigner, N. (2010) Perceived impacts of outdoor recreation on the summit of Cascade Mountain, New York. *Adirondack Journal of Environmental Studies* 16 (1).

[29] Vaske, J. J. and Donnelly, M. P. (2002) Generalizing the encounter-norm-crowding relationship. *Leisure Sciences* 24(3-4), 255-269.

[30] Wilson, E. O. (1984) *Biophilia*. Harvard University Press, Cambridge, USA.

17. 重新思考旅游、健康、福祉和自然保护地之间的关系

艾伦·克拉克、伊里德·艾萨拉、埃莱尼·米乔波洛、费德里科·尼科利尼、B. 德里克·塔夫

在本书的末尾，我们将对书中的重要信息进行总结，类似图书通常不会这么做。本书中的内容不仅意义非凡，而且是编辑与各位作者通力合作的成果，因此作为编辑，我们负责在最后本章对这些成果进行提炼和展示。本书汇集了全球不同学科的研究成果和研究案例，揭示了旅游、健康、福祉和自然保护地研究之间的复杂性。为了证明这些材料的价值，我们必须探索不同学科如何帮助人们加深对可持续发展的理解，以及可持续发展如何促进人们对经济、文化和环境的认识。在我们看来，要想全面分析可持续发展面临的所有难题，不能依靠单一的某种方法，所以我们最终选择了多学科的研究方式来对不同主题进行探讨。

大多数美好的故事都以"从前"开头，但我们的故事却因无法明确研究的时间或时间线而变得复杂。要想深入了解可持续发展，我们的研究必须涵盖过去、现在和未来，因此我们必须解决时间问题。在评估遗产和传统文化的价值时，我们参考了历史事件。历史帮助我们构建对未来的期待，而游客的部分期待正是为历史所塑造。因此如果我们能够了解历史，就能了解他们的期待，也能更好地了解和管理现状。

同样，我们的承诺——致力于可持续发展——也促使我们了解未来。因为只有接受时间的打磨，我们才能评估可持续发展的优劣。这就要求我们不仅要对未来有长远的规划，还要对现状有准确的判断，对过去有批判的认识。因为我们的行动和举措会对未来产生影响，所以我们必须对自己有清晰的认识，只有这样才能实现真正的可持续。

自然保护地旅游、健康和福祉理论化

在本书的开头，我们分析了旅游与环境如何为游客和当地居民创造机会，特别是它们如何为人类健康和福祉带来益处。旅游业是一个多核产业，它拥有独特的复杂性，是需要依赖其他领域间的相互合作才能提供最大益处的整体服务。本书着重介绍了休闲旅游研究人员、规划人员、地理学家和旅游从业者等人的工作，他们为探索旅游、旅游服务、自然保护地、生计，以及人类身心健康之间的相互关系做出了突出贡献。

户外休闲娱乐和旅游对个人的身心健康、集体的社会福祉和自然资源管理起着重要作用。在经济领域，文化旅游和自然旅游的地位也在不断攀升。不过，虽然旅游和户外活动收入能够带动投资，使资金流向公园和自然保护地的设计和管理，但人们必须关注旅游业带来的不利影响，避免游客破坏目的地的自然景观，而最初正是这些自然风光吸引了游客。

在本书涉及的所有领域中，人们对过度开发资源有着共同的担忧。有关休闲娱乐方面的研究首先提出了"承载力"这一概念。随着户外休闲活动的普及，人们认为过度使用户外场地会带来不利影响，因此"承载力"不仅可以用于评估自然资源的利用情况，还可以用于评估旅游和养生服务。由此可见，如果我们无法借鉴或是应用跨学科的知识，我们就无法推进其他领域的研究。

如上所述，"承载力"不仅可以用于衡量旅游景点的游客承载量，还可以用于评估养生服务。为了对二者进行有效评估，积极的游客管理策略尝试探讨影响游客服务的环境、经济和社会因素。但是有人认为对这些因素进行探讨不仅过于随意，而且不具有普遍性，因为它们只是针对特定情况进行分析，而在游客管理中游客服务是最基本的要素，不具有任何代表性。所以当可持续旅游策略最先出现在大众面前时，人们根本无法理解。后来又有不少可持续旅游策略陆续出现。当人们问到旅游目的地的承载力时，这些策略的制定者表示之后会对此进行测算。但是在我们这群致力于研究可持续的人看来，掌握旅游地的承载力数据并不能完全实现可持续。因为就算我们能够掌握这些数据，也可能为时已晚。一旦实际的游客访问量超出了测算所得数据，我们将束手无策。

为了发现这其中的复杂性，我们鼓励作者摆脱学科界限的束缚，从多学科角度对复杂性进行研究。这种学科间的联系不仅可以推动精神和医学项目的出现，而且可以为管理者们提供指导，帮助他们采取更加明智和有效的管理措施。在我们看来，书中的 16 个章节提供了许多关键信息，这些信息为这一学科间的交叉联系提供了支持。为了证明公园和自然保护地不仅有利于个人健康，而且有利于公民社会的健康，我们的作者收集了来自世界各地的研究案例。因此，本书中的旅游和休闲娱乐研究一方面可以为行业决策者带来帮助，另一方面可以为人们提供解决现实问题的多样化方案，提高人们构建可持续和健康未来的积极性。

在书中，我们的作者向我们展示了如何对案例进行批判性分析。而作为编辑，我们面临的挑战是我们正在影响现实生活中的旅游服务。为了改变旅游业的现状，最大限度地减少旅游发展带来的不利影响，我们在一番深思熟虑后表明了自己的立场，制定了指导原则，并提出了解决方案。我们是可持续发展的忠实拥护者，我们宣传可持续理念，呼吁人们加入可持续的行列。但是大多数时候我们并不会向人们解释为什么要践行可持续，因为作为拥护者，我们理所当然地认为可持续发展带来的益处和重要价值才是最吸引人的。但在本书中，我们做出了一点改变，我们不仅介绍了可持续发展的益处，同时还借鉴了相关资料对这些益处的论证。显然，这些论证会为我们带来不少帮助，如果你认为我们的论证框架存在缺陷，请与我们联系。因为如果我们的论证无法清楚解释可持续发展的重要价值，那么这些论证就不具有说服力。而且简单的判断并不足以揭示可持续发展的重要内涵,因此我们进行了批判性的论证。这些论证不仅证明了可持续发展带来的益处,而且揭示了我们追求可持续发展的过程。

当你拿到这本书时,你可以随意浏览书中的内容。我们发现,大多数读者都会选择自己最感兴趣的部分进行阅读。不过我们坚信,无论是阅读你感兴趣的部分,还是阅读那些可能激发你兴趣的内容,你都会有所收获。本书将旅游、健康、福祉和自然保护地放在一起讨论,并且直面这些主题下容易被视作理所当然的问题。我们通过多学科的研究方法撰写出了颇具价值的研究报告。此外,书中还提到了接待游客的社区与游客间的互动,特别是发生在公园和自然保护地及其周边环境的互动。

书中还对自然旅游的效益和成本展开了具体分析,但没有拘泥于众多有关还原主义经济学方面的成本效益研究。经济学知识对成本和效益做出了明确的区分,因此再次证明了多学科研究方法的优势。书中从不同角度对构成成本和效益基础的价值观展开分析,强调了社会、文化和环境因素的重要性,而这些因素的重要价值通常无法转换为经济价值。最重要的是,本书对自然保护地进行了研究,尤其是对人们在游客体验可持续管理中所遇到的困难展开了具体调查,这些体验发生在当地及周边环境中,调查的重点是当地社区在推动游客体验过程中发生的角色转变。

此外,我们还探讨了有关利益相关者的问题,在这一问题上,我们的作者期望发现能够推动决策落地的个人或群体。利益相关者是指那些会对决策产生直接或间接影响的人。通过观察他们行为的合法性、影响力和紧迫性,我们能够分辨出拥有合法权益的利益相关者,发现他们为决策所做出的努力。这不仅有助于观察社区如何参与或脱离可持续发展过程,而且可以解释某些利益相关者能够直接参与这些过程的原因。由此我们发现,本土社区不仅覆盖面积广,而且包含众多复杂的生活形态。

结论

总体来说,我们希望这本书不仅有趣,而且能够带来一定的阅读挑战。我们不奢求书中的每字每句都能获得赞同,但我们期望收到你对本书的真实评价。我们希望它能够打开你学术研究的大门,而不是成为你学术研究的终点。对于那些投身于自然环境、健康和福祉、旅游和游客管理研究的人们来说,我们希望此书能建立起我们之间的联系。在编撰本书的过程中,通过学习其他领域和其他学科的专业知识,我们获益匪浅。随着这些主题研究和问题讨论的深入,我们期待你加入我们的行列。

最后,希望你能享受阅读本书的过程。我们的作者努力地将他们的观点整合到一起,编辑们为此提供了不少帮助、出版社的其他工作人员也为本书的出版做出了很大贡献。如果你在阅读的过程中有所收获,无论是其中的内容增强了你的理解,还是其中的观点与你先前的理解或是实践经验相悖,只要你有所收获,那么我们的努力就是值得的。未来我们将继续关注这些研究,希望我们的研究能给人们带来帮助。如果你有兴趣加入我们,那么我们一定会有更多的收获。